抉择

修订版

共和国重大思想决策论争纪实

王炳林 等 著

人民出版社

再 版 说 明

1949 年 10 月 1 日，毛泽东同志在天安门城楼上向世界庄严宣告了中华人民共和国的成立，中国的历史从此开辟了一个新纪元。历史的精彩和厚重往往在于其复杂性，探讨思想决策论争更能感悟辉煌成就来之不易。

在庆祝中华人民共和国成立 75 周年之际，我们以习近平新时代中国特色社会主义思想为指导，根据党的三个历史决议，结合中共中央印发的《党史学习教育工作条例》，对本书进行了修订。此次再版，在删除原版三章稍显过时内容的基础上，适当增补了党的二十大报告有关重要论述，并对文字作了少量修改。

"中国的昨天已经写在人类的史册上，中国的今天正在亿万人民手中创造，中国的明天必将更加美好。"历史是最好的教科书，用新中国的历史经验启迪智慧、砥砺品格，能够更好地奋进新征程、建功新时代。

2024 年 5 月

目　录

导　言

回顾共和国的历史，无论开辟道路还是理论创新，都离不开思想争鸣。每当时局变化的紧要关头，每当重大决策的出台前后，总会产生观念的冲突，总会有不同意见的争辩。

思想的交流、争论甚至是交锋的过程，也就是解放思想的过程，也就是披荆斩棘开辟新路的过程。

探讨中华人民共和国艰辛探索中的观念冲突与道路抉择是有挑战性的，因为对"争论"本身也有着激烈的争论。

1．从"不争论"说起

说到争论，人们自然会想到邓小平的"发明"。1992 年初，邓小平在南方谈话中明确指出："不搞争论，是我的一个发明。不争论，是为了争取时间干。一争论就复杂了，把时间都争掉了，什么事也干不成。不争论，大胆地试，大胆地闯。农村改革是如此，城市改革也应如此。"①

虽然邓小平提出了"不争论"的方针，但是，在改革开放的进程中思想

---

① 《邓小平文选》第三卷，人民出版社 1993 年版，第 374 页。

争论始终没有停止过,"公"与"私"、计划经济与市场经济、姓"社"与姓"资"、改革是对还是错等等,在许多重大问题上都有着程度不同的争论,至于一些政策、法规出台前后的争论就更为普遍。

赞成者认为,真理越辩越明,只有充分讨论,自由争论,才能辨明发展方向,实现理论创新。理论在争鸣中才能充分获得生机和活力。马克思主义理论就是在与形形色色的空想社会主义观念、非马克思主义观念的斗争中不断壮大、日益普及的。中国特色社会主义理论体系也是在与各种教条主义观念的论争中产生和发展的。

反对者认为,争论贻误时机,有害无益。对一些工作有议论、有看法,这无可厚非,但如果陷于无谓的争论之中,则不足取。因为争论产生不了物质财富,相反,还很有可能搅乱人心,丧失机遇,影响发展。必须"在不争论中发展",凡是认准了的事情,大胆地去试、大胆地去闯,积极探索,努力创新。

对是否"争论"有明显的意见分歧。那么,怎样理解和贯彻邓小平提出的"不争论"方针呢?

作为中国改革开放的总设计师,邓小平以务实的作风和超人的胆略与智慧,探索使中华民族逐渐走向富强的改革之路。过去,我们有过教训:离开生产力抽象谈论社会主义,在所谓的"社"与"资"的问题上搞无谓争论,甚至搞大批判,贻误了发展时机。在改革之初,为了摆脱贫困,克服低效,人们迫不得已痛苦地反思计划经济的有效性,既有怀疑,又不忍心放弃,所以在改革过程中也充满了争论,左顾右盼,走走停停,甚至有犹豫和反复。农村改革闯出了新天地,城市改革则是步履艰辛,因为理论认识不够清晰,政策表述上也模棱两可,改革措施上则是"双轨制"。经过"摸着石头过河",改革之路更加清晰,改革的信心更加坚定,改革的成效更为显著。实践证明,正是有了敢于以"不管白猫黑猫,抓住耗子就是好猫"的朴素思想冲破封闭僵化的思想樊笼,大胆试验,真抓实干,才有了改革开放的伟大成就，不能停留在争论上而影响发展。但在经历了 1989 年的政治风波后，新的问题又出现了。有些人把政治风波的出现归咎于改革开放，归咎于发展个体、私营经济，引进外资。于是，对本来可以采取的那些既可以为资本主义所用，也可以为社会主义所用的一些具体措施，不必去问什么姓"资"姓"社"的问题，又开始了无谓的争论，甚至上纲上线，拿大帽子吓唬人，影响了发展。

在这样的背景下，面对一些似是而非的问题，邓小平又一次强调不要搞争论，而要大胆地试、大胆地闯，以"三个有利于"为标准，靠实践来检验。可见，"不争论"方针是有时代内涵的，是英明之举，也是形势所迫，具有强烈的现实针对性。"不争论"就是要在坚持改革开放的社会主义方向的前提下，对改革开放所采取的一些具体措施不要争论，看准了的，就要大胆地试，大胆地闯。所以，理解这个方针如同学习贯彻任何理论和方针政策一样，要结合时代特点，要密切联系实际，不能抽象化和绝对化。

在一些重大原则问题上，如果需要争论才能辨明方向，邓小平不仅不反对争论，而且还积极支持和参与。新时期关于真理标准问题的讨论，是一场思想解放运动，也可以说是一场思想上的大争论，邓小平是支持者和推动者。邓小平曾经语重心长地指出："目前进行的关于实践是检验真理的唯一标准问题的讨论，实际上也是要不要解放思想的争论。大家认为进行这个争论很有必要，意义很大。从争论的情况来看，越看越重要。一个党，一个国家，一个民族，如果一切从本本出发，思想僵化，迷信盛行，那它就不能前进，它的生机就停止了，就要亡党亡国。"①

至于学术问题，当然更应该按照"百花齐放，百家争鸣"的方针自由讨论。邓小平明确提出："如果我们不注意，不搞'百花齐放，百家争鸣'，思想要僵死起来，马克思主义要衰退，只有搞'百花齐放，百家争鸣'，各种意见表达

---

① 《邓小平文选》第二卷，人民出版社 1994 年版，第 143 页。

出来，进行争辩，才能真正发展马克思主义、发展辩证唯物主义。"①

人们所处的地位和环境不同，加之利益分配的差别和思想认识水平不一，在一些问题上出现认识分歧和争论是必然的。我们要提倡具体情况具体分析，具体问题具体处理，反对凡事上纲上线以势压人的官僚主义；提倡真抓实干，注重实效，反对夸夸其谈坐而论道的形式主义。不能争论不休而贻误发展机遇，要敢于实验，要坚持实践标准，这是邓小平的一贯作风。而"不争论"方针能够贯彻下去，在相当程度上也得益于有邓小平这样一位重量级领导人。

邓小平是经历过多次惊涛骇浪的伟大政治家，具有过人的胆识和非凡的智慧，在党内外有极高威望，可以拍板，能够压得住阵。他坚持不争论，能够得到大家认同，实践上的成功也教育了持不同观点的人，从而使改革开放的重大措施得以实施，并逐步统一党内多数同志的认识。否则，连一些政策也因为争论而无法出台，那么单纯强调不争论也就没有什么实际意义了。如果以"不争论"为借口不听取不同意见而独断专行，那更是不可取的。

2．在思想争鸣中前进

人民共和国如歌岁月，各种争论时断时续；革命、建设、改革艰辛探索，观念冲突此起彼伏。研究思想争论问题，是为了尊重差异、包容多样，力求在多元多样中立主导，在交流交融中谋共识，在变化变动中一以贯之。

争论客观存在，争论难以避免，深入挖掘一些重要思想争论的内涵及其背后的故事就格外有意义了。

---

① 《邓小平文选》第一卷，人民出版社 1994 年版，第 272 页。

（1）回顾和研究共和国历史上争论的重大问题，有助于全面探寻历史发展轨迹，有助于深刻揭示历史发展规律

"历史从哪里开始，思想进程也应当从哪里开始。"①

当共和国刚刚诞生、百业待举之时，一些人心浮气躁，急于求成，毛泽东及时提出不要四面出击，要抓住中心工作，从而使国民经济得以尽快恢复。社会主义改造过程中，在合作化的速度问题上，也出现了意见分歧，但毛泽东错误地批判了邓子恢的合理主张，使对农业和个体手工业的改造出现了过急过快过粗等问题。针对经济建设速度上的冒进倾向，周恩来等人提出了"反冒进"主张，主张在综合平衡中保持经济平稳发展，收到良好效果，但不久"反冒进"主张却又受到批评，引发了新的冒进。在意识形态领域，也出现了种种的改造和批判运动。

历史不能假设，因为已成客观存在，但研究历史可以提出假说，这样可以总结历史经验教训。如果在社会主义改造过程中或其他问题上，更好地听取不同意见，历史的曲折或许会少得多。

在中国进入全面建设社会主义的历史时期，中国共产党开门整风，发扬民主，社会各界十分活跃，不同意见纷纷呈现，本是思想解放、社会进步的体现，却遭受到反右派斗争扩大化的沉重打击，此后似乎没有了争论，但却是民主的挫伤。对于后来轰轰烈烈的"大跃进"和人民公社化运动，也曾有不同意见的质疑，但没有被采纳，彭德怀还因此受到错误批判。20世纪60年代初，刘少奇、邓小平等一度支持的、受到农民欢迎的"包产到户"措施，不久也受到批判，"文化大革命"期间甚至成为罪状。不能正确对待不同意见，终于酿成大错。

"文化大革命"是教条主义严重泛滥的时期，表面上是舆论一律，实际

① 《马克思恩格斯选集》第 2 卷，人民出版社 1995 年版，第 43 页。

上不仅是文化灾难，更是整个社会的大动乱。对于严重的动乱局面，老一辈革命家忧心忡忡，曾试图抗争，但却被污蔑为"逆流"。所谓的"破四旧"和大批判，是严重的社会动荡。"文化大革命"的灾难逼迫中国人民走向改革之路，因为别无选择。

然而，改革之路并不平坦。当农村搞"包产到户"时，有些人认为是历史的倒退，是"辛辛苦苦三十年，一夜回到解放前"。这种争论在各级领导层中都程度不同地存在着。在 1980 年 9 月的省、市、自治区第一书记座谈会上，有的省委书记明确表态："我们不能搞那个东西。"而有的省委书记则针锋相对："你走你的阳关道，我走我的独木桥。"两人的发言都上了会议简报，形成了影响巨大的"阳关道"与"独木桥"之争。①

当敞开国门，对外开放，招商引资之后，有些人担心是引进资本主义，甚至把兴办经济特区与过去的租界相提并论。在计划经济与市场经济的选择和产权制度的改革中，更是伴随着姓"社"姓"资"的激烈争论。

幸运的是，中国的改革开放伟业并没有因争论而停止，而是大胆地闯、勇敢地试，争论双方也没有重演历史上曾经出现过的政治批判，而是在思想争辩中使前进的道路更明晰，使改革措施更周全。

实践者不希望因争论而影响前进的脚步，理论工作者不希望改革顾此失彼，全社会都希望共享社会发展的成果。实践回答了种种疑惑，实践又带来新的问题。尊重历史，吸取教训，才能使我们更加自信地拥抱未来。

（2）研究共和国历史上的思想争论，可以更加坚定地走我们自己所选择的正确道路

开辟新道路总是艰难的，因为要突破传统观念、挑战"权威"理论，思

---

① 见杜润生：《改革开放初期农村包产到户的经过》，载《书摘》2006 年第 6 期。

想争论不可避免，现实挑战和理论质疑接连不断。

今人不见古时月，今月曾经照古人。回想毛泽东在井冈山开辟农村包围城市、武装夺取政权革命道路时，面临的挑战不仅有严峻的外部条件的制约，更有内部种种怀疑和指责。有人担心"红旗到底能够打多久"，有人指责"山沟沟里出不了马列主义"。毛泽东则坚信"星星之火，可以燎原"。直面思想分歧，需要勇气，前进的思想武器就是解放思想、实事求是。

事物的运动、变化和发展是不以人的主观意志为转移的，人们的认识必须随着客观实际的发展而发展，否则就会因主观与客观的背离而犯这样或那样的错误。落后于或超越于客观实际的思想认识一旦形成，就有可能在人们头脑中形成固定的思维模式，并逐渐演变成一种顽固的习惯势力。如果置客观实际于不顾，任由这些僵化的思想观念支配实践活动，则势必会加深主观与客观的脱节程度，造成理论与实践的尖锐矛盾和冲突。为此，必须从实际出发，敢于变革，勇于创新，努力消除那些不适应发展要求的思想观念。这必然会引起观念冲突、思想碰撞。思想争论的过程就是解放思想的过程。解放思想就是强调人们在认识和改造客观世界的实践过程中，不断地批判和变革那些不符合客观实际的陈腐观念和落后思想，确保主观认识与客观实际的一致性。

新中国成立后，中国共产党带领人民探索适合自己特点的发展道路，针对意识形态的种种不适应现象，开展了广泛的思想教育工作，马克思主义作为主流意识形态的地位逐步确立，为建设道路的开辟提供了思想保障。在国民经济基本恢复的基础上，社会主义改造逐步展开，中国共产党成功地实现了马克思曾经设想的对资产阶级"和平赎买"的设想，并通过合作化实现了对农业和手工业的社会主义改造。在探索中国特色的社会主义改造道路过程中，也有过激烈争论，也出现了一些失误，但总体上说，这是一条通向社会主义社会的成功之路。

当中国人民满怀信心地向苏联学习、建设社会主义的时候，苏联的弊端暴露出来了。是继续照搬苏联模式还是开拓新路？毛泽东说得明白：别人走错了路，难道你还想走？我们在努力探索适合自己特点的社会主义建设道路，历尽艰辛、争论不断。毛泽东在 1958 年曾号召人们解放思想、敢说敢干，但脱离实际的空想和盲目蛮干终于带来不幸的后果。在社会主义的模式等问题上，中国和苏联也发生了激烈争论，从意识形态的分歧到两国关系的恶化，双方都说了不少空话，双方都付出了沉重代价。"文化大革命"则是在探索发展道路过程中栽了跟头。教条主义盛行，不允许不同意见的争鸣，最终是万马齐喑、思想荒芜，教训极为深刻。

1978 年的真理标准问题讨论是新中国历史上前所未有的思想争论，成为一场伟大的思想解放运动。党的十一届三中全会高度评价了这场思想争论，确立了马克思主义的思想路线，开启了中国改革开放的伟大序幕。观念的更新没有尽头，思想解放没有止境。

在开辟中国特色社会主义道路的伟大进程中，每前进一步都伴随着程度不同的争论，都是思想观念上深刻变革的结果。一部波澜壮阔的改革开放史，首先就是一部惊心动魄的思想解放史。也就是说，一次又一次的思想解放都无一例外地成为开辟中国特色社会主义道路的先导。

20 世纪 80 年代末 90 年代初，国际上发生了苏东剧变，国内也出现了政治风波，此后，陈旧的观念和"左"的思想又有所抬头，改革开放姓"社"还是姓"资"的问题又引发了激烈的讨论。1992 年春，邓小平视察南方发表重要谈话，强调改革开放的胆子应再大一些，思想再解放一些。邓小平的南方谈话和党的十四大，回答了束缚人们思想的许多重大认识问题，坚定了继续走中国特色社会主义道路的决心，共和国在这条道路又向前迈进了一大步。

所有制问题是经济体制改革中最核心、最敏感、最尖锐的一个问题。什么是社会主义公有制？如何改革社会主义公有制？如何看待日益壮大的非公有制经济？非公有制经济的发展是否冲击了社会主义？针对这些问题，理论界和社会上展开了广泛讨论。争论的主要分歧在于对所有制的结构和实现形式出现了不同的认识和理解。对于社会上出现的各种思潮，江泽民指出，我们解决种种矛盾、澄清种种疑惑，认识为什么必须实行这样的路线和政策而不能实行别样的路线和政策，关键还是在于对所处的社会主义初级阶段的基本国情要有统一的认识和准确的把握。随后召开的党的十五大进一步解放了人们的思想，回答了来自"左"和右的责难。党的十五大报告明确指出："公有制的主体地位主要体现在：公有资产在社会总资产中占优势；国有经济控制国民经济命脉，对经济发展起主导作用。""公有资产占优势，要有量的优势，更要注重质的提高。""公有制实现形式可以而且应当多样化。一切反映社会化生产规律的经营方式和组织形式都可以大胆利用。"①党的十五大报告明确澄清了姓"公"姓"私"的疑惑，为深化经济体制改革扫清了一大障碍，进一步拓展了中国特色社会主义道路。

进入21世纪以来，随着改革开放的深入发展，原有的利益格局发生了改变，深层次的弊端和矛盾不断涌现。如何看待和应对发展中出现的新问题、新矛盾，人们的思想再度陷入困惑。学术界和社会上开始了新一轮的争论。这次争论涉及的领域和范围非常广，包括国企改革、教育、医疗、住房、征地拆迁、环境污染等众多问题。集中争论的焦点就是改革开放是不是搞错了？一些人认为不仅改革的技术措施不好，而且改革的大方向都是值得怀疑的。要不要继续改革开放，要不要坚持中国特色社会主义？举什么旗、走什么路的问题显得格外突出。针对种种疑惑，党的十七大报告明确指出："改革开放作为一场新的伟大革命，不可能一帆风顺，也不可能一蹴而就。最根本的是，改革开放符合党心民心、顺应时代潮流，方向和道路是完全正确的，成效和功绩不容否定，停顿和倒退没有出路。"②这掷

---

① 《十五大以来重要文献选编》（上），人民出版社1999年版，第11页。

② 胡锦涛：《高举中国特色社会主义伟大旗帜　为夺取全面建设小康社会新胜利而奋斗——在中国共产党第十七次全国代表大会上的报告》，人民出版社2007年版，第10页。

地有声的语言，如空谷足音，彰显了坚持改革开放的自信和决心。

在纪念党的十一届三中全会召开 30 周年大会上，胡锦涛使用了"不折腾"这个民间常用而正式场合不常见的词语，引起国内外的高度关注，显示了我们党对发展道路有了更深刻的理解和更准确的把握。胡锦涛说："我们的伟大目标是，到我们党成立 100 年时建成惠及十几亿人口的更高水平的小康社会，到新中国成立 100 周年时基本实现现代化，建成富强民主文明和谐的社会主义现代化国家。只要我们不动摇、不懈怠、不折腾，坚定不移地推进改革开放，坚定不移地走中国特色社会主义道路，就一定能够胜利实现这一宏伟蓝图和奋斗目标。"[1]

习近平总书记指出，在大是大非问题、政治原则问题上，没有"开明绅士"，一定要有鲜明的态度、坚定的立场，敢于站在风口浪尖上进行斗争。当前，思想舆论领域大致有红色、黑色、灰色"三个地带"。红色地带是我们的主阵地，一定要守住；黑色地带主要是负面的东西，要敢抓敢管、敢于亮剑，大大压缩其地盘；灰色地带要大张旗鼓争取，使其转化为红色地带。[2]

思路决定出路。当思想受束缚、思路不宽时，面对实践中的许多问题，难免束手无策。反之，当出现新的想法，引起共鸣甚至争论，促进思想解放、观念更新，思路就会拓宽，就一定能找到出路。在思想争鸣中前进，我们的道路就会越走越宽广。

争论而不折腾，需要自信，更需要智慧和勇气。争论还会发生，但人们更加坚信，在当代中国，只有中国特色社会主义道路而没有别的什么道路能够解决中国的经济发展和社会进步问题。

---

① 胡锦涛：《在纪念党的十一届三中全会召开 30 周年大会上的讲话》，《人民日报》2008 年 12 月 19 日。

② 中共中央宣传部编：《习近平总书记系列重要讲话读本（2016 年版）》，学习出版社、人民出版社 2016 年版，第 195—196 页。

（3）研究思想争论问题有助于认识马克思主义中国化理论成果的形成和发展

实践需要理论的指导。科学的理论必须坚持，同时又必须要发展。任何一种理论，特别是权威理论一经形成，往往具有巨大的号召力和影响力。在这种权威理论光环笼罩下，人们一般不大容易接受新的理论，对新的东西具有排斥性。新的观念、新的思想的形成和发展，难免会引起强烈的观念冲突和激烈的思想争论。人们的思想就是在这种冲突与争论中获得解放，科学的理论就是在这种争论中得到发展。

我们坚持解放思想，强调要把思想认识从不合时宜的观点、做法、体制中解放出来，从对马克思主义的错误的和教条式的理解中解放出来，从主观主义和形而上学的桎梏中解放出来。实际上，每一种解放都是有对立面的，解放的过程也是思想争论的过程，就是思想进步的过程。马克思主义中国化的理论成果，是解放思想的产物，实际上就是在思想争论和观念更新中形成和发展起来的。

早在20世纪的20年代末和30年代初期，中国共产党内曾一度盛行把马克思主义教条化、把苏联经验神圣化的错误做法，毛泽东既在实践上也在理论上旗帜鲜明地同教条主义进行了坚决的斗争，并提出了实事求是的思想路线。正是在这一思想路线的指引下，中国共产党把马克思主义基本原理与中国革命实际相结合，创造性地发展了马克思主义，形成了中国化的马克思主义理论成果即毛泽东思想。可以说，毛泽东用成功的实践，也用科学的理论，回答了"山沟沟里能不能产生马克思主义"的质疑。

新中国成立后，以毛泽东同志为主要代表的中国共产党人又进行马克思主义与中国实际"第二次结合"的探索，寻求在中国这样一个占世界人口近四分之一的、经济文化落后的大国建设社会主义的伟大道路，形成了一些新的理论成果，使毛泽东思想得到进一步发展。但是，在探索的过程中，由于违背了实事求是的原则，艰辛的努力并没有获得理想的结果。"文化大革命"时期，个人崇拜盛行，教条主义泛滥，表面上没有了争论，人们也不敢争论，结果是文化的荒芜、思想的停滞。

"文化大革命"结束后，邓小平坚决冲破"两个凡是"的束缚，领导和支持真理标准问题讨论，人们的思想获得极大解放。沐浴着解放思想的春风，理论园地一派生机盎然。在改革开放的伟大实践中，建设中国特色社会主义的一系列理论观点被逐步提出来了，如社会主义改革开放理论、社会主义初级阶段理论和党的基本路线、社会主义精神文明建设理论、"一国两制"构想、社会主义本质论、社会主义市场经济理论等等。

经历过改革开放的人们不会忘记，每一个重大理论观念的提出，都引起过国内外的广泛关注，也曾引发了不同程度的思想争论，有些理论观点甚至还出现过反复。成功的实践和深入的理论探讨，最终使理论获得发展，并逐步统一了思想认识。

1997年，中国改革开放的总设计师邓小平逝世，国内外都有疑问和担心：今后的中国还能不能按照他设定的思路，将改革开放的事业继续推动下去？

因为人们都清楚：邓小平在中国推行改革开放是很不容易的，经常受到来自"左"、右两个方面力量的干扰，如果不是邓小平坚定地排除各种干扰，中国的改革开放事业就难以深入持久地推行下去。没有了邓小平的中国如果再出现类似的"左"、右言论或行为，中国共产党能否还能像邓小平那样游刃有余地处理？

面对种种疑虑和担忧，中国共产党旗帜鲜明地提出要高举邓小平理论的伟大旗帜。这无疑向世人表明：中国特色社会主义是中国人民长期奋斗的方向，中国不仅不会因为邓小平的逝世而对改革开放的基本理论加以抛弃，反而要更加充分地利用它。党的十五大正式提出了"邓小平理论"的概念，并将其确定为党的指导思想。

当然，在确立邓小平理论作为党的指导思想过程中，社会上也有种种议论。有的人认为，理论应该有大部头著作来阐释，而邓小平的著作主要是一些讲话，不能构成理论体系。面对质疑，理论界进行深入研究和广泛宣传，强调指出，理论观念是否深刻、是否科学，关键是看它是否来自于实践并指导实践取得成功，而不在于以什么形式表现出来。经过长期的研究和宣传教育，人们对邓小平理论的认同度大大提高了。人们深深地体会到：正是在邓小平理论的指导下，中国人民才有了发家致富的强烈愿望，才有了开拓创新的勇气，才感受到了经济全球化的浪潮，才有了改革开放的顽强精神，才最终取得了社会主义建设事业的巨大成功。坚持这个理论，中国的社会主义发展就有了方向，中国人民的行动就有了目标，我们在实践中就始终感到有力量。

邓小平理论作为科学理论，也必然要在实践中不断发展。历史进入到世纪之交，国际环境和国内情况都发生了巨大而深刻的变化。和平与发展仍然是时代主题，但世界很不安宁，霸权主义和强权政治依然存在。经济全球化浪潮汹涌澎湃，发达国家在经济科技上占优势的压力十分明显。在国内，在经济发展的同时，社会不公平现象十分突出，新社会阶层的出现需要认真研究和慎重对待，反腐败斗争任务十分艰巨。面对新形势、新问题、新任务，以江泽民同志为主要代表的中国共产党人，在建设中国特色社会主义的实践中，加深了对什么是社会主义、怎样建设社会主义的认识，创造性地提出了建设什么样的党、怎样建设党的问题，形成了"三个代表"重要思想。

对于"三个代表"重要思想，社会上也有种种议论。有人觉得它的理论创新不够，马克思主义经典作家都说过类似的话，并认为"三句话"不能构成理论体系，如此等等，都是对这一科学理论体系形成的时代背景、实践基础及其科学内涵与精神实质缺乏了解甚至是误解的结果。社会上不同的观点和议论，也促使人们更深入地研究这一理论。人们逐渐认识到，不是说"三句话"构成一个理论体系，而是用这三句话来概括这个理论体系。"三个代表"

重要思想，反映了当代世界和中国的发展变化对党和国家的新要求，是加强和改进党的建设、推进我国社会主义自我完善和发展的理论武器。通过深入学习和广泛宣传，人们对这一科学理论的认同度不断提高，更加自觉地认识到它是对马克思主义、毛泽东思想和邓小平理论的继承和发展。

进入新世纪新阶段，我国发展呈现出新的阶段性特征。立足社会主义初级阶段基本国情，总结我国发展实践，借鉴国外发展经验，中国共产党提出了以人为本、全面协调可持续发展的科学发展观。对于这一创新理论，社会的认同度还是比较高的，当然也有不同的看法。有人认为，现在强调科学发展，说明过去的发展不科学，甚至认为坚持以经济建设为中心的路线需要调整。实际上，这也是一种误解。贯彻科学发展观，是要求我们始终保持清醒头脑，立足社会主义初级阶段这个最大的实际，科学分析我国全面参与经济全球化的新机遇新挑战，深刻把握我国发展面临的新课题新矛盾，仍然要牢牢扭住经济建设这个中心，更加自觉地走科学发展道路，奋力开拓中国特色社会主义更为广阔的发展前景。党的十七大报告明确指出，科学发展观，第一要义是发展，核心是以人为本，基本要求是全面协调可持续，根本方法是统筹兼顾。实践证明，贯彻科学发展观，中国的社会发展呈现出了更加和谐繁荣的新局面。

党的十八大以来，以习近平同志为核心的党中央，紧紧结合新的时代条件、国内外形势发展和实践要求，突出围绕坚持和发展中国特色社会主义主题，大气魄治党治国治军，大力度推进改革开放，以全新的视野深化对共产党执政规律、社会主义建设规律和人类社会发展规律的认识，提出了一系列富有突破性和创造性的新理念新思想新战略，形成了习近平新时代中国特色社会主义思想。党的十九大将这一思想确立为我们党必须长期坚持的指导思想，实现了党的指导思想的又一次与时俱进。党的二十大强调，继续推进实践基础上的理论创新，首先要把握好习近平新时代中国特色社会主义思想的世界观和方法论，坚持好、运用好贯穿其中的立场观点方法，强调必须坚持人民至上、坚持自信自立、坚持守正创新、坚持问题导向、坚持系统观念、坚持胸怀天下。这深刻揭示了习近平新时代中国特色社会主义思想的理论品格和鲜明特质，既是深刻理解这一科学思想必须牢牢把握的基本点，也是继续推进理论创新必须始终坚持的基本点。

随着党的创新理论的提出，一些人也有另外的担心：理论发展很快，作为党的指导思想的理论体系越来越多，人们怎样来学习和把握？

随着条件的变化和实践的发展，理论的创新与发展是必然的，如何进行概括，不仅是高深的学术问题，更是严肃的政治问题。办法总比困难多。面对这样的难题，党的十七大曾有过科学的解答。党的十七大报告提出了"中国特色社会主义理论体系"这个新概念，把改革开放以来形成的科学理论都纳入到这一理论体系之中。党的十七大还强调指出，中国特色社会主义理论体系是不断发展的开放的理论体系。这实际上也解决了概念越来越多带来的学习与贯彻的困难问题。有了这样的科学概括，就为理论发展提供了更加广阔的空间，也避免了一些不必要的质疑和纷争。

理论创新是一个破旧立新、与谬误作斗争的过程。了解理论创新中的种种纷争，可以使我们更加深刻地认识到，理论成果来之不易，要更加自觉地坚持科学理论的指导，顺应时代呼唤，努力开拓，奋力前行。

3．思想争论带来的启示

走过风雨，迎来彩虹。由思想争论引发的观念碰撞，促使人们思考，促进思想解放。在思想不断解放的浪潮中，我们开拓新路，走出了宽广的发展道路。解放思想成为发展中国特色社会主义的一大法宝。在收获解放思想带来的丰硕成果的时候，抚今追昔，给我们的启示也是非常深刻的。

（1）对待"异端"要采取宽容的态度

在人类社会发展过程中，一些新的观念、新的想法，往往是由少数人首先提出的，而一般来说最初的新想法和做法并不一定被人们接受，有的还会受到质疑、批判，甚至遭受灭顶之灾。如果提出者是领袖人物或知名人士，其命运或许会好些，当然也有的难逃厄运，可见传统观念的牢固、传统势力的强大。马寅初的精神令人敬佩："学术问题贵乎争辩，愈辩愈明，不宜一遇袭击，就抱'明哲保身，退避三舍'的念头。相反，应知难而进，决不应向困难低头。我认为在研究工作中事前要有准备，没有把握，不要乱写文章。既写之后，要勇于更正错误，但要坚持真理，即于个人私利甚至于自己宝贵的性命，有所不利，亦应担当一切后果。"①

青山遮不住，毕竟东流去。事实证明，科学的进步，往往是以怀疑为开端的，只有对传统的理论进行扬弃才会有理论创新。正是因为有了怀疑，才促使人们去学习，去观察，去发展知识。如果没有哥白尼对地心说的怀疑，以太阳为中心的地动学说就不会产生；如果没有爱因斯坦对牛顿力学理论的怀疑和否定，相对论就不会诞生。社会进步也是如此。如果没有列宁对马克思"世界革命同时发生"预言的质疑，就不可能有世界上第一个社会主义国家的诞生；如果没有毛泽东对俄国革命道路的突破，"农村包围城市，武装夺取政权"的理论也难以产生；如果没有邓小平对"两个凡是"的否定，改革开放的抉择就难以实现。

我国著名理论家龚育之先生晚年曾提出正确对待"异端"问题，引起理论界的广泛关注。上至党和国家的大政方针，下至社会民风习俗，都有一个对"异端"的质疑和逐步接受的过程。毛泽东创造了一条在偏远的农村开辟革命根据地、以农村包围城市、最后夺取城市的新道路。这是对马克思主义

---

① 马寅初：《新人口论》，北京出版社 1979 年版，第 54—56 页。

的发展，起初也被认为是离开了马克思主义的"异端"。改革开放以来，我们党在理论上的一系列创新，如社会主义初级阶段论、社会主义本质论、社会主义市场经济论、社会主义和谐社会论等等，从马克思主义的传统观点看来，也都是"异端"。邓小平也说过"异端"问题。1984年，针对党的十二届三中全会通过的《关于经济体制改革的决定》，邓小平说："这次经济体制改革的文件好，就是解释了什么是社会主义，有些是我们老祖宗没有说过的话，有些新话。我看讲清楚了。过去我们不可能写出这样的文件，没有前几年的实践不可能写出这样的文件。写出来，也很不容易通过，会被看做'异端'。"①而真正的创新，恰恰就是从这些开始被认为是"异端"的思想观念中创造出来的。

在社会生活领域，人们的观念也随着实践的发展而在不断地变化着。回想改革开放之初，当新生事物不断涌现挑战人们的传统观念时，指责声不绝于耳。电子音乐和通俗唱法被斥责为靡靡之音，迪斯科被认为是下流舞蹈，印象派绘画被看作颓废艺术，甚至有位画家画了一幅巨幅的农民肖像画，也被认为是对伟大领袖的不敬和对社会主义的抹黑。这些过去被认为是"另类""异端"的事物，如今已被广泛接受。当年有学者建议将"法制社会"改为"法治社会"时，曾受到指责，但今天"法治"一词却已深入人心。

如今，随着社会的发展和信息技术的发达，表达途径的多样化，社会的容忍度大大提高了。容忍"异端"，是社会进步的表现。对于不同意见，不仅要允许表达，还要认真分析、吸收借鉴。不能简单地进行"左"、右划线，更不能上纲上线，搞政治批判。毛泽东曾说，让人讲话，天塌不下来。他还多次阐释言者无罪、闻者足戒的道理。邓小平深刻地指出，民主是解放思想的前提。在宽松的环境里，创新的花朵才能自由地绽放。

当然，也不能认为凡是"异端"都属于创造性发展。新的东西也不一定

---

① 《邓小平文选》第三卷，人民出版社1993年版，第91页。

都是进步的。有属于创造性发展的"异端",有些"异端"貌似创造,也可能是沉渣泛起,也可能是照搬洋教条,也有一些自以为是创造性发展,却在实践中被证明是错误的东西。所以,对"异端"不要急于肯定或急于否定,而应该进行认真分析。新思想是否科学,是否符合社会发展的需要,最终要经受实践的检验。从实践中来的,在实践中经受检验被证明为正确的"异端",属于理论创新。而从头脑发热凭空而来的,在实践中被证明是错误的东西,当然就不属于创造性发展。"大跃进""人民公社""文化大革命",当时都被宣传为马克思主义的重大的创造性发展,指导"文化大革命"的"无产阶级专政下继续革命的理论"甚至被宣传为马克思主义发展史上的第三个里程碑。经过时间和实践的检验,这些都被证明并非马克思主义理论的发展。

古往今来,敢为人先者往往是先苦后甜,当被人们追忆时,或许已是多少年以后的事了。历史昭示我们,要以平常心对待"异端",对待争论。要切实贯彻"百花齐放,百家争鸣"方针,营造民主讨论、平等交流的研究风气和宽松氛围,倡导不同观念争鸣和切磋的理性精神。思想争鸣不是搞政治批判,要尊重言之成理、持之有故的学术规则。要坚持学术自由与学术规范相统一,只有自由表达、共同探讨,思想才能进步、真理才能辨明;只有讲究规则、遵循规范,社会才有秩序,国家才能繁荣发展。

(2) 正确处理思想多样性与指导思想一元化的关系

社会存在决定社会意识。人类社会实践的复杂多样,决定了人们的思想意识也必然是多样化的。无论赞成或反对,无论喜欢或厌恶,社会思潮多样化是不以人们意志为转移的客观事实。

改革开放以来,我国社会经济成分、组织形式、就业方式、利益关系和分配方式发生了巨大变化,利益格局变化与利益矛盾的冲突,使人们原有的利益归属、价值判断和情感亲疏受到冲击与震荡，社会思想呈现出多样化趋势。比如，一部分人的聪明才智和创造活力得到极大的释放，以其贡献而获得较多的报酬；一些人由国有企业管理者变成私营企业主，角色的转换必然导致他们对社会问题的认识也会发生变化；更有一些国有企业员工面对"主人翁"地位变化带来的冲击，心里感到不平衡；还有少数党员干部经不起诱惑而腐化堕落，严重影响了党在人民群众心目中的形象。所有这些变化，使一部分人原有的价值取向、理想信念、政治认同变得模糊了，甚至在少部分人身上发生了根本性的动摇。随着人们的社会角色、经济地位、职能分工、利益分配等方面的不断变化，社会思想的多样化还会继续发展。

宽松的文化环境和新媒体技术的发达，促进着思想观点的表达与传播。网络与手机信息的兴起和发展，极大地改变着舆论传播、思想交流、生活内容和行为方式，加上原有的广播、电视、书籍报刊等信息媒体，使社会思潮的传播速度更快、扩散更广。在宽松自由的环境中，在民主制度得到发展和民主意识得到强化的背景下，人们的思想观念活跃起来，自由探讨、畅所欲言逐渐成为风气。当然，各种西方思潮也大量涌入，其中不乏可以学习借鉴的真知灼见，也有很多容易造成思想混乱的错误观点。

面对多样化的社会思潮，辩证思维尤为重要。

首先，要充分肯定社会思潮多样化的积极作用。有竞争才能有发展，有比较才能有鉴别。多元的思想为真理脱颖而出提供了前提条件。真理总是同谬误相比较而存在、相斗争而发展的。当真理和谬误都暴露在阳光下，人们才更容易辨别。当各种思想观念不断涌现时，真理的夺冠之路也就开始了。同时，思想的活跃、观念的碰撞也为社会变革提供了理论的选择空间。任何社会变革，都需要有新观念的启迪、新理论的支撑。适合与指导社会实践的科学理论，需要经过比较和争鸣才能被认知、被接受。只有思想的多样化，才能够使我们的思想有生机、有活力，才能够使我们的思想文化繁荣发达起来。人们勇于去思考问题、探索问题，大胆地去进行理论的创新，提出各种积极的、有价值的思想观点，这对于发展马克思主义也是十分必要的。

其次，要充分估计社会思潮多样化带来的负面影响。多种所有制的经济基础决定了社会利益群体、社会需求和价值取向的不同，各个阶层、各种势力都想按照自己的意志来改造世界。眼花缭乱的多样化社会思潮很容易让人们无所适从，使一些人思想困惑、信仰迷失、理想淡漠，给一元化指导思想的确立增加了难度。历史的经验证明，任何政党或组织及个人，在试图更替政权的过程中，总要先造成不利于这个政权和制度的舆论。这无疑增加了维护稳定和国家安全的艰巨性。

多样化的社会思潮，带来多样化的社会影响，因此不能简单地、不加区别地肯定或否定，而应当进行辩证的分析和引导，使正确的发扬光大、错误的加以修正、落后的更新跟进。这就需要正确处理社会思潮多样化与指导思想一元化的关系，要坚持和巩固马克思主义在意识形态领域的指导地位，用一元化的指导思想去引领多样的社会思想。引领多样化的社会思潮，不是简单取代多样化社会思潮，也不是简单整合多样化社会思潮。马克思主义的引领，需要运用马克思主义的基本立场、观点、方法说明先进思潮所以先进的根据并发扬光大之，解释那些无害的非马克思主义思潮可以适应社会主义的道理，分析落后思潮所以落后的原因，揭露错误思潮所以错误的本质。要在多样化思潮中确立主导地位，在多样化观念中寻求最大共识；以主导扩大共识，以共识巩固主导。引领多样化的社会思潮要善于包容，也要善于批评和借鉴。党的十九大报告明确提出，要"坚持社会主义核心价值体系。文化自信是一个国家、一个民族发展中更基本、更深沉、更持久的力量。必须坚持马克思主义，牢固树立共产主义远大理想和中国特色社会主义共同理想，培育和践行社会主义核心价值观，不断增强意识形态领域主导权和话语权，推动中华优秀传统文化创造性转化、创新性发展，继承革命文化，发展社会主义先进文化，不忘本来、吸收外来、面向未来，更好构筑中国精神、中国价值、中国力量，为人民提供精神指引。"①党的二十大报告明确指出："马克思主义是我们立党立国、兴党兴国的根本指导思想。实践告诉我们，中国共产党为什么能，中国特色社会主义为什么好，归根到底是马克思主义行，是中国化时代化的马克思主义行。拥有马克思主义科学理论指导是我们党坚定信仰信念、把握历史主动的根本所在。"②

　　坚持马克思主义理论为指导和社会意识的多样化，两者是辩证统一的。只有坚持以马克思主义为指导，我们才能够自觉地按照自然、社会和人的思维规律办事情，广大人民群众才有团结奋斗的共同思想基础。同时，只有思想观念多样化才能够使我们的思想文化充满生机、活力，才能够为我们人民提供极为丰富的思想上、文化上的食粮，也同时为马克思主义的发展提供不竭的动力。总之，坚持马克思主义的指导地位不动摇，科学对待多样化的社会思潮，把这两者辩证统一起来，我们才能够在中国特色社会主义的道路上胜利前进。

（3）思想争鸣不能影响大胆试验

　　实践无止境，认识也必然无止境。只要实践在发展，社会在进步，人们对客观事物的认识就不会结束，不同认识的交流与碰撞也不会停止。但社会的发展又不可能等一切问题都认识清楚后再行动，更不可能等争辩明白后再付诸实践，而必须是边实践、边认识，在实践中提高认识，在探索争鸣中不断前行。

---

　　①　《中国共产党第十九次全国代表大会文件汇编》，人民出版社2017年版，第18—19页。

　　②　习近平：《高举中国特色社会主义伟大旗帜　为全面建设社会主义现代化国家而团结奋斗——在中国共产党第二十次全国代表大会上的报告》，人民出版社2022年版，第16页。

理论争鸣不止，实践探索不停。这就需要一种敢闯的精神，需要一种大胆试验的气魄。

首先是要敢想。在社会实践活动中，想到的事情不一定能做成，但想不到的事情肯定做不成。所以要开拓新局面，第一位的是要敢想，要敢于突破教条的、僵化的思维方式的禁锢和束缚，摒弃与发展不相适应的老思想、旧观念，不断克服畏难情绪，消除惰性心态，点燃创新激情，以思想的大解放推动工作的大发展。

其次是要敢闯。工作中面临的许多新情况新挑战，往往没有现成的办法可用，没有现成的模式可套，没有现成的经验可供借鉴，一切需要在尊重客观规律的前提下敢闯、敢试，以奋发有为的精神状态增强进取意识，以更加创新的实践寻求超越和突破。

再次是要敢干。世界上的事情都是干出来的，幸福都是奋斗出来的。发展机遇往往会稍纵即逝，不能空泛地争论而贻误发展时机，必须把心思用在干事业上，把精力投到抓落实上。只有把嘴上说的、纸上写的、会上定的，都变为具体的行动、实际的效果和人民的利益，思想探索的目的才算达到。踏踏实实干出成效来，才能推动社会发展，才能取信于民。

思想的解放，认识的深化，不可能一劳永逸，也不可能毕其功于一役，而是动态的、持续的，是一个永无止境的过程。但思想争论不能阻碍试验，不能阻止发展。邓小平说得好："改革开放胆子要大一些，敢于试验，不能像小脚女人一样。看准了的，就大胆地试，大胆地闯。"①

怎样才能看得准呢？如何衡量"准不准"呢？邓小平提出了"三个有利于"的判断标准。在改革开放的过程中，社会主义性质和方向必须坚定不移，毫不动摇。然而，在改革的步骤、途径和措施上，鼓励从实际出发，多角度全方位地大胆探索，不要过多设置堤防，符合"三个有利于"的改革措施、发

① 《邓小平文选》第三卷，人民出版社1993年版，第372页。

展路子，都应予以支持，鼓励大胆地试，大胆地闯。同时，在"闯"和"试"的过程中，要随时总结经验，接受实践的检验。

要做到看得准，还要注重拓宽视野，从大局看问题，特别要具有宽广的国际视野。在经济全球化的时代，中国的前途命运日益紧密地同世界的前途命运联系在一起。习近平总书记提出构建人类命运共同体的思想，这就需要努力把握世界的新变化、新情况、新矛盾，洞察全球化大趋势带给我们的机遇和挑战，科学地判断国际形势，以世界眼光谋划未来发展，善于学习借鉴别人的发展经验，开创自己的发展道路，为人类对更好社会制度的探索提供中国方案。

如何对待在发展的过程中出现的意见分歧？改革开放给我们提供的成功经验是：搞好试验，允许看，对尚不成熟的东西不轻易下结论、不过早作定论。客观事物内部矛盾的发展变化有一个潜伏、暴露和展开的过程，由此决定了人对事物规律的掌握是一个从不知到知、从知之不深到知之较深的过程。"不争论"，是要反对表面地、片面地、静止地对局势下判断，而主张从世界内部矛盾的发生发展中对局势作客观的、全面的、动态的考察，把握局势的性质和前景。"不争论"，不是提倡盲从，不是万马齐喑，而是允许看，允许不同观点存在。邓小平说得好："对改革开放，一开始就有不同意见，这是正常的。""我们的政策就是允许看。允许看，比强制好得多。我们推行三中全会以来的路线、方针、政策，不搞强迫，不搞运动，愿意干就干，干多少是多少，这样慢慢就跟上来了。"[①]

对于不同意见，不是搞群众性大批判，而是用实践来检验，靠发展的实际效果来教育、来说服。任何一项改革措施的制定和贯彻，都要看人民群众答应不答应，拥护不拥护，高兴不高兴。要尊重人民的意愿和选择，不搞强迫。在历史上的某些时期，对群众的领导方法不完全正确，对群众实行命

---

① 《邓小平文选》第三卷，人民出版社1993年版，第374页。

令主义，理解不理解都要强迫执行，迫使人民群众做了许多违心和不愿做的事情。邓小平正确的领导方法就是对群众不搞强迫命令，而是通过说服、教育和等待，让群众去认识、去理解，通过切身体验去判断和选择，把改革开放方针的贯彻执行建立在尊重人民的意愿和选择的基础上，变为群众的自觉行动。在新时期农村出现的"包产到户"，以及是否允许雇工、是否允许私营经济发展以及采取市场经济手段等众多政策性问题上，都是采取了鼓励试验，顺其自然，允许看、等等看的做法。

允许看，但要坚决地试，用实践来回答。这些看似无为而治的方法，实际上是渐进式改革的重要内容，是顺应社会发展规律的英明抉择。实践证明，尊重经济发展规律，不与市场经济对着干；尊重群众意愿，不与老百姓对着干；尊重自然规律，不与大自然对着干，这才是明智之举，才是把握执政规律的关键所在。

大胆地闯，大胆地试，就意味要走一条前人不曾走过的道路，就必然会有风险，有时还可能会犯错误。早在1984年邓小平就说过这样的话："今后我们可能还会犯错误。但是，第一不能犯大错误。第二发现不对就赶快改。"① 邓小平的务实态度，是鼓舞我们前进的强大精神动力。

为了保证开放创新的"领头羊"不会成为"替罪羊"，要坚持重在建设的方针。对试验中尚不完善的，要允许通过实践修正和完善；对试验失败的，要允许调整思路再试验。对思想理论上的分歧，要用平等对话、内部研讨的方式去解决，最终靠实践的结果去回答。即使对于一定范围内的错误的思潮，也不适宜搞群众性的公开争论。要保护、鼓励人们的创业精神，褒扬改革者，支持创业者，宽容失败者，为符合社会发展规律的新事物的产生和发展，提供宽松和谐的舆论环境和体制条件。

基于对上述问题的思考，我们撰写了《抉择：共和国重大思想决策论

---

① 《邓小平文选》第三卷，人民出版社1993年版，第95页。

争纪实（修订版）》一书。

本书着力体现思想性。共和国的辉煌征程，波澜壮阔，风云激荡，既取得了举世瞩目的成就，也遭遇过挫折和失误。成功的原因何在？挫败又因何产生？其思想根源又在哪里？在每一次重大历史关头，在每一次重大决策前后，都伴随着各种观念的冲突和思想的争鸣。要深入理解共和国历史，必须了解我们所经历的观念冲突和思想解放的历史。历史的发展规律告诉我们，人的思想观念作用不可忽视，解放思想是发展中国特色社会主义事业的一大法宝。本书寓论断于事实之中，将展现出马克思主义中国化时代化理论成果的科学魅力，让人们体察和感怀建设中国特色社会主义的艰辛历程，深化对党的思想路线的认识，使人们在阅读思想观念的碰撞中，了解道路开辟的艰辛，在认识思想解放的历程中，认识中国特色现代化道路的规律性和必然性，并从多彩的历史画卷中感受到历史发展的韵味和思想的启迪。

本书力求生动性和可读性。历史进程跌宕起伏，历史画卷五彩缤纷，历史人物生动活泼。如何展现多彩的历史画卷，是研究者常说常新的话题。共和国历史上的一些重大思想论争事关中国未来发展走向，内容多为公众所关注和熟悉，争论前后和过程中往往有复杂曲折的情节和饶有趣味的细节，都是宝贵的历史资料。

历史的魅力往往在于细节之中。对细节的生动描述当然不是猎奇，而是以事实为根据，不搞猜测和演绎，力求使学术性和可读性有机统一起来。本书的论述以充分的史料为基础，通过故事的形式展开，注重细节的挖掘，力求用畅达的语言和清晰的条理再现复杂的历史过程，以期使读者更轻松地了解历史的厚重、感悟历史的魅力。

第 一 章
"新民主主义社会秩序"能否确立？

——过渡时期的意见分歧

中华人民共和国的成立，标志着中国进入了新民主主义社会。但是，究竟是搞 15 年左右的新民主主义建设，而后一举进入社会主义，还是用 15 年左右时间逐步过渡到社会主义？毛泽东在思考着，刘少奇也在思考着。

1951 年初，毛泽东提出了"三年准备，十年计划经济建设"的构想，刘少奇据此提出了"为巩固新民主主义制度而斗争"的口号。但是，1952 年下半年以后，刘少奇关于"巩固新民主主义制度"的思想受到了批评。"气候"变得复杂起来。

1 ."为巩固新民主主义制度而斗争"

中国共产党领导了新民主主义革命，但从未讳言过自己的旗帜与纲领——建立社会主义乃至共产主义社会。"从新民主主义过渡到社会主义"，即第一步建设新民主主义社会，第二步过渡到社会主义。这是中国共产党在新民主主义革命时期就早已形成的基本建国指导思想，并通过党的七届二中全会决议和《中国人民政治协商会议共同纲领》(简称《共同纲领》)成为党与国家的统一意志。但是,究竟是经过新民主主义建设一举进入社会主义,还是一种渐变,即逐步过渡到社会主义?党中央和毛泽东经过了反复的思考。

在1952年6月之前,大体的想法是在民主革命胜利后先搞一段新民主主义,然后等条件成熟后,再过渡到社会主义。在具体的过渡时间问题上,是准备在经过大约三个五年计划之后,再向社会主义过渡。

《共同纲领》是具有临时宪法作用的新中国大法,但《共同纲领》并没有把中国的社会主义前途写进去。这点为党内外很多人所大惑不解。有人怀疑这是重大疏忽,有人猜测此乃完全出于策略上的考虑(如有人说是为了麻痹资产阶级等)。事实上,这些怀疑和猜测是不准确的。《共同纲领》之所以没有把中国的社会主义前途写进去,是从当时的实际出发,经过中央慎重考虑作出的决策。也就是说,中国共产党在新中国成立之初,要真心实意地搞一段新民主主义建设。这从新中国成立前后中央领导人的言论中可以得到印证:

1949年8月27日,毛泽东在新政协筹备会议上指出:纲领中只说现阶段的任务,如果再说得远一点就变得空洞了。就是说纲领是带有时间性、有变动的。它是行动纲领,是为着规范当时的行动而确定的;不是描绘新中国社会发展前途的图画。

9月21日,刘少奇代表中国共产党在政协开幕式上致辞时指出,之所以在《共同纲领》中没写社会主义前途,是"因为要在中国采取相当严重的社会主义步骤,还是相当长久的将来的事情"。《共同纲领》是"一部人民革命建国纲领"。它包括了共产党的全部最低纲领,"共产党的当前政策,就是要全部实现自己的最低纲领"。①

---

① 《刘少奇选集》上卷,人民出版社1981年版,第434页。

1950 年 6 月，毛泽东又在政协全国委员会一届二次会议上宣告："实行私营工业国有化和农业社会化"，"还在很远的将来"，只有"在国家经济事业和文化事业大为兴盛了以后，在各种条件具备了以后，在全国人民考虑成熟并在大家同意了以后，就可以从容地和妥善地走进社会主义的新时期"。稍后，毛泽东又提出了"三年准备，十年计划经济建设"的发展战略，并在 1951 年 2 月的中央政治局扩大会议上形成决议。

周恩来也讲过，不写入社会主义前途，是因为今天的条件还不成熟，今天的民族资本主义还有它的历史任务，过早地提出来会乱了资产阶级的阵脚。1952 年 6 月，他又进一步指出，当时不写入，是为了避免急躁地把前途当作今天要实行的政策，避免发生"左"倾错误。①

毛泽东所提的"十年建设"，就是指进行新民主主义的经济建设。在这种背景下，刘少奇提出了现在要"为巩固新民主主义制度而斗争"的口号。1951 年 3 月，刘少奇在为第一次全国组织工作会议起草的《共产党员标准的八项条件》第二条中写道："中国共产党的最终目的，是要在中国实现共产主义制度。它现在为巩固新民主主义制度而斗争，在将来要为转变为社会主义制度而斗争，最后要为实现共产主义制度而斗争。"② 第一次全国组织工作会议采纳了刘少奇的提法，把它写进会议决议之中，这个决议又得到中共中央的批准并转发给各级党委。"为巩固新民主主义制度而斗争"这一口号也就为全党同志所熟悉。

对建设新民主主义，党内没有人提出异议，大家更关心的是"将来"的社会主义，即什么时候什么条件下社会主义才能到来？

毛泽东自己没有对"三年准备、十年建设"这一战略思想作展开的论述，他建议刘少奇向干部讲述这一问题。

---

① 薄一波：《若干重大决策与事件的回顾》上卷，中共中央党校出版社 1991 年版，第 31—32 页。

② 《刘少奇选集》下卷，人民出版社 1985 年版，第 62 页。

于是，刘少奇多次向干部讲述这个问题。由于中央没有讨论，刘少奇声明自己所讲的"大体上是个人的意见……不是定见，可能和其他同志想的不一样，同志们可以此作为提纲来研究一番，看对不对，大家研究补充，提出意见，交给中央，再作出肯定意见"。

1951 年 5 月 7 日，刘少奇在第一次全国宣传工作会议上说，中央的计划，大体上是三年准备，十年建设。"三年准备"从 1949 年 10 月 1 日算起，三年之内做好军事上的准备，政治上的准备，文化上的准备，经济上的准备，以后十年就是建设。"十年以后，新中国的面貌就要改变一下。我们不但有庞大的农业，而且还有不少工业。那时我们就做到了自给自足，使中国变成一个比现在富足的国家。到那时我们的国家才可以考虑到社会主义去的问题。现在还不能提这个问题。现在就有人讲社会主义，我说这是讲早了，至少是早讲了十年。当然，作为理论和思想，我们的宣传工作还要讲，而作为实践问题，十年建设之内社会主义是讲不到的。十年以后建设得很好，那时我们看情况，就可以提提这个问题：社会主义什么时候搞呀？但是还要看实际情况才能答复这个问题。"①

在讲述过程中，刘少奇也不断地思考、增加内涵。两个月后，他又讲述这一问题时，思想就更丰富了。7 月 5 日，刘少奇在中南海春耦斋为马列学院第一班学员作题为《中国共产党今后的历史任务》的报告，即"春耦斋讲话"。这篇报告基本上反映出他的"巩固新民主主义制度"的整体构想。

刘少奇在报告中开宗明义地说：我们党今后的历史任务，就是由新民主主义社会到社会主义社会，最后到共产主义社会，世界大同。"三年准备、十年建设"是我们的计划。

然后他将问题逐个展开来谈。他指出："十年建设"中，国营经济、合作社经济、国家资本主义经济、私营资本主义经济等多种经济成分都会有

发展，也要使它们都有发展。但是，国家要集中资金、人力、物力来发展国家企业，因此它会发展得很快，在社会经济中的比重也会越来越大，它的领导作用与经济作用也会越来越大。这样发展的结果，就要引起以下的变化："一、工业比重要逐渐增大，农业比重要相对缩小。二、社会主义与半社会主义性质的经济，比重要逐步增大，私人资本主义经济的比重，个体经济的比重，要相对缩小，其作用也要相对缩小。三、经济上的这种变化，会要引起一切上层建筑也照此变化，就是说，在思想上、政治上、组织上都会要加强工人阶级与共产党及其在各方面的作用，加强国家的作用。"①

刘少奇把这个建设阶段同时也是发展变化阶段称为"新民主主义阶段"，从而把"三年准备、十年建设"的计划更明确地同"巩固新民主主义制度""完成新民主主义的建设事业"的口号联系起来，并且借用"三年准备"的提法，称新民主主义阶段既是过渡阶段也是准备阶段，即准备进入社会主义的阶段。

刘少奇说，有人问，进入社会主义有什么条件？我们"和平"地进入社会主义是包括反资本家、反富农的进程的，其条件是：

一、利用无产阶级专政的国家政权来实现工业国有化、农业集体化。这是决定的条件。

二、国营经济、合作社经济逐渐加强。

三、在国家经济中逐渐证明国营经济明显地优越于私人资本主义经济。党员增多。工农联盟继续加强。无产阶级在思想上的领导加强，社会主义原则无人反对。

四、苏联及其他社会主义国家对中国经济上的合作援助，加快了我们进入社会主义的准备。其他国家的革命运动和反帝国主义的斗争都帮助了我

---

① 张文和、李义凡：《走近刘少奇》，中央文献出版社1998年版，第274页。

们……帝国主义自顾不暇。①

刘少奇说,以上这些条件,使我们能够采取进入社会主义的步骤,第一步是实行工业化,就是将私人工业收归国有,再进行一个时期的建设,国有化更巩固、更发展了,就可以进一步采取农业集体化步骤,这是进一步的社会主义步骤,即在乡村里也实行社会主义,废除乡村中的富农阶级和城市中的小资产阶级,普遍在乡村中组织集体农庄,进入社会主义主要是这两步。

这就是刘少奇关于"巩固新民主主义制度"的大体构想。它的基本点是,从新民主主义到社会主义是一次革命,一次飞跃性的质变;10 年、15 年建设,待条件成熟,一举实行工业国有化和农业集体化,进入社会主义。作为个人特色的东西,就是刘少奇不认为工业国有化和农业集体化是同一步骤,而是分两步走,农业集体化以工业国有化与农业机械化为前提条件。

2. "提早消灭资本主义是错误的"

如何对待私人资本主义经济,这是建设新民主主义的关键问题。新中国成立以后,有人提出"提早消灭资本主义"的思想。对待这一问题,毛泽东和刘少奇都认为,在新民主主义阶段,应当允许私人资本主义的存在和发展,要利用私人资本主义为恢复和发展经济服务。但是,对待私人资本主义是侧重限制还是侧重发展,毛泽东和刘少奇的认识也存在一定差别。

早在 1948 年 9 月召开的中央政治局会议上,刘少奇作了《关于新民主主义的建设问题》的报告,其中指出:有益于国民经济的私人资本主义经济

---

① 张文和、李义凡:《走近刘少奇》,中央文献出版社 1998 年版,第 276 页。

也要发展。刘少奇强调："过早地采取社会主义政策是要不得的。"①毛泽东插话，把这一点说得更具体："到底何时开始全线进攻？也许全国胜利后还要15年。"

接着，中央在修改东北局常委张闻天提交的《关于东北经济构成及经济建设基本方针的提纲》时，对提纲中私人资本主义经济部分，毛泽东、刘少奇都很注意，并作了重要修改。先是刘少奇在这一部分增加了"决不可采取过早地限制私人资本主义经济的办法"。毛泽东对刘少奇这一修改作了斟酌推敲后，改为："决不可以过早地采取限制现时还有益于国计民生的私人资本主义经济的办法。"

10月26日，毛泽东就这一修改，写信给刘少奇作了解释，"因为就我们的整个经济政策说来，是限制私人资本的，只是有益于国计民生的私人资本，才不在限制之列。而'有益于国计民生'，这就是一条极大的限制，即引导私人资本纳入'国计民生'轨道之上。要达到这一点，必须经常和企图脱出这条轨道的私人资本作斗争。而这些私人资本虽然已经纳入这条轨道，他们总是想脱出去的，所以限制的斗争将是经常不断的。"

随后，刘少奇又在毛泽东修改的这句话后面增加了"更不可重复清算及均分私人工厂商店的错误"。并在再次增写的内容中，强调"必须坚决地严密地防止任何急性的'左'倾冒险主义的倾向，即是过早地和过多地在国民经济中采取社会主义的步骤"等。②这充分表明了两位领导人对保护合法有益的私人资本主义经济的关切心情。

1949年3月，党的七届二中全会进一步分析了民主革命胜利后的形势、矛盾和任务。全会继续和坚持了1948年9月政治局会议有关对资本主义的认识和决策，指出，由于中国经济现在处在落后的状态，"在革命胜利以后

① 刘武生等：《共和国走过的路（1949—1952）》，中央文献出版社1991年版，第26页。

② 张文和、李义凡：《走近刘少奇》，中央文献出版社1998年版，第231—232页。

一个相当长的时期内，还需要尽可能地利用城乡私人资本主义的积极性，以利于国民经济的向前发展。在这个时期内，一切不是于国民经济有害而是于国民经济有利的城乡资本主义成分，都应当容许其存在和发展……决不可以对私人资本主义经济限制得太大太死，必须容许它们在人民共和国的经济政策和经济计划的轨道内有存在和发展的余地……如果认为应当对私人资本限制得太大太死，或者认为简直可以很快地消灭私人资本，这也是完全错误的，这就是'左'倾机会主义或冒险主义的观点"①。

同时全会也指出，资本主义在中国的存在和发展，也不是如同资本主义国家那样不受限制任其泛滥，它将从几个方面，在活动范围、税收政策、市场价格、劳动条件等方面受到恰如其分有伸缩性的限制。

但是，要把这一方针贯彻并坚持下去也不是没有困难和阻力的。当时，民族资本家对我们的城市政策有疑虑，我们的人员在城市接管工作中也确实存在"左"的情绪。就是在这种形势下，1949年4月中旬至5月初，刘少奇到天津进行了一次调查研究，在一个多月的时间里，他深入机关、工厂、学校听取汇报，调查了解情况，同干部、工人、职员、资本家等各方面人士座谈，还作了多次报告。刘少奇认为，毛主席把党的城市经济政策概括为"公私兼顾，劳资两利，城乡互助，内外交流"，概括得很好。他基本上就是按照毛主席的这个"十六字方针"来阐明新民主主义经济政策的。

刘少奇在天津对资本家的讲话，向资本家"交底"的目的是要稳住民族资产阶级，保护和发展民族工商业，迅速恢复和发展生产。这在当时是正确的。天津之行后，刘少奇在天津的一系列讲话，经毛泽东批准，在党内外广泛传达。

但是，刘少奇的讲话也有个别言辞表达不太妥当的地方，比如说："今天我国资本主义的剥削不但没有罪恶，而且有功劳。""今天资本主义剥削是

---

① 《毛泽东选集》第四卷，人民出版社1991年版，第1433页。

合法的，愈多愈好。"当时，薄一波把刘少奇在天津的讲话向毛泽东作汇报，毛泽东对他的讲话总的是肯定的，认为讲得好，只是觉得"剥削越多越好"的话不一定这么讲。①

对此问题，朱德的阐述是："私人资本主义企业中的职工，他们在经济上还没有获得完全解放，他们还受着资本家剥削，这种剥削在新民主主义时期只能够受到限制，而不能够消灭。"为了工人阶级根本的长远的利益，还必须"在现阶段自觉地忍受资本家之一定限度以内的剥削"。②这样的表达就比较恰当。

新中国成立之初，我国面临着恢复国民经济的任务。一些投机资本家利用当时的财政经济困难，哄抬物价，扰乱市场，囤积居奇，追逐暴利，掀起多次全国性的物价大波动，给正常的社会生产和人民生活带来了严重危害。为此，人民政府采取有力措施，沉重打击了投机资本家，稳定了物价，并初步统一了财经。

在这一背景下，党内外有些人提出"提早消灭资本主义，实行社会主义"的主张。1950年4月，毛泽东在统战会议工商组讨论会的一份发言记录稿上的批语，可以看出这方面的情况，在发言记录稿谈到"今天斗争对象主要是资产阶级"的地方，毛泽东批道："今天的斗争对象主要是帝国主义封建主义及其走狗国民党反动派残余，而不是民族资产阶级，对于民族资产阶级是有斗争的，但必须团结它。是采用既团结又斗争的政策以达到团结它共同发展国民经济之目的。"

在发言记录稿谈到"对私营工商业的限制和排挤"的地方，毛泽东批道："应限制和排挤的是那些不利于国计民生的工商业，即投机商业、奢侈品和迷信品工商业，而不是正当的有利于国计民生的工商业。对这些工商业，当

---

① 薄一波：《若干重大决策与事件的回顾》上卷，中共中央党校出版社1991年版，第55页。

② 《朱德选集》，人民出版社1983年版，第261、262页。

它们困难时应给以扶助使之发展。"

在发言记录稿谈到"我们的政策是要'与民争利'。但他们所谓的'民'是资产阶级。我们则要争于人民有利的事情。我们说,我们就是'只许州官放火不许老百姓点灯'。但这里的'州官'是人民,我们放火可以,你们点灯就违反群众利益"的地方,毛泽东批道:"完全错误的说法。"[1]

针对"提早消灭资本主义"的思想,毛泽东在 1950 年 6 月党的七届三中全会上所作的报告《为争取国家财政经济状况的基本好转而斗争》中专门指出:"有些人认为可以提早消灭资本主义实行社会主义,这种思想是错误的,是不适合我们国家的情况的。"在这次会议上,毛泽东在讲话中又提出了"不要四面出击"的战略策略思想,他指出,为了集中主要力量肃清帝国主义、封建主义的残余势力,我们必须团结一切可以团结的力量,"对于民族资产阶级,我们要通过合理调整工商业、调整税收,改善同他们的关系,不要搞得太紧张了"。"民族资产阶级将来是要消灭的,但是现在要把他们团结在我们身边,不要把他们推开……团结他们,有利于劳动人民。现在我们需要采取这个策略。"

在恢复和发展国民经济中,党和政府按照《共同纲领》保护私营工商业的合法经营和适当发展,但是,资本家中的不法分子不满足于用正常方式获得一般利润,力图用向国家干部行贿等非法手段获得高额利润。这种情况的严重发展,使党中央不能不决定在党政机关工作人员中开展一场反对贪污、反对浪费、反对官僚主义(主要是反对贪污)的"三反"运动,在私营工商业者中开展一场反对行贿、反对偷税漏税、反对偷工减料、反对盗骗国家财产、反对盗窃国家经济情报的"五反"运动。针对资本家的不法行为,毛泽东曾经措辞尖锐地说:"要抓住资产阶级的'小辫子',把它的气焰整下去。如果不把它整得灰溜溜、臭烘烘的,社会上的人都要倒向资产阶级方

---

① 龚育之:《新民主主义·过渡时期·社会主义》,《中共党史研究》1988 年第 1 期。

面去。"①

尽管如此，毛泽东的目的并不是要立即消灭资产阶级。所以在"五反"运动的指导上，毛泽东一再强调要按照《共同纲领》办事，要掌握一条政策界限，就是"违法不违法"。民族资产阶级在《共同纲领》范围内的发展，是合法的；离开了这个范围，就是不合法的。他说："违法不违法，对资产阶级是个政治标准。""这不是对资产阶级的政策的改变，目前还是搞新民主主义，不是社会主义；是削弱资产阶级，不是要消灭资产阶级；是要打它几个月，打痛了再拉，不是一直打下去，都打垮。"

但是，当时理论界的一些人没有很好地体会毛泽东的这种意见，在"五反"运动的高潮中出现了否认资产阶级仍有积极作用的一面，主张消灭资产阶级思想。针对这种倾向，党中央强调指出："民族资产阶级在共同纲领的基础上，所应有的政治和经济地位，仍然没有改变。"毛泽东在修改中央的一个指示时，加了这样一段话："新民主主义时期，即允许资产阶级和小资产阶级存在的时期"，"在允许资产阶级和小资产阶级存在的时期内，不允许资产阶级和小资产阶级有自己的立场和思想，这种想法是脱离马克思主义的，是一种幼稚可笑的思想。在三反和五反中，我党已有些党员产生了这种错误思想，应予以纠正"。②

在"五反"运动期间，党中央也特别注意纠正实际工作中存在的错误，特别批评了那种"只顾眼前的经济利益，不肯将计算过高的资本家违法所得的数目合理地降下来"的错误做法，和"要求多罚、多补、多搞公私合营、多没收"的错误想法，指出这种"不顾实际经济情况"的现象，"严重忽略了今天继续团结和改造资本家进行生产，使工人不致失业的重要意义"。

在"五反"运动最后定案中，由于各地坚持了实事求是的做法，而且允

① 薄一波：《若干重大决策与事件的回顾》上卷，中共中央党校出版社 1991 年版，第 165—166 页。

② 龚育之：《新民主主义·过渡时期·社会主义》，《中共党史研究》1988 年第 1 期。

许资本家申诉和复查，工作做得比较稳妥，受处罚的严重违法户和完全违法户只占全体资本家的 5%，资本家也比较满意。1952 年 10 月，"五反"运动胜利结束。关于"提早消灭资本主义"的争论也随之平息了。

3. 围绕农村合作化的意见分歧

新中国成立后，在广大农村开展土地改革，废除封建土地所有制，实现农民土地所有制，然后在适当时候引导个体农民走上互助合作道路，实现集体化，完成向社会主义的过渡，这一点在中共中央领导人中是没有分歧的。但是，在土地改革完成之后，是立即"趁热打铁"地实行合作化，还是让个体农业经济稳定和发展一个时期，待实现农业机械化后，再进行社会主义改造？换言之，是先机械化后集体化，还是先集体化后机械化？这一点在中共中央领导层中是有不同认识的。由此，1951 年围绕山西发展农业互助合作社问题，党内发生了一场争论。这次争论，也是关于"巩固新民主主义秩序"争论的一部分。

山西是老解放区，大部分地区在解放战争时期就已完成了土地改革，互助组也已有所发展，新中国成立初期已有了相当数量的互助组。1951 年 4 月 17 日，中共山西省委向中央和华北局提交了一份题为《把老区的互助组织提高一步》的报告，认为"老区互助组的发展，已经达到了一个转折点，使得互助组必须提高，否则就要后退，必须在互助组织内部，扶植与增强新的因素，以逐步战胜农民自发的趋势，积极稳健地提高农业生产互助组织，引导它走向更高一些的形式，以彻底扭转涣散的趋势，这是十分重要的"[1]。这就实际上提出了要把互助组提高到初级合作社的问题，因而也就在实质上

---

[1] 《建国以来重要文献选编》第 2 册，中央文献出版社 1992 年版，第 354 页。

提出了要开始起步向社会主义集体化过渡的问题。

刘少奇在接到山西省委的报告后，接连在几个场合提出了不同意见。5月7日，他在全国宣传工作会议上说："山西省委在农村里边要组织农业生产合作社（苏联叫共耕社），这种合作社也是初步的。""这种合作社是有社会主义性质的，可是单用这一种农业合作社、互助组的办法，使我们中国的农业直接走到社会主义化是不可能的。"[1]7月3日，他在山西省委的报告上批示："把农业生产互助组织提高到农业生产合作社，以此作为新因素，'去战胜农民的自发因素'。这是一种错误的、危险的、空想的农业社会主义思想。"因为"今天的互助组是建立在私有财产基础上的自愿和等价交换的一种组织，一般地保护私有财产而不是削弱和否定它"。7月5日，他在给马列学院一班学员作报告时再次提出："企图在互助组内逐步动摇、削弱、直至否定私有制走向农业集体化，这是完全的空想。"[2]刘少奇对山西省委的主张反复提出批评，说明他是明确反对当时立即在农村搞生产合作化的。这是符合他的一贯思想的。

如前所述，刘少奇早在1948年9月的中共中央政治局扩大会议上，就提出了民主革命胜利后不能马上直接采取社会主义的实际步骤的观点，认为"过早地采取社会主义的政策是要不得的"。在农业方面，他认为不能过早地采取社会主义步骤即实行农业生产合作化，又有以下三方面的考虑：

第一，土地改革之后，应待农民个体所有制的积极性得到充分发挥后，再考虑合作化的问题。

第二，农村在没有实现机械化的条件下，不要急于搞农业生产合作社。

第三，对个体农民的自发倾向和冒富现象的担心是多余的，是一种绝

---

① 薄一波：《若干重大决策与事件的回顾》上卷，中共中央党校出版社1991年版，第188页。

② 薄一波：《若干重大决策与事件的回顾》上卷，中共中央党校出版社1991年版，第189页。

对平均主义的思想。

这些认识,应该说是非常深刻的。毛泽东在新中国成立前和新中国成立初与刘少奇的看法基本上是一致的。1950 年 6 月,毛泽东还认为提早实行社会主义的思想是错误的,是不适合我们国家情况的,只有在国家经济事业和文化事业大为兴盛了以后,在各种条件具备了以后,在全国人民考虑成熟并在大家同意了以后,就可以从容地走进社会主义的新时期。

但是到 1951 年,毛泽东改变了看法,认为既然西方资本主义在其发展过程中有一个工场手工业阶段,即尚未采用蒸汽动力机械而依靠工场手工业以形成新生产力的阶段,则中国的合作社,依靠统一经营形成新生产力,去动摇私有基础,也是可行的。[1] 这一新的认识,意味着毛泽东抛弃了过去认为只有先具备工业化或机械化的条件才能搞农业生产合作社的观点,从而自然会得出把农村互助组进一步提高为合作社的结论。

由于认识上的分歧,当毛泽东得知刘少奇对山西省委的批评后,便把刘少奇、薄一波等人找去谈话,对他们当面批评,对山西省委意见表示明确支持。接着,全国第一次互助合作会议作出了《中共中央关于农业生产互助合作的决议(草案)》,发给各级党委试行。毛泽东在为印发决议所写的通知中,要求全党把农业互助合作"当做一件大事去做"。

此后,农业互助合作便在一切已经完成了土地改革任务的地区开展起来。1952 年,全国农业互助合作运动有很大发展。到年底,组织起来的农户,老区占 65% 以上,新区占 25% 以上,全国各地成立了 4000 多个农业生产合作社,创办了十几个集体农庄(即高级社)。农业互助合作事业的迅速发展,成为下半年提出过渡时期总路线的根据之一。

对于 1951 年的这次争论,刘少奇后来在党的七届四中全会上曾作过检

---

① 薄一波:《若干重大决策与事件的回顾》上卷,中共中央党校出版社 1991 年版,第 191 页。

讨，承认"我有过一种想法，就是我以为还要等一个时候才能在我国农村中大量地、普遍地组织农业生产合作社"，这种想法"基本上是不正确的"，"在1951年秋，中央讨论农业生产互助合作问题后，由于毛泽东同志的指示得到了改正，我也就抛弃了这种想法"。① 支持刘少奇观点的华北局负责人薄一波等也对此作了自我批评。

"文化大革命"中，这场争论被作为农村"两条路线斗争"的一项主要内容提了出来，刘少奇关于山西省委报告的一则批语更被当作反对在农村搞社会主义的"罪证材料"到处流传。此事党中央早已作出结论，把意见分歧当作"两条路线斗争"显然是错误的，刘少奇的意见是非常宝贵的。

4. 能否确立新民主主义社会秩序？

1952年，经过两年半的努力，我国完成了恢复国民经济的任务，同时，土地改革在占全国农业人口90%以上的地区已经完成。1952年6月6日，毛泽东在一个文件上批道："在打倒地主阶级和官僚资产阶级以后，中国内部的主要矛盾即是工人阶级与民族资产阶级的矛盾，故不应再将民族资产阶级称为中间阶级。"这说明毛泽东要着手解决资本主义工商业问题了。

在国内外形势不断发展变化的情况下，是否坚持搞相当长一段时间的新民主主义建设，而后一举进入社会主义，党内出现了意见分歧，这种意见分歧来源于毛泽东改变了原来的想法，而刘少奇还是继续着原来的构想。

在讨论制定国家"一五"计划时，向社会主义过渡的问题由毛泽东首先提出来。毛泽东在1952年9月的中央书记处会议上说：10年到15年基本上完成社会主义，不是10年以后才过渡到社会主义。这个"从现在逐步过渡

---

① 林蕴晖：《党的七届四中全会述评》，《中共党史研究》1994年第3期。

到社会主义去"的重要思想，在一些中央领导人之间谈论过。当时设想：15年之后，私营工业在整个工业中将只占10%的比重，可以不费力地收归国有；在农业方面，10年至15年可以将多数农民组织在农业生产合作社和集体农场内，基本实现集体化。

毛泽东的这个新思路，明显地改变了新中国成立后至少要经过10年才能考虑向社会主义转变的原本设想。

对此，周恩来讲道："为什么早也不提，晚也不提，而在现在提出这个问题来？有的朋友说了：'抗美援朝停战了，就提出了这样一个任务。'这话有一部分道理……但不完全是这一方面的理由，还有其他国际、国内的形势。"①1953年9月，周恩来在讲到过渡时期总路线提出的背景时，列举了以下几点"国内外情况"：（1）抗美援朝的胜利与朝鲜停战。（2）资本主义世界矛盾的增长。（3）专政的巩固。（4）国防力量的加强。（5）各种社会改革运动的胜利，尤其是土改、财经情况根本好转，社会主义经济成分的增长，国营经济地位的加强。（6）广大劳动人民积极性和创造性空前的发扬。（7）共产党和毛主席领导的成功。

1953年春，中央为了确切掌握新中国成立后资本主义工商业的变化情况、国家资本主义的发展情况，以及它们在国民经济中占的地位和作用，以便确定对资本主义工商业改造的形式，指派中央统战部部长李维汉率领工作组到上海、武汉、南京等工业比较发达的大城市进行调查。5月，李维汉向中央提交了关于《资本主义工业中的公私关系问题》的调查报告。报告中说：新中国成立三年来，我国私人资本主义已有了相当的发展，呈现出从统购、包销、加工、订货到公私合营等一系列从低级到高级的形式。它在国民经济中的地位已凌驾于纯粹的资本主义经济之上，仅次于国营经济。报告的结语

---

① 《中共党史研究》编辑部：《风云七十年》下，解放军文艺出版社1991年版，第545页。

中明确地向中央建议：经过国家资本主义，特别是公私合营这一主要环节，实现对资本主义所有制的变革。李维汉的报告受到毛泽东和党中央的高度重视。毛泽东还亲自打电话告诉他，"这个报告将提交政治局会议讨论"。

1953 年 6 月 15 日，中央政治局召开会议。毛泽东在会上讲话，第一次对过渡时期总路线和总任务的内容作了比较完整的表述。他说："党在过渡时期的总路线和总任务，是要在 10 年到 15 年或者更多一些时间内，基本上完成国家工业化和对农业、手工业、资本主义工商业的社会主义改造。这条总路线是照耀我们各项工作的灯塔，不要脱离这条总路线，脱离了就要发生'左'倾或右倾的错误。"

毛泽东批评了"确立新民主主义社会秩序""由新民主主义走向社会主义""确保私有财产"这三句话。"确立"与"巩固"为同义语，所以批评"确立新民主主义社会秩序"，实际上也包含着对刘少奇提出的"巩固新民主主义制度"的批评。毛泽东说："'确立新民主主义社会秩序'，怎样确法？每天在变动，每天都在发生社会主义因素。所谓确立，是很难哩！比如商业，今年下半年准备确立，明年就不确立了。农业合作互助也年年在变。所谓过渡时期，就是很剧烈很深刻的变动。按照它的社会的深刻性来说，资本主义到十五年基本绝种了。"①毛泽东对"确立新民主主义社会秩序"的批评，被刘少奇等中央领导人所接受，全党很快统一到毛泽东提出的过渡时期总路线上来。会议肯定了中央统战部的报告，决定通过国家资本主义的道路，对资本主义工业进行社会主义改造，发展公私合营，过渡到社会主义。

为了更好地向干部、党员和群众进行关于过渡时期总路线的教育和宣传，中共中央宣传部起草了《关于党在过渡时期总路线的学习和宣传提纲》。毛泽东亲自动手对提纲作了修改。12 月 23 日，中共中央批准向全国发出

① 薄一波：《若干重大决策与事件的回顾》上卷，中共中央党校出版社 1991 年版，第 65 页。

《为动员一切力量把我国建设成为一个强大的社会主义国家而奋斗——关于党在过渡时期总路线的学习和宣传提纲》。提纲对过渡时期总路线作了更为完整的表述："从中华人民共和国成立,到社会主义改造基本完成,这是一个过渡时期。党在这个过渡时期的总路线和总任务,是要在一个相当长的时期内,逐步实现国家的社会主义工业化,并逐步实现国家对农业、对手工业和对资本主义工商业的社会主义改造。这条总路线是照耀我们各项工作的灯塔,各项工作离开它,就要犯右倾或'左'倾的错误。"

至此,党在过渡时期的总路线就最后确定下来了。一个宣传贯彻总路线的热潮很快在全国兴起,社会主义改造蓬勃展开。随着对过渡时期总路线的学习与贯彻,"为巩固新民主主义而斗争"的口号也宣告终结,成为历史。

总体来看,过渡时期总路线的提出,是基本适时的,反映了中国历史发展的基本方向,反映了我国在半殖民地半封建的基础上经过新民主主义到达社会主义的历史必然性。但同时又反映了在工业化和改造私有制问题上的性急倾向。从生产关系看,当时五种经济成分并存的新民主主义生产关系所能容纳的生产力并没有完全充分地发挥出来;从生产力状况看,当时我国改造私有制尤其是改造小农私有制的物质技术基础并不完全具备;从当时人们的心理状况看,社会主义改造的社会心理基础也不完全具备。

历史的发展已经证明,在人民民主政权已经巩固的前提下,允许私有制经济的存在和发展,对于促进生产力发展,迅速提高人民的物质文化水平是非常必要的。在社会主义改造完成以后,毛泽东曾经意识到这个问题,几次试图补救,但未能如愿。

党的十一届三中全会以后,我国实行以公有制为主体,多种所有制成分共同发展,其成果已是举世瞩目。由此,关于"巩固新民主主义秩序"的争论留下的不仅仅是历史遗憾,其中的一些真知灼见已经成为中国特色社会主义理论的重要借鉴。

第 二 章
是学术问题还是政治问题？

——新中国成立初期思想文化领域的三次论争

从 1951 年到 1955 年，一部电影、一本名著、一位作家，先后引发了新中国成立后思想文化领域的三次论争。电影《武训传》中所歌颂的行乞办学的武训是否"不足为训"？怎样看待《红楼梦》研究中的"唯心主义观点"？作家胡风的"三十万言书"及其所说的"五把理论刀子"反映了怎样的文艺主张？这些本属于文化和学术领域的论争，在当时特定的政治文化氛围中相继发展为政治批判，而且批判的态势愈演愈烈。

1."武训不足为训"？

——关于电影《武训传》的讨论与批判

关于电影《武训传》的讨论是新中国成立初期思想文化领域的第一次大规模的批判运动。这场由一部电影而引起的风波不仅在当时引起了巨大震动，而且影响深远，首开新中国成立以后把学术文化批判与政治批判相结合的先例。

（1）"修个义学为贫寒"的武训被搬上银屏

电影《武训传》是由进步艺术家孙瑜导演、赵丹主演，上海昆仑影业公司摄制的一部历史故事片。它从1949年初开始拍摄，于1950年底摄制完成。它以清末山东人武训行乞办农村义学的事迹为素材创作而成。

武训（1838—1896），原名武七，"训"这个名字是清朝政府后来为嘉奖他"行乞兴学""为天下后世训"而赐给他的。武训出生于山东省堂邑县柳林镇武家庄一个贫苦农民的家庭。7岁丧父，随母四处乞讨流浪。十几岁时，武训给地主家扛活，地主欺侮他不识字，侵吞了他辛辛苦苦挣来的工钱。他由此感受到不识字的苦处，于是立下了行乞兴学、让穷孩子读书识字的志愿。

"扛活受人欺，不如讨饭随自己。别看我讨饭，早晚修个义学院。"在这个信念激励下，武训开始了艰辛的办学实践。为此，武训四处乞讨，甚至自残自贱，千方百计筹集资金。经过各种努力，武训逐步积累起上百亩土地、万贯家财，全部用来修义学。从1888年到1896年，他先后在山东堂邑、馆陶、临清三县分别建立起崇贤义塾、杨二庄义学、御史巷义学。武训行乞兴学从清末民初到新中国成立前，受到社会上各个阶层的人们普遍赞扬，有许多人学习武训兴办义学。其中人民教育家陶行知先生尤其推崇武训，积极倡导武训精神。

电影《武训传》以一个小学教师给学生讲故事为引子，以武训行乞兴学和周大带领一支农民武装斗争为线索，描写和赞扬了武训行乞兴学的事迹。电影的梗概是：在清朝末年，有一个叫武七的穷孩子，由于不识字被地主张老辫以伪造账目的手段白白赖掉了3年的工钱，武七与之争辩，遭毒打并被赶出门外。他无家可归，又气又急之下病倒在一座破庙中。在三天三夜的梦幻中他游历了地狱天堂，看到穷人之所以受到地主的欺压从小苦到老，就是由于不识字，而识了字就可以上天堂，就有好日子过。于是，武七下决心用行乞的办法创办义学，让穷人的孩子都能读书识字，不再受人欺压。为了乞讨几个钱，他要把戏、唱小曲、竖大顶，还采取了种种自辱自贱的做法，到处向人下跪磕头，吃砖头、瓦块、蛇蝎、粪便，喝脏水，趴在地上做驴当马让人骑，甚至任人拳打脚踢，代价是"打一拳，一个钱；踢一脚，两个钱"。武七用这种自辱和苦行的办法感动了举人、豪绅、官府，在他们的赞助和支持下办起第一所义学，穷人的孩子高高兴兴地上学了。武七并不因此而满足，他又风尘仆仆地为办更多的义学而去乞讨奔波。影片颂扬了武训的行乞兴学活动，称武训是"至仁至勇，千古一人"。

(2)《武训传》上映之初的赞誉和批评

1951 年 2 月，电影《武训传》在上海和南京公映，反响热烈，不少观众被感动得流泪。为了扩大影响，孙瑜携拷贝到北京。2 月 21 日，由周恩来批准《武训传》在中南海演出，朱德、周恩来、胡乔木等一百多人到场观看，反映良好，放完后获得不少掌声。朱德微笑着同孙瑜握手，说"很有教育意义"①。毛泽东和江青几天后也看了《武训传》。

2 月 25 日，《武训传》在北京上映，反映强烈，称誉和推荐的文章在报刊上接踵而来。据不完全统计，从 1950 年 12 月 5 日到 1951 年 3 月，上海的《大公报》《文汇报》《新闻日报》《新民报》，北京的《光明日报》《工人日报》《大众电影》《北京文艺》，天津的《天津日报》《进步日报》等报刊上，发表的赞扬或者主要肯定武训和电影《武训传》的文章有 40 多篇，其中，《大众电影》把《武训传》列为 1950 年 10 部最佳国产影片之一。赞扬和肯定武训和电影《武训传》的观点，归纳起来有以下几个方面：

第一，认为电影《武训传》暴露了地主阶级的罪恶，为新解放区正在轰

---

① 张明：《武训研究资料大全》，山东大学出版社 1992 年版，第 558 页。

轰烈烈开展土地改革运动的人们,提供了燃起对地主阶级仇恨的现实题材。

第二,认为观众从武训身上可以看到中华民族的崇高品质和卓越精神。杨雨明、端木蕻良在《北京文艺》1951年第2卷第1期上发表的《论〈武训传〉》中指出:"劳动出身的武训是充满了聪明和智慧的,他会唱歌,会讲故事,会耍把戏,会做菜,记性好,有韧性,心眼深,能说能行。"董渭川在1951年2月28日在《光明日报》上发表的《由教育观点评〈武训传〉》中指出:《武训传》"是一部富有教育意义的影片","从武训这个杰出的人物身上,我们可以看到中华民族许多传统的卓越精神",武训把这些高贵品质应用到举办义学,是一位"杰出的劳动者"。赵丹在《我是怎样演武训的》一文中写道:"武训的这种斗争,反映了中国农民顽强不屈的精神,这意志是劳动英雄的意志。"[1]

第三,认为武训"是劳动人民文化翻身的旗帜"。戴白涛在1951年1月3日《文汇报》上发表文章,号召"一切知识分子,特别是人民教师,应该学习武训那样赤诚的始终如一不避任何困难为人民服务的精神,把全国的工农都教育起来,使他们都具有近代进步的科学知识与文化修养"。[2] 一些文章还说,有些原来不热爱教育事业的教师看了《武训传》后,开始安心教育,热爱孩子了。有人认为它与《乡村女教师》有同等教育意义。

此外,在《武训传》放映后不久,还出了三本有关武训的书:一本是孙瑜的电影小说《武训传》(上海新亚书店出版),一本是李士钊编、孙之儁绘的《武训画传》(上海万叶书店出版),一本是柏水的章回小说《千古奇丐》(上海通联书店出版)。一时在中国文化教育界出现了一股赞扬武训、提倡武训精神的热潮。

在肯定《武训传》积极作用的同时,也有一些文章指出它有以下不足之处:一是认为"编导把武训决心办义学的转变过程,是借用一个噩梦来说出

---

[1]　张明:《武训研究资料大全》,山东大学出版社1992年版,第558页。

[2]　张明:《武训研究资料大全》,山东大学出版社1992年版,第597页。

的，编导避重就轻用心里的幻境来描写武训的理性认识，这种描写是十足的错误的运用"。二是认为编导"对于太平天国的历史的概括是值得商榷的"，影片开头通过太平天国的一个战士周大的行为和女教师的叙述，认为太平天国革命运动从事烧杀，因而不能成功，这是"违反历史真实的"。三是认为编导"把武训完全写成一个逆来顺受的人物"，因为他"非常爱那屈辱的武训，而常常把具有反抗精神的武训放到次要的地位"，这样"妨碍了人类的尊严，消解了抗争的力量"。① 有的文章写得更加尖锐，他们认为"今天表现（武训）这样的形象作为历史传统来教育后人，是违反现实主义的、有害的。武训所代表的懦弱性格，和站起来的中国人民所富有的坚强勇敢的民族性格是完全不相称的"②。总的来看，这些关于电影《武训传》的批评，是在学术领域进行的，讨论的气氛也是正常的。

4月下旬，批评逐渐增多。引人注目的是发表在1951年4月25日出版的《文艺报》第4卷第1期上贾霁的《不足为训的武训》，和同刊第4卷第2期上杨耳的《谈谈陶行知先生表扬"武训精神"有无积极作用》两篇文章。特别是后者又于1951年5月16日被《人民日报》以《陶行知先生表扬"武训精神"有积极作用吗?》的醒目标题予以转载。

贾霁的《不足为训的武训》一文指出:"《武训传》所表现的题材是根本不值得表现的一个题材。在今天，它歌颂了不应该歌颂的人物，它表扬了不必要表扬的事迹，因此它对我们人民今天精神上的影响就不是自尊与自豪，而是自卑与自贱;它与我们伟大祖国历史不相称，与我们伟大现实运动不相容，它对于历史和今天，都是没有意义，没有价值的。"

5月16日《人民日报》转载的杨耳的《陶行知先生表扬"武训精神"有积极作用吗?》指出:"武训的时代，是封建社会内在矛盾已十分尖锐化的

---

① 张明:《武训研究资料大全》，山东大学出版社1992年版，第611页。
② 言荫:《小论表现历史人物问题》，《文汇报》1951年3月29日。

时代，太平天国运动是这一矛盾火山的大爆发。在这样一个具体的历史条件下，武训的'行乞兴学'，不仅不能解决推倒农民头上的封建大山的根本问题，而且也不能有其他什么推动社会发展的作用。"至于"武训精神"，文章认为，无论是今天还是昨天，都是不值得表扬的，也不应当表扬。在转载这篇文章时，《人民日报》特别加了"编者按"，提出"希望能藉此引起进一步的讨论"。

一部电影的上映，以及出现对它的不同评价，这是一件正常的事情。不同意见的自由争论，是促进文艺事业发展的重要途径。究竟如何评价电影《武训传》，它存在哪些缺点和不足，这是文艺创作和学术研究中的问题，完全可以通过文艺界和学术界的自由讨论得到解决。即使有某些不同意见一时难以统一，也可以通过实践，在再思考、再认识中逐步解决。在新中国成立初期广大人民群众已经翻身做了主人的条件下，尤其有可能也有必要用这种自由讨论的方法解决文艺和学术的不同意见的争论问题。可惜，事态未能按照文艺争鸣和学术讨论的方向发展。

（3）《人民日报》发表社论，引起对《武训传》的大批判

思想文化领域出现的这股"武训热"引起了毛泽东的注意。在观看了影片后，毛泽东认为这部电影污蔑了农民革命斗争，污蔑了中国历史，进行了反动宣传，因此，他支持对电影《武训传》的批判。1951年5月20日的《人民日报》发表了题为《应当重视电影〈武训传〉的讨论》的社论，其中指出：

"《武训传》所提出的问题带有根本的性质。象武训那样的人，处在满清末年中国人民反对外国侵略者和反对国内的反动封建统治者的伟大斗争的时代，根本不去触动封建经济基础及其上层建筑的一根毫毛，反而狂热地宣传封建文化，并为了取得自己所没有的宣传封建文化的地位，就对反动的封

建统治者竭尽奴颜婢膝的能事，这种丑恶的行为，难道是我们所应当歌颂的吗？向着人民群众歌颂这种丑恶的行为，甚至打出'为人民服务'的革命旗号来歌颂，甚至用革命的农民斗争的失败作为反衬来歌颂，这难道是我们所能够容忍的吗?"

社论认为："电影《武训传》的出现，特别是对于武训和电影《武训传》的歌颂竟至如此之多，说明了我国文化界的思想混乱达到了何等的程度！"

接着，社论开列了很长的名单，点名批评了43篇赞扬武训和电影《武训传》的文章和48名作者。社论尖锐地指出："特别值得注意的，是一些号称学得了马克思主义的共产党员。他们学得了社会发展史——历史唯物论，但是一遇到具体的历史事件，具体的历史人物（如象武训），具体的反历史的思想（如象电影《武训传》及其他关于武训的著作），就丧失了批判的能力，有些人则竟至向这种反动思想投降。资产阶级的反动思想侵入了战斗的共产党，这难道不是事实吗？一些共产党员自称已经学得的马克思主义，究竟跑到什么地方去了呢?"

这篇社论是毛泽东修改过的，很多比较严厉的话是毛泽东加上的，并改写了标题，可见毛泽东对此事的重视。全国的主要报刊都转载了这篇社论。这篇社论严厉的措辞和尖锐的批评，对于《武训传》的编导、演员与称赞武训和《武训传》的人们来说，无异于晴天霹雳，整个文化界为之震惊。

同日的《人民日报》在"党的生活"栏目中发表了题为《共产党员应当参与关于〈武训传〉的讨论》的评论文章，其中要求：每个看过电影《武训传》或看过歌颂武训的文章的共产党员都不应对于这样重要的思想政治问题保持沉默，都应当积极起来自觉同错误思想进行斗争，如果自己犯过歌颂武训的错误，就该作严肃的公开的自我批评；凡是放映过《武训传》的城市，那里的党组织都要有计划地领导对《武训传》的讨论，要把这一讨论当做一个严肃的思想教育工作；担任文艺工作、教育工作和宣传工作的党员干部，以及与武训、《武训传》及其评论有关的北京、上海、天津、山东、平原①等地文艺界的干部，尤其应当自觉地、热烈地参加这一场原则性思想斗争，并按照具体情况作出适当的结论。

《人民日报》社论和评论文章很快在党内外引起强烈的反响。从此整个形势急转直下，学术讨论变成了政治批判，学术观点变成了思想政治问题。一场批判电影《武训传》的运动很快在全国展开。全国各主要报刊响应社论的号召，发表了大量的批判文章。这些批判文章对武训和《武训传》的批判主要集中在以下三个问题上：

第一，武训究竟值不值得歌颂？

大量的批判文章认为，武训生活在阶级矛盾、民族矛盾十分尖锐，农民革命斗争风起云涌的年代，但出身贫寒的武训却远离革命的洪流，走上了一条向地主阶级妥协乞求的道路。武训的行乞兴学的活动，非常有利于地主阶级麻痹和瓦解农民的革命斗争，维护他们的统治，因此受到清王朝以至以后历代反动统治阶级的欢迎和赞扬。这一目的被山东军阀韩复榘说得明明白白："鲁西一带民性强悍，'土匪'如毛，历代都没有肃清。若是穷人个个都象武训，治理鲁西就不难了。"②那么，武训的行乞兴学活动和所谓的"武训精神"，在历史上究竟起到了什么样的作用，也就清清楚楚了。

第二，电影《武训传》的思想内容究竟是进步的，还是反历史、反动的？

许多批判文章认为，电影《武训传》的主题是反动的。"电影借武训的所谓'行乞兴学'的事迹用艺术的力量宣传了这样的改良主义思想：不触动旧的社会经济基础，不破坏旧的政治制度，只要在人民中普及文化教育，就

---

① 平原省：1949 年设置，包括鲁西、豫北、冀南毗连的各县，1952 年撤销，分别划归山东、河南两省。

② 刘勇、高化民：《大论争——建国以来重要论争实录》（上册），珠海出版社2001 年版，第 51 页。

可以根本改变人民的被压迫的地位。既然人民只要有了文化就能解放，那自然就用不着群众的革命武装斗争了。"① 此外，对于武训的种种丑恶行为，影片都加以歌颂，将武训的受侮辱而不知怨恨、受压迫而不知抗争的奴才性格当作中华民族的优秀品质而加以颂扬，甚至借用鲁迅的名言"俯首甘为孺子牛"来褒奖武训，说他具有"全心全意为人民服务的精神"，这更是对中华民族的污蔑了。

第三，对武训和电影《武训传》的赞扬说明了什么问题？

批判文章认为，对电影《武训传》和所谓"武训精神"的赞扬，说明了在许多人的头脑中，唯心史观和改良主义仍占据主导地位，这些人混淆了革命和妥协投降的根本区别。有的文章指出，中国的资产阶级知识分子为了修正马克思主义，就"穿起一套马克思主义衣衫"，散布"似是而非"的论调。"'马克思主义'的美丽外衣下掩盖着非无产阶级思想甚至反动思想的实质，这就是许多对武训和《武训传》的歌颂与赞扬的思想实质。"②

上面三个问题，可以归纳为毛泽东的一段话。在《人民日报》和文化部发起组织的武训历史调查团出发前，毛泽东曾指出这场讨论的目的。他说，武训本人是不重要的，他已经死了几十年了；武训办的义学也不重要，它已经几经变迁，现在成了人民的学校。重要的是我们共产党人怎么看待这件事——对武训的改良主义道路，是应该歌颂？还是应该反对？③ 实际上，讨论和批判这个电影，提出的不仅是如何评价武训这一个历史人物的问题，而且引申到如何看待中国近代历史和中国革命的道路的问题。

---

① 周扬：《反人民、反历史的思想和反现实主义的艺术——电影〈武训传〉批判》，《人民日报》1951年8月8日。

② 杨耳：《评武训和关于武训的宣传》，《学习》1951年第4卷第5期。

③ 钟惦棐：《电影文学断想》，《文学评论》1979年第4期。

（4）编导者的检讨与批判的升级

在批判运动中，许多赞扬过武训和《武训传》的人都在报刊上作了公开的自我批评。参加拍摄《武训传》及与拍摄工作有关的人都作了检讨。电影的编导孙瑜在读了《人民日报》5 月 20 日社论后，受到很大震动。他在 5 月 26 日的《人民日报》上发表了题为《我对〈武训传〉所犯错误的初步认识》的检讨。他说："《武训传》犯了绝大的思想上和艺术上的错误。无论编导者主观愿望如何，客观的实践却证明了《武训传》对观众起了模糊革命思想的反作用，是一部于人民有害的电影。"

这个检讨见报后，有些人认为"孙瑜先生的检讨是极不充分的，思想上还是混乱的"。5 月 29 日《人民日报》发表的一篇批评文章认为，"电影的作者确实是企图要叫观众'热爱'武训这个具有'崇高品质'的我们'民族'的'典型'！作者在影片的主题歌中，甚至还这样写道：'世风何薄，大陆日沉！……大哉武训，至勇至仁！行乞兴学，千古一人！'请看吧！编导者的动机哪里是要批判什么武训，他的动机是要用武训来批判今天的'世风'和'大陆'！《武训传》的编导者的主观愿望和客观实践并没有任何矛盾，他所种的是瓜，所得的也的确是瓜，他企图歌颂武训，事实上也的确歌颂了武训！"[1] 有篇文章问道："'世风何薄'，是指的什么'世风'，'大陆日沉'，是指谁的'大陆'呢?!"[2]

6 月 3 日，孙瑜在《解放日报》上再次作了公开的检讨。孙瑜在检讨中说："这一作品在思想上和艺术上的严重错误突出地暴露了潜存在我个人灵魂深处的资产阶级思想的毒素，使我错误地站在资产阶级立场，在实际上作了他们的代言人。"作者承认，影片的创作方法，是一种反历史、歪曲历史、捏

---

① 袁水拍：《读孙瑜先生检讨后的一点意见》，《人民日报》1951 年 5 月 29 日。

② 杨耳：《评武训和关于武训的宣传》，《学习》1951 年第 4 卷第 5 期。

造历史的文艺创作方法，影片以"不能容忍的粗暴描写污蔑了中国历史、污蔑了中国革命战争"，而根源则在于"我对统治的反动政权仅采取了不满的而基本上是妥协的态度；是站在革命的圈子外空喊革命的"，"我崇拜个人奋斗路线，空喊过斗争但又容忍了改良主义，以致在电影《武训传》中宣扬了反动的改良主义"。①

总之，从1951年5月20日《人民日报》发表社论之日起，到6月19日止，仅仅一个月的时间，《人民日报》就收到声讨和批判的信稿1279件，如果加上全国其他报刊的来稿来信，那恐怕就要以万件计算了。对武训和电影《武训传》的批判可以说达到了举国上下，口诛笔伐。

（5）武训历史调查团得出了一个结论

为了配合这场批判运动，彻底澄清文化界和教育界在武训问题上的混乱思想，人民日报社和文化部发起组织了一个武训历史调查团。调查团由人民日报社的袁水拍，文化部的钟惦棐、李进（即江青）等13人组成。调查团于1951年6月份到山东临清、馆陶（今属河北）等县进行了20余天的调查，根据调查掌握的情况和收集到的材料，由袁水拍、钟惦棐、李进三人执笔写成《武训历史调查记》。《武训历史调查记》经毛泽东修改后，在1951年7月23日至28日的《人民日报》上连载。

《武训历史调查记》共分五个部分：一、和武训同时的当地农民革命领袖宋景诗；二、武训的为人；三、武训学校的性质；四、武训的高利贷剥削；五、武训的土地剥削。《武训历史调查记》得出的结论如下：

第一，歌颂武训的人曾为武训辩解说，武训受了"具体的历史条件的限制"，是不可能有革命的思想和行动的。但调查中发现，武训的家乡有过与

---

① 林志坚：《新中国要事述评》，中共党史出版社1994年版，第74页。

捻军有联系的农民革命军，其中最有影响的黑旗军的领袖宋景诗，就是距武训出生地武庄西南七里的小刘贯庄人。而武训却是同宋景诗截然不同的人，"是势不两立的敌对者"。武训和柳林团的杨鸣谦或杨树坊才是"一文一武"，"他们不愧为替反动统治者服务，帮助满清王朝，对革命人民执行所谓剿抚兼施政策的两匹忠实的走狗"。

第二，调查团断定，武训生前，在鲁西一带，有一个相当大的流氓帮团，而武训等人则是这个帮团的核心人物。

第三，根据调查团所掌握的材料来看，武训所办的义学，无论是在学生成分方面，或者是在教师和首事人（校董）的成分方面，对于劳动人民来说，都称得起是一所不义之学。学校的学生，都是地主子弟和商人子弟。《武训传》的编导者硬给武训披上"革命"的外衣，把一个反动派说成一个革命派，"这种种，如果不是有意的造谣欺骗，就是思想上的极端错误"。

第四，武训的财产约为17000吊，这些财产主要是剥削来的，而他的主要剥削方式就是放高利贷，武训"是一个勾结官僚，地位特殊，居心贪残，手段苛刻的高利贷者"。

第五，武训既是一个大债主，也是一个大地主。武训在堂邑、馆陶、临清三县所占有的土地已达300多亩。这些土地，大都是武训乘人之危从农民手里零星地夺取去的。

因此，《武训历史调查记》得出了总的结论："武训是一个以办'义学'为手段，被当时反动政府赋予特权而为整个地主阶级和反动政府服务的大流氓、大债主和大地主。"①

需要指出的是，这个结论，并不都是以可靠的历史材料为依据，而是在相当程度上依靠主观推测而得出的，因此，也是经受不住检验的。这也可以说是这场批判运动的一个主要缺陷。

---

① 林志坚：《新中国要事述评》，中共党史出版社1994年版，第72页。

《武训历史调查记》的发表，实际上为这场讨论作了总结。到 1951 年 8 月底，对电影《武训传》的讨论和批判告一段落。

通过这场批判运动，《武训传》电影停止放映，有关武训的著作停止印刷和发行，活页文选中有关武训的文字全部销毁，有关词典中的"武训"条目全部按《人民日报》社论精神进行改正。另外，教育部还发出通知，对所有以"武训"命名的学校以及学校内任何以"武训"命名的一切设置，"应即更改"，"以清除政治上的不良影响"。从此，武训与电影《武训传》以及全部有关武训的著作被打入"冷宫"，武训研究领域在此后的近 30 年也成了禁区，再未有人敢问津。

（6）对电影《武训传》批判的再认识

党的十一届三中全会恢复发扬了解放思想、实事求是的思想路线，为学术工作开辟了宽广的道路。对电影《武训传》批判的总结、研究重新提到日程上来。学术界、教育界不少人开始触及研究武训这个敏感的领域。

1980 年，《齐鲁学刊》第 4 期发表了题为《希望给武训平反》的读者来信，信中强烈呼吁《齐鲁学刊》"本着实事求是、讲真话的原则，拿出秉笔直书的勇气来，在重新评价武训问题上带个好头"。

这封读者来信，犹如将一颗小石子投入沉寂多年的湖面，顿时激起层层波澜。《文汇报》《光明日报》《北京晚报》及《大众日报》等各大报纸都摘要转载，许多读者纷纷给《齐鲁学刊》来信来稿，陈述自己的观点和看法，他们不仅对 1951 年的那场批判作了反思，而且还就评价历史人物的方法论问题，作了理论上的探讨。此后，《党史研究》《党史通讯》等刊物也陆续发表了"试论"或"再认识"对《武训传》批判的文章。

关于武训的评价问题，总的倾向是肯定多，否定少。肯定的观点具体表现在以下几个方面：第一，认为对武训的兴学活动应以历史唯物主义的态度来看，肯定其进步性。第二，对武训性格上局限性的一面，应给予理解，不能用极左的政治观点苛求古人。第三，认为武训精神仍有现实价值，应当注意借鉴。

对于电影《武训传》的再评价，很多人认为影片的政治倾向是进步的，创作动机是积极的，它虽然存在某些缺点和不足，但基本上是好的。1951年大批判中对电影《武训传》加了许多罪名，诸如"进行反动宣传""狂热地宣传封建文化""鼓吹向地主阶级投降""否定农民的阶级斗争"等完全是不实之词，应该推倒。1951年对电影《武训传》的大批判是错误的，带来消极影响。

也有少数文章基本同意对武训的批判，认为1951年对电影《武训传》的批判是正确的，武训是一个"不值得歌颂的人"，尤其是中国人民在中国共产党的领导下经过长期武装斗争，已经取得伟大胜利的情况下，毫无必要搬上银幕，加以颂扬。[①] 开展对《武训传》的批判，是"一次宣传唯物主义，批判资产阶级唯心主义的斗争，对全国人民进行马克思列宁主义、毛泽东思想教育，是十分必要的"[②]。另外，有人认为，同后来的反右派斗争、"文化大革命"相比，这次思想批判也有一些应该肯定的地方，"例如，有不少文章还是摆事实讲道理的；思想批判运动始终没有同当时正在进行的土地改革和镇压反革命等政治运动搅和在一起；运动中虽然批判了一些人，但没有给任何人以行政组织处分，也没有因一人有错而株连一片"[③]。孙瑜、赵丹在运动中虽然受到很大政治压力，但并没有停止工作。这是评价这场批判时应该提到的。

1985年9月5日，在陶行知研究会和基金会成立大会上，中共中央政治局委员胡乔木对电影《武训传》的批判作出否定性的评价，他说："这个批判涉及的范围相当广泛。我们现在不对武训本人和这个电影进行全面的评

---

① 范守信：《试论对电影〈武训传〉的批判》，《党史研究》1983年第4期。
② 张明：《武训研究资料大全》，山东大学出版社1992年版，第845页。
③ 戴知贤：《文坛三公案》，河南人民出版社1990年版，第40页。

价,但我可以负责任地说明,当时这种批判是非常片面、极端和粗暴的。因此,这个批判不但不能认为完全正确,甚至不能说它基本正确。"①

把武训这样的具体历史人物摆在近代中国的历史条件下重新考察,帮助人们从中分清什么是人民革命,什么是改良主义,以提高人们的认识是有必要的。但是,当时的具体做法有明显缺点,在教育文化界开了用政治批判解决思想问题的不好的先例。由胡绳主编的《中国共产党的七十年》一书,在谈到1951年对电影《武训传》的批判时说:"讨论和批判这个电影,提出的不仅是如何评价武训这一个历史人物的问题,而且引申到如何看待中国近代历史和中国革命的道路。这次批判,实际上成为知识分子思想改造运动的一部分。"党发动这次批判"提出的问题是重大的,进行这样的工作是必要的。结合实际的事例,开展批评和讨论,来学习如何掌握和运用马克思主义,是知识分子自我教育和自我改造的一种方法"。这一批判,"对于学习和宣传历史唯物主义和辩证唯物主义起了好的作用,有其积极的方面。但是思想问题和学术问题是属于精神世界很复杂的问题,采取批判运动的办法来解决,容易流于简单和片面,学术上的不同意见难以展开争论"。这一批判"已经有把学术文化问题当做政治斗争并加以尖锐化的倾向,因而有其消极的方面"。②

2.对俞平伯《红楼梦》研究的论争和批判

1954年,从两位青年发表关于俞平伯《红楼梦》研究的批评文章开始,思想文化领域又发生了一场对胡适资产阶级唯心主义的广泛批判。

---

① 朱育和等:《当代中国意识形态情态录》,清华大学出版社1997年版,第112页。

② 胡绳主编:《中国共产党的七十年》,中共党史出版社1991年版,第312—313页。

（1）"新红学派"与俞平伯的《〈红楼梦〉研究》

《红楼梦》是我国古典文学中一部优秀的现实主义巨著。这部小说一问世，便广为流传，并引起人们研究的兴趣，在我国知识界曾有过"开谈不讲《红楼梦》，纵读诗书也枉然"的赞叹。从清末光绪年间开始，研究《红楼梦》就成了一门专门的学问——"红学"。以五四运动为界，研究红学的又分为"旧红学派"和"新红学派"。

"旧红学派"，主要指"五四"以前的封建文人以其世界观和文艺观对《红楼梦》的评点和索隐。五四以后，胡适、俞平伯和顾颉刚等人用实用主义哲学研究《红楼梦》，形成了"新红学派"。1921 年，胡适发表了《红楼梦考证》一文。在这篇论文中，他运用所掌握的一些有关曹雪芹的家世和生平的史料，"大胆的假设，小心的求证"，证明《红楼梦》是曹雪芹的"自叙传"。《红楼梦考证》发表后，俞平伯对研究《红楼梦》产生了兴趣，开始与当时致力于《红楼梦》研究的顾颉刚通信，讨论《红楼梦》问题。在讨论的基础上，俞平伯于 1922 年 2 月至 7 月间陆续把讨论的材料整理写了出来，共 3 卷 17 篇，题名为《〈红楼梦〉辩》，于 1923 年 4 月由上海亚东图书馆出版。

胡适的《红楼梦考证》是新红学考证派的第一篇重要文章，此后他还发表了一些有关《红楼梦》的文章，但这些文章基本上都是考证性质的，胡适本人也没有专门致力于《红楼梦》的研究。俞平伯则不同，自从他发表了体现实用主义研究方法的《〈红楼梦〉辩》后，出于对这项研究的兴趣，一发而不可收，又写了许多关于《红楼梦》的文章。这些文章，内容相当广泛，不仅有考证、校勘，而且还有大量的评论。所以，在红学研究领域，俞平伯的影响比胡适大。而"新红学"在整个红学研究领域中，几十年间也一直占据着主导地位。

1937 年《光明》3 卷 3 号发表了钱亚新的《读〈红楼梦〉辩证的再认识》一文，其中说："自从《红楼梦》经过胡适之、俞平伯两位先生辩证以来，仿佛所有的难题，都已解决，而他们的定论，也几乎前无古人后无来者的凌空一切。只要看最近十年来文坛上对此消息的寂寞，就可明白。"①可见"新红学"的影响之大。新中国成立后，由于胡适在政治上依附国民党而逃离大陆，俞平伯便处于大陆红学界举足轻重的地位。

新中国成立后，毛泽东提出以"百花齐放，推陈出新"作为改造旧文化、建设新文化的方针。为了更好地研究和继承祖国古典文学的优秀传统，有关部门整理出版了一批著名古典文学作品。在这种情况下，俞平伯将28年前出版过的《〈红楼梦〉辩》加以删改，共得3卷16篇，以《〈红楼梦〉研究》为名于1952年9月由棠棣出版社出版。此后，俞平伯又在《新建设》杂志1954年3月号上发表了《〈红楼梦〉简论》，并陆续在报刊上发表了他托王佩璋代写的《〈红楼梦〉简说》《我们怎样读〈红楼梦〉?》《〈红楼梦〉的思想性和艺术性》《〈红楼梦〉评价》等文章。

概括起来，俞平伯关于《红楼梦》研究的主要观点如下：第一，所谓"自传"说。认为《红楼梦》是曹雪芹为"感叹身世"而作。第二，所谓"无褒贬"说或"两美合一"论，亦即"钗黛合一"。第三，所谓"色空"说。认为《红楼梦》的主要观念是"色空"。第四，所谓"怨而不怒"风格说。第五，所谓"脱胎"说。认为《红楼梦》脱胎于《金瓶梅》《西厢记》。第六，所谓"无标准"说。从这些观点可以看出，俞平伯研究《红楼梦》的指导思想和方法，在很大程度上还是受到了胡适所提倡的实用主义的思想和方法的影响。

(2) 两个"小人物"引发的争论

俞平伯的《〈红楼梦〉研究》出版后，引起学术界的重视。1953年第9期《文艺报》曾发表文章介绍这本书，认为，"过去所有红学家都戴了有色

---

① 韩进廉：《红学史稿》，河北人民出版社1981年版，第224页。

眼镜，做了许多索隐，全是牵强附会，捕风捉影。《〈红楼梦〉研究》一书做了细密的考证、校勘，扫除了过去'红学'的一切梦呓，这是很大的功绩"。这个评价是相当高的。

但是，也有些读者对这本书持有不同的看法。1954年"五四"前夕，从山东大学毕业不久的两名青年李希凡和蓝翎合写了《关于〈红楼梦〉简论〉及其他》一文，即对俞平伯的《红楼梦》研究中的观点和方法进行了尖锐的批评。这篇文章指出，俞平伯的《红楼梦》研究的观点和方法存在着以下几个方面的问题：

一是把《红楼梦》当作作者"感叹身世"和"情场忏悔"的"自传"，否定了该书是一部具有反封建倾向的伟大现实主义作品；

二是"色空"说、"怨而不怒"说、"钗黛合一"论抹杀了该书作者对人物的褒贬态度和爱憎的倾向性；

三是"脱胎"说在论述《红楼梦》的传统性时，与传统文学进行简单比附，否定了《红楼梦》的独创性。

文章认为："总之，俞平伯是以反现实主义和唯心主义的观点分析和批评了《红楼梦》。"[1]

文章写好后，两位青年作者写信询问《文艺报》编辑部，可不可以批评俞平伯，编辑部未给予答复。随后他们又写信给母校山东大学的老师，获得了支持，文章在该校学报《文史哲》1954年9月号上发表。

这篇文章一发表，就引起了各方面人士的注意。9月中旬，当时在中宣部文艺处工作的江青到《人民日报》编辑部，要求《人民日报》转载此文，以期引起争论并借此展开对资产阶级唯心论的批判。《人民日报》及有关主管部门负责人周扬等以"党报不是自由辩论的场所"为由，不同意转载。经过协商，决定由中国文联机关报《文艺报》第18期全文转载。《文艺报》主

---

① 李希凡、蓝翎：《〈红楼梦〉评论集》，人民文学出版社1973年版，第2—10页。

编冯雪峰为转载该文加了"编者按"。按语说，文章的作者"是两个开始研究中国古典文学的青年，他们试着从科学的观点对俞平伯先生在《〈红楼梦〉简论》一文中的论点提出了批评。作者的意见显然还有不够周密和不够全面的地方，但他们这样地去认识《红楼梦》，在基本上是正确的。只有大家来继续深入地研究，才能使我们的了解更深刻和周密，认识也更全面"。可以看出，这个按语基本上肯定了李、蓝的文章，并对正常的学术讨论和学术批评加以引导。

1954 年 10 月 10 日，《光明日报》又在"文学遗产"栏发表了李希凡和蓝翎的另一篇批评俞平伯观点的文章《评〈〈红楼梦〉研究〉》。这篇文章第一次把俞平伯同胡适直接联系起来加以批判。文章写道："《〈红楼梦〉研究》中有一段话很可以说明俞平伯对文学批评的见解。他说：'原来批评文学的眼光是很容易有偏见的，所以甲是乙非了无标准。'即'麻油拌韭菜，各人心里爱'。这就是说，文学批评只凭主观好恶，并没有什么标准，这是胡适哲学的相对主义即反动的实用主义在文学批评中的翻版。然而，马克思列宁主义的文学批评却和胡适、俞平伯这种主观唯心主义的文学评论完全相反。"① 当时，《光明日报》在转载这篇文章时也加了"编者按"："目前，如何运用马克思主义科学观点去研究古典文学，这一极其重要的工作尚未很好地进行，而且也亟待展开。本文试图从这方面提出一些问题和意见，是可供我们参考的，同时我们希望因此引起大家的注意和讨论。"

（3）毛泽东说"不应该替俞平伯开脱"

有关《红楼梦》研究领域的争论引起了毛泽东的重视。他对《文艺报》和《光明日报》提出了尖锐的批评，旗帜鲜明地支持李希凡和蓝翎。

---

① 李希凡、蓝翎：《〈红楼梦〉评论集》，人民文学出版社 1973 年版，第 32—36 页。

他对《文艺报》在转载《关于〈《红楼梦》简论〉及其他》一文时所加的"编者按"逐条进行批注:

"青年团员,一个二十三岁,一个二十六岁。

不过是小人物。

不过是不成熟的试作。

对两青年的缺点则绝不饶过。很成熟的文章,妄加驳斥。

不应当承认俞平伯的观点是正确的。不是更深刻周密的问题,而是批判错误思想的问题。"①

他还对《光明日报》刊载的《评〈《红楼梦》研究〉》及"编者按"加以批注:

"不过是试作?不过是一些问题和意见?不过可供参考而已?

这个问题值得研究。

这一点讲的有缺点。

这就是胡适哲学的相对主义即实用主义。

这里写得有缺点,不应该替俞平伯开脱。"②

1954 年 10 月 16 日,毛泽东给中央政治局的同志和其他有关同志写了《关于〈红楼梦〉研究问题的信》。毛泽东在信中批评了《文艺报》和《人民日报》,认为李、蓝的两篇文章"是对三十多年以来向所谓《红楼梦》研究权威作家的错误观点的第一次认真的开火","看样子,这个反对在古典文学领域毒害青年三十余年的胡适派资产阶级唯心论的斗争,也许可以开展起来了"。毛泽东在讲述"两个青年团员"的批判文章几经周折终于发表的情况之后,指出:"事情是两个'小人物'做起来的,而'大人物'往往不注意,并往往加以阻拦,他们同资产阶级作家在唯心论方面讲统一战线,甘心作资

① 《建国以来毛泽东文稿》第 4 册,中央文献出版社 1990 年版,第 567—570 页。
② 《建国以来毛泽东文稿》第 4 册,中央文献出版社 1990 年版,第 571—572 页。

产阶级的俘虏，这同影片《清宫秘史》和《武训传》放映时候的情形几乎是相同的。"毛泽东最后说："俞平伯这类资产阶级知识分子，当然是应当对他们采取团结态度的，但应当批判他们的毒害青年的错误思想，不应当对他们投降。"① 在毛泽东这封信的精神指导下，一场对俞平伯的《〈红楼梦〉研究》和胡适的"实用主义"的批判运动，在全国文化思想战线上迅速开展起来了。

（4）对俞平伯的《〈红楼梦〉研究》和胡适资产阶级唯心主义思想的批判

1954 年 10 月 18 日，中国作家协会党组开会，传达和学习毛泽东的信，与会者作了初步检查。10 月 24 日，中国作家协会古典文学部召开座谈会，出席和旁听这次座谈会的，有《红楼梦》研究工作者，各大学古典文学教授和有关人员约七八十人，在会上先后发言的有郑振铎、俞平伯、王佩璋、吴组缃、冯至、舒芜、钟敬文、王昆仑、老舍、吴恩裕、黄药眠、范宁、聂绀弩、启功、杨晦、浦江清、何其芳、蓝翎、周扬，共 19 人。与会者一致认为，李希凡、蓝翎二人关于《〈红楼梦〉研究》和《〈红楼梦〉简论》的批评具有重要意义，并且认为消除胡适派资产阶级唯心主义观点在古典文学研究界的影响，是一场严重的斗争。

毛泽东对"大人物"阻挠"小人物"的严厉批评，也使当初曾对两位青年的询问"置之不理"的《文艺报》陷入了困境。10 月 28 日，《人民日报》文学艺术和副刊部主任袁水拍发表了署名文章《质问〈文艺报〉编者》，对《文艺报》编者（指冯雪峰）进行了严厉斥责，说其对"权威学者"的资产阶级思想委曲求全，对唯心论观点容忍、依从甚至赞扬，而对青年作者、"小人物"则阻拦、压制，说这是"资产阶级贵族老爷式态度"。毛泽东在审阅袁

---

① 《建国以来毛泽东文稿》第 4 册，中央文献出版社 1990 年版，第 574—575 页。

水拍的这篇文章时，加写了一句："《文艺报》在这里跟资产阶级唯心论和资产阶级名人有密切联系，跟马克思主义和宣扬马克思主义的新生力量却疏远得很，这难道不是很显然的吗？"①

10月31日，中国文学艺术界联合会主席团和中国作家协会主席团举行扩大联席会议，检查《文艺报》的工作。到12月8日，共举行了8次联席会议，就反对《红楼梦》研究中的胡适派资产阶级唯心论倾向和《文艺报》的压制"小人物"的"错误"等问题展开讨论。会议决定改组《文艺报》的编辑机构，重新成立编辑委员会。在12月8日的联席会议上，当时主管全国文化教育工作的副总理郭沫若作了题为《三点建议》的发言，文化部副部长周扬作了题为《我们必须战斗》的发言。

郭沫若指出，由俞平伯研究《红楼梦》的错误观点所引起的讨论，是当前学术文化的一个重大事件。他建议："第一，我们应该坚决地展开对于资产阶级唯心论的思想斗争；第二，我们应该广泛地展开学术上的自由讨论，提倡建设性的批评；第三，我们应该加紧扶植新生力量。"郭沫若认为，"展开学术上的自由讨论，这是一项长期的工作"，"凡是自由讨论的风气旺盛的时代，学术的发展是蓬蓬勃勃的；反之便看不到学术的进步"。但郭沫若并未把这场讨论看作是一场学术讨论，而是当作一场"对敌斗争"，认为"对资产阶级错误思想的批判，是一场迫切的对敌斗争，我们的目的一定要尽可能迅速地把这种错误肃清，再不能允许它有存在的自由"。②

周扬指出，胡适"是中国资产阶级思想的最主要的、集中的代表者。他涉猎的方面包括文学、哲学、历史、语言各个方面。而他从美国资产阶级贩卖来的唯心论实用主义哲学则是他的思想的根本"，"它在人民和知识分子的头脑中还占有很大的地盘。不能设想，不经过马克思主义在各个具体问题上

---

① 《建国以来毛泽东文稿》第4册，中央文献出版社1990年版，第589页。
② 郭沫若：《三点建议》，载国防大学编：《中共党史教学参考资料》第20册，第429—435页。

的彻底批判，唯心论思想可以自然消灭。因此，全面地、彻底地揭露和批判胡适派资产阶级的唯心论，就是当前马克思主义者十分重要的战斗任务"。周扬也在发言中号召要开展对资产阶级唯心论的斗争。

在文联、作协的带动下，全国各大学文科专业和各文艺团体、民主党派也纷纷举行座谈会、讨论会，写文章批判胡适派"新红学"，形成了比批判电影《武训传》规模更大的思想批判运动。在这次运动中发表的文章，后来经过选编，选出 129 篇近 100 万字，结成《〈红楼梦〉问题讨论集》共 4 册，由作家出版社出版。这些文章从不同的角度批评了俞平伯的学术观点和研究方法。在讨论中，也有些文章把学术观点提到政治问题的高度加以批判，如有的文章认为，俞平伯的学术著作是"过渡时期复杂的阶级斗争在文学研究领域的反映"，是"破坏我们事业的最重要的方法之一"，等等。

从 1954 年 9 月开始的对《红楼梦》研究中唯心主义观点的批判运动，到 12 月就进入到一个新的阶段。开始转向对胡适在哲学、史学、文学、教育学等学术领域中的唯心主义观点的批判。

在文联和作协召开联席会议的同时，12 月 2 日，中国科学院院务会议和中国作协主席团也召开联席会议，决定联合召开批判胡适思想的讨论会。联席会议推定郭沫若、茅盾、周扬、潘梓年、邓拓、胡绳、老舍、邵荃麟、尹达等 9 人组成委员会，郭沫若为主任。此后，到 1955 年 3 月，共举行了 21 次讨论会，集中批判了胡适的哲学思想、政治思想、历史观点、文学思想、哲学史观点、文学史观点等六大方面。与此同时，全国各地有组织有计划地开展了对胡适思想的批判，全国省、市级以上的报纸和学术刊物发表了百篇批判文章。这些批判文章大都收入三联书店出版的《胡适思想批判（论文汇编）》，共 8 辑。

中共中央非常重视这次批判运动。1955 年 1 月 26 日，中央发出《关于在干部和知识分子中组织宣传唯物主义思想批判资产阶级唯心主义思想的演讲工作的通知》，其中指出：对俞平伯《〈红楼梦〉研究》的错误思想的批判已告一段落，对胡适派思想的批判已经初步展开，对胡风及其一派的文艺思想的批判亦将展开。这些思想斗争有极其重要的意义，这是通过对我国知识分子所熟悉的资产阶级唯心主义思想的批判来具体地宣传马克思主义唯物主义思想。3 月 1 日，中共中央发出《关于宣传唯物主义思想批判资产阶级唯心主义思想的指示》，再次强调："没有这个思想战线上的胜利，社会主义建设和社会主义改造的任务就会受到严重阻碍。"

对胡适派资产阶级唯心主义的批判，很快扩展为全国规模的运动。据中共中央宣传部统计，从 1954 年 11 月到 1955 年 3 月，全国省、市级以上报纸和全国学术性刊物大都发表了批判文章，总共在 200 篇以上（不计转载）。北京、上海、长春、广西、江苏等地组织了经常性的胡适思想批判讨论会，北京的讨论会每一周或两周开一次，到 3 月底止，共开过 16 次（《红楼梦》问题的讨论不计在内）。天津、兰州、济南等许多城市组织了临时性的讨论会。全国绝大多数综合性大学和师范大学及其文科各系、各教研室都开了或大或小、各种形式的讨论会。

在这场批判运动中，学术界许多有名望、有影响的人士被当作胡适派代表人物不可避免地被卷入其中，并不同程度地受到了不公正的对待，从而挫伤了他们的积极性，实际上给我们的学术研究和科学文化事业的发展造成了严重损害。

幸运的是，由于毛泽东在《关于〈红楼梦〉研究问题的信》中说过对俞平伯这一类知识分子"当然是应当对他们采取团结态度的"，俞平伯在检查了自己学术观点上的"错误"，表示要坚决与反动的胡适思想划清界限后，得以继续从事研究工作。

中共中央认为，这场运动从开始到 1955 年 5 月，发展一般是健康的，它已经在干部和知识分子中发生了广泛的影响。但是，运动本身也存在着一些问题和缺点。1955 年 5 月 11 日，中共中央宣传部向中央提交了《关于胡适思想批判运动的情况和今后工作的报告》，报告对这次思想批判工作本身存在的问题和缺点作了总结。

第一，由于许多论文太长、太深、不通俗，有的甚至艰深晦涩，许多读者反映没时间读，读不懂、没兴趣，因而读的不多……也就是说，这次思想批判运动对广大干部和知识分子的影响还不够深广。

第二，这次思想批判，在各个学术部门中的发展还不平衡。哲学方面批判比较充分，政治社会思想和文学思想方面次之。

第三，批判文章的质量还不够高，好的文章终究还嫌太少。有许多论文在批判方法上还有许多缺点，有的个别论点还有错误。

实际上，对于这场批判运动中出现的偏差，毛泽东是有所察觉的，他曾表示，将来要替胡适恢复名誉。为什么当时不能恢复呢？显然是因为，对于胡适的批判，本有出自于政治斗争的策略考虑的意味，即是说，是出于从思想观念上为社会主义改造工作服务的需要。[①] 正如中央所指出的："没有这个思想战线上的胜利，社会主义建设和社会主义改造的任务就会严重受阻。"

从 1954 年 9 月开始的对《红楼梦》研究中的唯心主义观点的批判，到 12 月即扩展为对各个学术领域中胡适派唯心论的批判。进入 1955 年后，对胡适的批判就和对胡风的批判交叉在一起。1955 年 5 月之后，对胡适派唯心论的批判虽然还在持续进行，但由于《人民日报》发表了《关于胡风反党集团的一些材料》，思想意识形态领域中的斗争重点，就转移到对所谓"胡风反革命集团"的批判上了。

党的十一届三中全会以后，陆续有人发表文章，重新评价俞平伯《红楼梦》研究，肯定他所取得的成就。1986 年 1 月，中国社会科学院举办庆祝俞平伯从事学术活动 65 周年大会，院长胡绳对俞平伯的学术成就和 1954 年开始的那场思想批判运动作了历史性的评价：

"俞平伯先生是一位有学术贡献的爱国者。他早年积极参加五四新文化

---

① 朱文华：《胡适评传》，重庆出版社 1988 年版，第 330 页。

运动，是白话新体诗最早的作者之一，也是有独特风格的散文家。他对中国古典文学的研究，包括对小说、戏曲、诗词的研究，都有许多有价值、为学术界所重视的成果。"

关于俞平伯的《红楼梦》研究，胡绳说："早在二十年代初，俞平伯先生已开始对《红楼梦》进行研究，他在这个领域的研究具有开拓性意义。对于他研究的方法和观点，其他研究者提出不同的意见或批评本来是正常的事情。但是，1954年下半年因《红楼梦》研究而对他进行政治性围攻，是不正确的。这种做法不符合党对学术艺术所应采取的双百方针……1954年的那种做法既在精神上伤害了俞平伯先生，也不利于学术和艺术的发展。"①

3. 对胡风文艺思想的批判

继俞平伯及各个学术领域的所谓胡适派代表人物遭到公开批判后，1955年，胡风作为一位颇受争议的人物被推到意识形态斗争的前台。这样，文艺界自20世纪30年代就已开始的围绕胡风文艺思想的不同意见的争论，变为对胡风的政治批判，从而形成新中国成立以来思想文化领域的又一次批判运动。而这场批判最终升级为"肃清胡风反革命集团"的斗争，酿成了中国当代文坛的一大悲剧。

(1) 新中国成立前三场不了了之的争论

胡风，原名张光人，中国现代文学史上杰出的文艺理论家、诗人、文

---

① 中国社会科学院文学所编：《俞平伯先生从事文学活动六十五周年纪念论文集》，巴蜀书社1989年版，第3—4页。

学翻译家。他早年投身于进步文艺事业，积极倡导左翼文艺运动。1933年他加入左翼作家联盟，并担任过宣传部长和常务书记。此后一直在国民党统治区从事进步的文化活动。抗日战争时期，他独立创办了《七月》杂志，并使之成为国统区影响颇大的刊物。

作为一个革命的进步的文艺理论家，胡风长期和中国共产党的文艺工作者及进步的文化界人士共事。但是，在文艺观点上，他同大多数人有分歧。这种分歧使他卷入了一次次文艺理论争论，并最终导致他后来的悲惨遭遇。

关于"两个口号"的争论

最早可以追溯到"左联"时期。当时，胡风和鲁迅关系比较密切，很得鲁迅的赏识，而和"左联"的主要负责人周扬、夏衍等人却有一些误解、矛盾和冲突。曾因文学典型等问题公开发表文章相互争论。

1936年4月，冯雪峰受中共中央派遣回上海，开展抗日民族统一战线工作。在冯雪峰的建议下，胡风提出了"民族革命战争的大众文学"的口号，在征得鲁迅的同意后，发表了《人民大众向文学要求什么》一文，公开提出了这一口号。该文一发表，即受到主张"国防文学"的周扬等人的批评。他们对胡风本来就有看法，胡文一出，他们更认为胡风置"国防文学"于不顾而另提新口号，分明是"蓄意标新立异"，故意作对。于是，围绕着两个口号孰是孰非，展开了激烈的论争。尽管当时鲁迅曾在致徐懋庸的公开信中为胡风公开说话，但仍不能改变左翼文艺界对胡风进行围攻的局面。

不久，鲁迅去世，接着发生了西安事变，次年又爆发了卢沟桥事变，全民族抗战新局面到来，这场争论遂不了了之，但文艺界的宗派成见并未根本消除，为后来留下了重大隐患。

关于民族形式的争论

1938 年 10 月,毛泽东在党的六届六中全会上提出,要使马克思主义在中国具体化,要把国际主义的内容同民族形式结合起来。他说:"洋八股必须废止,空洞抽象的调头必须少唱,教条主义必须休息,而代之以新鲜活泼的、为中国百姓所喜闻乐见的中国作风和中国气派。"[①] 根据毛泽东的讲话精神,1939 年前后,延安和重庆的文化界开展了关于"民族形式问题"的讨论。

在讨论中,向林冰等人提出"民间文艺形式"是民族形式的"中心源泉",而全盘否定了五四文学革命对外来文艺形式的汲取,在文艺界引起了很大的争议。

1940 年 10 月至 12 月间,胡风针对向林冰等人的观点,在《论民族形式问题》中发表了与众不同的见解。他把五四新文学看作世界进步文艺的一个分支,认为五四新文学接受了世界民主主义的、民族主义的和无产阶级的文艺思想、方法和形式,和封建主义文艺有着本质的区别,"和中国固有的文学传统划着一道巨大的鸿沟"。他强调,我们应继承和发扬五四新文艺的革命传统,而不是恢复所谓"民间文艺"的"旧形式"。胡风在书中力排众议,公开与郭沫若、光未然、叶以群、艾思奇、向林冰、葛一虹等文化界人士对垒。由于这本书是在这场讨论的高潮过去后才出版的,所以当时没有引起论争,但胡风在文艺理论界"孤军奋战"的局面已经形成。

关于发表舒芜《论主观》的争论

对胡风文艺思想的第一次比较集中的批判,是由舒芜的长篇哲学论文《论主观》而引发的。1945 年 1 月,重庆文艺界结合延安整风和毛泽东《在延安文艺座谈会上的讲话》展开学习讨论。在讨论中产生了分歧,分歧的焦

---

① 《毛泽东选集》第三卷,人民出版社 1991 年版,第 844 页。

点集中在国统区进步文艺界究竟应该反对"非政治倾向",首先解决"文艺为什么人、为哪个阶级服务"的问题,还是应该反对"主观教条主义""公式主义"和"客观主义"倾向上。胡风赞同后一种意见。为了引发讨论,胡风在他主编的《希望》创刊号发表了舒芜的《论主观》一文,该文认为:"所谓'主观'是一种物质的作用,而只为人类所具有。它的性质,是能动的而非被动的,是变革的而非保守的,是创造的而非因循的,是役物的而非役于物的,是为了自己和同类的生存而非为了灭亡的;简言之,即是一种能动的用变革创造的方式来利用万物以达到保卫生存和发展生存之目的的作用。"胡风很赞赏这篇文章,他在刊发《论主观》时所写的"编后记"中说:《论主观》"再提出了一个问题,一个使中华民族求新生的斗争会受到影响的问题"。但是,当时重庆和香港文化界进步人士清楚地看到,这篇文章明显违背了毛泽东《在延安文艺座谈会上的讲话》精神,因此,对《论主观》一文及《希望》杂志提出了批评。根据周恩来的指示,当时党的文艺理论家邀请胡风参加了讨论舒芜《论主观》的座谈会。座谈会于 1945 年 1 月 25 日召开,由当时在重庆工作的党的文艺界领导人冯乃超主持,茅盾、冯雪峰、蔡仪等参加了讨论。这次座谈会基本上本着实事求是的精神,就事论事地对《论主观》提出了善意的批评。但胡风对此却很反感。

由于胡风不接受批评,这次讨论没有进行下去。但是,对《论主观》一文和胡风所提倡的"主观战斗精神"的批判并没有结束。1948 年,一批共产党员在香港创办《大众文艺》丛刊。该杂志相继发表了一些批判胡风的文章,主要有邵荃麟的《对于当前文艺运动的意见》《论主观问题》,乔冠华的《文艺创作与主观》,胡绳的《评路翎的短篇小说》《鲁迅思想发展的道路》,林默涵的《个性解放与集体主义》等。在这批文章中尤以邵荃麟的《论主观问题》和乔冠华的《文艺创作与主观》两篇文章比较全面地批判了胡风关于"主观战斗精神"的论点。面对批判,胡风仍然坚持自己的观点。1948 年 9 月,胡风写了《论现实主义的路》一书(未写完的长篇专著的断章),从正面阐述了自己的观点，以此作为对这次批判的答复。后来，由于文化界著名人士准备出席中国人民政治协商会议和筹备第一届中华全国文学艺术工作者代表大会，这次批判就搁置下来。

新中国成立前夕召开的第一次文代会上，茅盾曾代表国统区的进步文艺界，对 10 年来（1938—1948 年）国统区的革命文艺运动作了总结。这个总结报告的题目是《在反动派压迫下斗争和发展的革命文艺》。这个报告的第三部分《文艺思想理论的发展》共谈了三个问题，每个问题都涉及胡风的文艺思想和理论，特别是第三个问题"关于文艺中的'主观'问题，实际上就是关于作家的立场、观点与态度的问题"，更直接、鲜明地对胡风及"七月派"作家的文艺思想、文艺理论和创作实践作了全面的批判。

可以说，新中国成立之前对胡风文艺思想进行批判的历史渊源，正是新中国成立之前的这几次时断时续的争论和批判，而胡风作为这些争论和批判的焦点，最终成为一名受害者。

（2）新中国成立之后批判胡风文艺思想的第一次高潮

新中国成立后，文艺界有影响的人物大都安排了工作，有的还到中央有关部门担任了领导职务，而胡风却未被安排什么正式的工作，反而断断续续开始受到批判。

1950 年 3 月 14 日，周扬在文化部大礼堂向京津文艺干部作报告，其中批评了"七月派"作家阿垅（亦门）当时发表的两篇文章，认为这是小资产阶级作家"小集团"的抬头。这是第一次公开指明存在胡风"小集团"。如果说茅盾在第一次文代会上的报告是对新中国成立之前批判胡风文艺思想的总结，那么，周扬的这个报告就成为新中国成立之后批判胡风文艺思想的高潮的先声。

1952 年 3 月文艺界开展批判资产阶级思想的文艺整风运动，一些宣传文化部门的领导人在北京领导文化界整风机构所出版的《内部通讯》上，发表了批评路翎在整风运动中仍然公开宣传胡风文艺理论的通讯。与此同时，《文艺报》召开读者座谈会，分发了不署名的《胡风文艺思想研究资料》的小册子，要读者对胡风文艺思想发表意见。很快，《文艺报》就收到"读者来信"100多封，纷纷要求开展对胡风文艺思想的批判。

《论主观》一文的作者舒芜，此时思想认识也发生了变化，他在1952年5月25日的《长江日报》上发表了《重新学习〈在延安文艺座谈会上的讲话〉》一文，检讨了自己的错误，认识到自己所写的《论主观》是一篇宣扬资产阶级唯心论的文章。这样，一直袒护《论主观》、抗拒对《论主观》的批评的胡风就处于十分被动的地位。6月8日的《人民日报》全文转载了舒芜的检讨文章，并在"编者按"中指出，发表舒芜《论主观》的《希望》杂志，"是以胡风为首的一个文艺上的小集团办的"。

在上述情况下，1952年7月，胡风由上海来到北京，给周恩来写了一封信，要求讨论他的文艺思想。周恩来同意了胡风的要求，指示说，要对胡风进行同志式的批评，不要先存一个谁错误谁对的定见，而要平心静气地与胡风交换意见。于是，中国文联、作协党组扩大会召开了"胡风文艺思想讨论会"。

讨论会于1952年9月6日、11月26日、12月12日和26日共举行了4次。在第一次讨论会和第二次讨论会期间，胡风写了《关于〈希望〉的简单报告》《关于舒芜和〈论主观〉的报告》《一段时间，几点回忆》等检查材料。在检查材料中，胡风对个别问题作了自我批评，承认自己的理论是"小资产阶级"的，但拒绝承认在根本问题上犯有错误。这当然不能使批评者满意。

讨论会结束后，1953年1月29日，由全国文联在文化部小礼堂召开了批判胡风文艺思想报告会，会后不久，《文艺报》接连发表两篇批判胡风的文章：《胡风的反马克思主义的文艺思想》和《现实主义的路，还是反现实主义的路》。这两篇文章（以下简称"两文"）对胡风的思想作了全面、系统的批判。"两文"把现实主义基本原则和胡风的错误理论归纳为六个论断：

"社会现实主义者首先要具有工人阶级的立场和共产主义的世界观"；"对于社会现实主义者，创作方法和世界观是不可能分裂而只能是一元的"；"在阶级社会里，无论怎样的现实主义都是有阶级性的"，胡风"始终离开阶级的观点，看不到各种不同的现实主义的阶级性"；胡风的错误是"看不到旧现实主义和社会主义现实主义的根本区别"，"在资产阶级现实主义和无产阶级现实主义之间看不清楚它们的原则区别"；"胡风片面地不适当地强调所谓'主观战斗精神'，而没有强调更重要地忠实于现实，这根本就是反现实主义"；"胡风否认文学艺术中的党性原则"。

《胡风的反马克思主义的文艺思想》发表后，次日的《人民日报》即加按语予以转载。其他一些大报，如《解放日报》《天津日报》等也转载了"两文"，把批判胡风文艺思想的浪潮推向全国。

这样，从 1952 年 3 月开始的对胡风文艺思想的批判，到"胡风文艺思想讨论会"的召开和"两文"的发表，就形成了新中国成立之后批判胡风文艺思想的第一次高潮。

"两文"发表后，胡风没有反驳，也没有表示接受。

1954 年初，胡风的朋友们也都受到了猛烈的批判。路翎从朝鲜归来后写的小说《初雪》《洼地上的战役》发表后得到广大读者的好评，但不久就受到了《解放军报》及一些文艺界人士的批评，原因之一就是这些作品体现了胡风的文艺理论。与此同时，和胡风接近的人受到压制，无处发表作品。

（3）"三十万言书"引来的政治批判

1954 年 3 月，胡风学习了党的七届四中全会的决议和《人民日报》社论《学习四中全会决议，正确开展批评与自我批评》，从中受到鼓舞，于是开始撰写《关于解放以来的文艺实践情况的报告》。从 1954 年 3 月 21 日到

6月24日，胡风足不出户，花了整整三个月的时间。胡风的朋友及支持者路翎、徐放、谢韬、绿原等直接或间接参与了撰写工作。报告全文长达27万字，故被称为"三十万言书"，也称为胡风"关于文艺问题的意见书"。

"三十万言书"共分四个部分，分别是：一、几年来的经过简况。胡风详细陈述自1949年以来遇到的种种打击，指责作为文艺界领导的周扬等人将他视为文艺界"唯一的罪人或敌人"。二、关于几个理论性问题的说明材料。三、事实举例和关于党性。胡风对几年来涉及自己的一些重要问题作了解释和说明。四、附件——作为参考的建议。后来公开发表供批判的只是其中两部分，即《关于几个理论性问题的说明材料》和《作为参考的建议》。

在关于理论这一部分中，胡风主要反驳了"两文"中的论点，并提出了"五把理论刀子"的问题，即：

"作家要从事创作实践，非得首先有完美无缺的共产主义世界观不可"；"只有工农兵底生活才算生活，日常生活不是生活"；"只有思想改造好了才能创作"；"只有过去的形式才算民族形式"；"题材有重要与否之分，题材能决定作品底价值"，"'忠于艺术'，就是否定'忠于现实'"。

实际上，所谓"五把刀子"，是指"两文"中的一些论点而言的。胡风认为："在这五把刀光的笼罩之下，还有什么作家与现实的结合，还有什么现实主义，还有什么创作实践可言？""问题不在这五把刀子，而是在那个随心所欲地操纵着这五把刀子的宗派主义。"

在《作为参考的建议》中，胡风建议，打破现行的"官办"的"国家刊物"，采用"劳动合作单位的方式"，作家按地区自由结合，在作家协会支持并给予物质供给的条件下，创办一个会员刊物。他还主张"在三年内逐渐废除供给制和薪金制，作家达到以劳动报酬自给，刊物达到企业化或半企业化"等等。

胡风的问题提得十分尖锐，尽管他的意见有一定的现实针对性、合理性，但在当时的历史条件下，这些尖锐的意见是难以令人容忍的。"五把理论刀子"本来是文艺理论家和诗人的一种形象化的比喻,被简单化为胡风指向共产党和社会主义的"五把刀子",从而也成为后来他的一大罪状。

7月22日,胡风将"三十万言书"呈送国务院文教委员会,请他们转呈中共中央政治局。

此后不久,文化界开始了对俞平伯《红楼梦》研究的批判以及对《文艺报》的批评。胡风以为,这次对《文艺报》的批判,可能是中央要下决心对文艺工作作一番整顿,或许是他的"三十万言书"起了作用。所以,胡风对这次批判十分积极,他在11月7日和14日举行的文联作协联席会议上作了慷慨激昂的发言。胡风认为,《文艺报》是收集一批天真的信仰者、奉承者在周围,组织成一个通讯网,用《内部通讯》向通讯员发号施令,造成批评、打击人的"群众基础","从这里可以看出这个'地下刊物'底严重的秘密任务",是以此"造成独立王国"。胡风希望,这次能以《文艺报》问题为突破口,清理文艺界的"顽强的宗派主义地盘"。

胡风对《文艺报》的错误性质的判断,再一次暴露出他与文化界大多数人士在文艺理论的一些基本观点方面的分歧。在他发言之后,有些人提出了批评。12月8日,周扬在联席会议上所作的《我们必须战斗》的发言,用相当大的篇幅批判了胡风的思想。周扬指出:"表面看来,在反对对资产阶级思想的投降主义的问题上,在反对对新生力量的压制态度的问题上,胡风先生是和我们一致的,而且特别地激昂慷慨,但是谁要看看这外表的背后,谁就可以看到,胡风先生的计划却是藉此解除马克思主义的武装。"①周扬在讲话中指出和胡风在《红楼梦》评价、学习马克思主义理论态度等五方面的分歧。而这种种分歧的突出点和主要点,则是长期以来与胡风文艺思想的分歧。周扬最后发出的"我们必须战斗"的号召,在相当大的程度上是针对胡风的。12月1日,《人民日报》全文发表了周扬的讲话,由此就掀起了新中

---

① 《胡风文艺思想批判论文集》第3集,作家出版社1955年版,第15—18页。

国成立后批判胡风文艺思想的第二次高潮。

中共中央收到"三十万言书"后，曾将此件批转全国文联、作协，要求对其进行研究、讨论。1955年1月12日，中国作协征得中央同意，决定公开印发"三十万言书"的部分内容。14日，胡风找中宣部副部长周扬谈话，表示承认错误，希望不要公开发表他给中共中央的报告，如要发表，也希望做些修改，并在卷首附上他的一篇声明。次日，周扬向毛泽东请示，毛泽东对此作了批示："（一）这样的声明不能登载；（二）应对胡风的资产阶级唯心论，反党反人民的文艺思想，进行彻底的批判，不要让他逃到'小资产阶级观点'里躲藏起来。"①

11月20日，中共中央宣传部向中央提交了《关于开展批判胡风思想的报告》（以下简称《报告》）。《报告》认为，在胡风的意见书中，"他很有系统地、坚决地宣传他的资产阶级唯心论，他的反党反人民的文艺思想"。《报告》指出，胡风借"现实主义"之名否定文学的党性原则，把党的文艺政策说成是插在读者和作家头上的"五把刀子"，诬蔑现在的文艺界领导是"疯狂"的"宗派主义"的"军阀统治"。而胡风关于改办"会员刊物"的主张，其实质则是要取消党对文艺工作的统一领导。《报告》从五个方面指出，胡风的活动是宗派主义小集团的活动，其目的就是要为他的资产阶级文艺思想争取领导地位，反对和抵制党的文艺思想和党所领导的文艺运动。企图按照他自己的面貌来改造社会和我们的国家，反对社会主义建设和社会主义改造。他的活动，反映了目前社会上激烈的阶级斗争。

1955年1月26日，中共中央批发了中宣部的《报告》，向全党发出指示："各级党委必须重视这一思想斗争，把它作为工人阶级与资产阶级之间的一个重要斗争来看待，把它作为在党内党外宣传唯物论反对唯心论的一项重要工作来看待。"

---

① 《建国以来毛泽东文稿》第5册，中央文献出版社1990年版，第9页。

2月5日和7日,中国作协主席团召开扩大会议,会议指出,胡风长期在马克思主义外衣的掩盖下宣传资产阶级唯心主义思想并形成一个小集团,来和在共产主义思想以及共产党领导下由党和非党进步作家所组成的文学队伍相对抗。为了提高马克思主义文艺思想水平,加强文艺界的团结,更好地为国家的总路线服务,扩大会议决定对胡风的错误理论展开彻底的全面的批判。2月12日的《人民日报》发表了会议的消息。

4月1日,《人民日报》发表了郭沫若的文章《反社会主义的胡风纲领》。郭沫若指出:"从胡风的思想实际和他所采取的行动实际来看,他所散播的思想毒素是不亚于胡适的。他所提出的纲领是有一般意义的、思想的和行动的纲领。反对学习马克思主义,反对和人民群众结合,实际上就是反对全中国知识分子走社会主义革命的道路。"这样,对胡风文艺思想的公开批判,就从思想范畴扩展到政治范畴。

(4)"胡风反革命集团"冤案及其平反

1955年4月13日,《人民日报》又发表了《胡风文艺思想反党反人民的实质》一文。5月初,由中共中央宣传部和公安部组成的"胡风专案组"成立,开始在全国各地调查胡风等人的历史情况,搜集他们的有关信件。

5月13日,《人民日报》以《关于胡风反党集团的一些材料》为题,公布了部分胡风在新中国成立前写的信件以及胡风的《我的自我批判》,并加编者按语指出:"从所揭露的材料,读者可以看出,胡风和他领导的反党反人民的文艺集团是怎样老早就敌对、仇视和痛恨中国共产党和非党的进步作家。"胡风问题的性质就这样发生了根本的变化,人民内部矛盾被混淆为敌我矛盾。于是,胡风等人被打成了"反党集团",全国立即掀起了声讨"胡风反党集团"的运动。5月17日,经过全国人大常委会批准,胡风被捕入狱,他的夫人梅志也以"胡风集团骨干分子"的罪名同时被捕。5月18日,第一届全国人民代表大会第二次会议批准将胡风及"胡风反党集团"的骨干分子逮捕。

5月24日和6月10日，《人民日报》又将收集到的"胡风集团"成员间的135封来往信件分类摘录，以"胡风反革命集团"的第二批、第三批材料予以公布。随后，这三批材料又汇编成书，发行全国。

三批材料一出，全国上下大为震惊，全国展开了揭露、批判、清查"胡风反革命集团"的斗争。此时，对于胡风的批判，已经不再是文艺思想的批判，而是对敌斗争的政治运动了。与此相伴随的则是一批与胡风文艺思想相同或相近的人被捕入狱或受到批判和打击。此案使2100余人受到牵连，其中92人被捕，62人被隔离审查，73人被停职反省。冤案就此铸成。

作为"胡风反党集团"的"罪魁祸首"，胡风则开始了漫长的牢狱生涯。在被监禁了10年之后，1965年11月26日，北京市高级人民法院判处胡风有期徒刑14年。10年已经过去，还有4年监外执行。12月底，胡风走出秦城监狱，全家团聚过了一个春节。春节过后，胡风夫妇被通知离开北京到四川成都去。1970年1月，四川省革委会以"写反动诗词"的罪名，加判胡风无期徒刑，不准上诉。

1979年1月，胡风结束了25年牢狱之灾，恢复了自由。1980年9月29日，中共中央批转公安部、最高人民检察院、最高人民法院党组关于"胡风反革命集团"案件的复查报告，宣布为"胡风反革命集团"平反。中共中央的通知指出："'胡风反革命集团'一案，是当时的历史条件下，混淆了两类不同性质的矛盾，将有错误言论、宗派活动的一些同志定为反革命分子、反革命集团的错案。中央决定，予以平反。"这次平反留下了很大的尾巴，仍把胡风及"胡风分子"认作"有错误言论、宗派活动的一些同志"。

1981年，胡风被补选为全国政协委员、中国作家协会顾问。1985年5月，即胡风去世前的一个月，经中央书记处批准，公安部发出文件，正式撤销了1980 年第一次平反文件中对胡风"历史问题"的不实之词。

1988 年 6 月，中共中央办公厅又发出《关于为胡风同志进一步平反的补充通知》，通报了经中央政治局常委讨论同意的有关胡风文艺思想等方面的几个问题的复查意见。关于"五把刀子"，《补充通知》说：经复查，这个论断与胡风同志的原意有出入，应予撤销。关于"宗派活动"，《补充通知》说：对 1980 年平反文件中保留的、严厉指责胡风和一些人的结合带有小集团性质，进行过抵制党对文艺工作的领导，损害革命文艺界团结的宗派活动的论断，予以撤销。理由是：文艺界的宗派问题历史情况极为复杂，涉及面广，牵涉人员也多，不宜简单下结论。从胡风的一生总体来看，在政治上他是拥护党中央的。

这场断断续续达半个多世纪之久的争论、纠纷和政治冤案，至此完全平反。

4.对三次论争与批判的反思

发生在新中国成立初期思想文化领域的三次论争，从积极方面来看，结合具体事例，通过开展批评与讨论，来学习如何掌握和运用马克思主义，是知识分子自我教育和自我改造的一种方法。特别是毛泽东提出要用马克思主义观点来研究中国历史和重新研究评价历史人物的任务，具有重要的指导意义。但是，这三次论争最终都超出了学术争鸣的范围，演变为政治批判和政治运动，造成了严重的后果：

第一，直接摧残了有关当事人的身体和事业，造成极大的精神创伤。这些错误批判埋下了祸根，每遇运动都要旧事重提，有的沉冤 20 余年。一次又一次的批判、下放、审问、监禁，给当事人及其家庭造成难以弥补的创伤。更为严重的是，走入歧途的文艺批判使大批专家、学者被迫中断自己的研究，这不仅是个人的悲剧，更是我们事业的损失。

第二，设置了许多新禁区。由于大批判，文艺创作、文艺评论、学术研究等方面条条框框越来越多，教条主义越来越严重，窒息了研究人员的思维活力，思想界一片沉寂。统战工作也严重受挫，损害了党的形象和威信。

第三，乱扣帽子的恶劣作风进一步蔓延。在批判中，很少人能坐下来理智地分析问题，大多数文章概念模糊，逻辑混乱，近乎谩骂与诋毁。再者，全民上阵这种"大呼隆"风气形成定势，造成恶劣影响。

严重的后果发人深思。总结历史，以下几点教训应该吸取：

第一，不能把学术问题和政治问题简单地等同起来。学术讨论和批评的目的在于追求真理，真理愈辩愈明，这是不言而喻的。"百花齐放，百家争鸣"，就应该以平等的同志式的态度进行自由和广泛深入的讨论，而不是用行政手段裁决或用政治权力压服对方，更不能不加分析地将学术问题混同于政治问题。把学术问题和政治问题混淆起来，必然会以运动的方式"讨论"，由"讨论"而"批判"，逐步升级，使人胆战心惊。知识分子的心有余悸在批判《武训传》时就埋下了不幸的种子。

第二，学术和文化问题属于精神世界的很复杂的问题，不能简单化和模式化。在这三次批判运动中，许多批判文章都有一种固定的模式，以这种模式来套研究对象，非黑即白，非好即恶。这种简单化、机械化的思维模式显然不符合学术和文化研究的特点，不利于思想文化的健康发展。

第三，把握好理论与实际的关系。1952年党即提出"百家争鸣，推陈出新"的发展科学技术与文艺的方针，但作为"百家"之一的俞平伯和胡风均未能逃脱被批判的命运，"推陈出新"的《清宫秘史》和《武训传》也被"枪毙"。列宁指出："问题在理论上的解决和实际的贯彻是有区别的。"又说："理论和实践是两个不同的东西，从实践上解决这个问题和在理论上解决这个问题不是一回事。"① 事实的确是这样。理论联系实际，实事求是，是我们党的思想路线，但要真正做到这一点，却是十分不易。这个教训，值得我们记取。

1956 年 4 月，毛泽东提出"百花齐放，百家争鸣"的方针，并指出把"双百"方针作为社会主义时期发展我国文化事业的基本方针。新中国成立初期思想文化领域的三次论争的教训已经证明，切实贯彻"双百"方针，尊重知识分子，尊重文学艺术发展的规律，是实现我国科学文化事业繁荣发展的必由之路。

① 《列宁全集》第 42 卷，人民出版社 1986 年版，第 44 页。

第 三 章
艰难的抉择
——抗美援朝决策始末

　　1950 年 10 月 1 日，新中国成立整整一周年的日子，天安门广场欢乐的人群还未完全离开，中共中央领导核心成员接到毛泽东的紧急会议通知，到中南海毛泽东的住处菊香书屋开会，毛泽东和朱德、刘少奇、周恩来等领导人一直讨论到东方天际发白。

　　这一天，毛泽东收到一份电报和一封信。电报是斯大林给中国领导人发来的，要求中国出兵。信是朝鲜领导人金日成派外相朴宪永，通过中国驻朝鲜大使馆转交毛泽东的求救信：急盼中国人民解放军直接出兵支援作战。

　　"是否出兵到朝鲜作战"成为之后几天中央政治局会议的主要议题。对于新中国来说，这是面对世界头号强国的一次生死抉择。新中国有没有力量出兵？敢不敢与世界头号强国美国对战？能不能打赢？会不会"引火烧身"，"惹祸上门"？会不会导致同美国直接对峙？如果美国轰炸中国的重工业基地东北和内地大城市怎么办？美国是否会使用原子弹？这些问题是新生的共和国不得不面对的问题。

1. 朝鲜战争爆发及各方反应

1950年6月25日凌晨，平壤广播电台发布消息：南朝鲜方面拒绝了北朝鲜和平统一的建议，并派遣一支部队越过了海州地段的"三八线"，北朝鲜人民军迅速挥师南下。朝鲜战争爆发。顷刻间，国际社会的目光聚焦到朝鲜半岛。

朝鲜半岛的战争，是朝鲜劳动党领导下的朝鲜人民反对南朝鲜统治集团的国内战争。但是，对于朝鲜半岛的事态，美国迅速作出了反应。在美国的决策者中，无论是总统杜鲁门，还是国务卿艾奇逊，他们的第一个反应是"几乎可以肯定，进攻是由苏联发动、支持和怂恿的"，认为北朝鲜事先未得到莫斯科的指示是不可能发动这场战争的。因此，必须把这一行动看成是苏联的行动，是以苏联为首的共产主义世界向"自由世界"的挑战。苏联显然是在冒发动第三次世界大战的风险，至少是苏联对抵御共产党阵营扩张决心的一个试探，或者是挑起一场全面战争的前奏。[①] 作为"自由世界"的"领袖"——美国，对此不能视而不见，否则既不能显示美国的强硬，也有"失世界领袖"的面子。美国必须在朝鲜采取行动。

6月27日，美国总统杜鲁门发表声明："对朝鲜的攻击已无可怀疑地说明，共产主义已不限于使用颠覆手段来征服独立国家，现在要使用武装的侵犯与战争。它违抗了联合国安理会为了保持国际和平与安全而发出的命令。在这种情况下，共产党部队占领台湾，将直接威胁太平洋地区的安全，及在该地区执行合法与必要职务的美国部队。"[②] 美国指责朝鲜人民民

---

① ［美］迪安·艾奇逊《艾奇逊回忆录》上册，上海《国际问题资料》编辑组、伍协力合译，上海译文出版社1978年版，第265页。

② ［美］哈里·杜鲁门《杜鲁门回忆录》第二卷，李石译，生活·读书·新知三联书店1974年版，第402页。

主主义共和国一方为"侵略者",令其驻远东的海空部队全力支持南朝鲜一方的军事行动。

如何采取行动和以何种形式采取行动,也是美国当局要考虑的。7月7日,美国操纵联合国安理会,通过了组成以美国军队为主的侵朝"联合国军"的决议,任命美国驻远东军队的总司令麦克阿瑟为"联合国军总司令"。侵朝"联合国军"的组成,使美国将其对朝鲜的侵略行动,披上了"联合国"的合法外衣,来势汹汹,要将朝鲜人民民主共和国从朝鲜半岛上抹去。麦克阿瑟叫嚣说,将共产主义逐出朝鲜半岛。本来是朝鲜南北双方为解决统一问题的内战,变成了侵略和反侵略的战争,使朝鲜内政问题国际化和复杂化。

朝鲜战争的爆发,也引起美国当局对台湾问题的关注。美国军方一直看重台湾的战略地位,麦克阿瑟更把台湾比作美国在亚洲的"永不沉没的航空母舰"。美国决策当局分析,朝鲜打起来了,中国人民解放军会乘机攻取台湾。美国已丢掉了在中国大陆的势力,不能再丢失台湾。因此,美国在一开始就将朝鲜问题与中国的台湾问题连在了一起,在武装干涉朝鲜的同时,派出海军第七舰队侵入台湾海峡,干涉中国人民的内政,阻止中国人民解放军解放台湾。美国的行为,背弃了有美国参加的有关台湾归属中国的开罗宣言,声称"台湾未来地位未定",制造中国的分裂。

美国的过激反应,无论是纠集"联合国军"武装干涉朝鲜,还是海军舰队开进台湾海峡,不但威胁到中国东北地区的安全,而且严重地侵犯了中国的国家主权,是对中国领土赤裸裸的侵略,这是新中国外部安全受到严重威胁的一个危险讯号。这不能不引起中国政府和人民的强烈反应,不能不引起中国领导人的高度关注和警觉。

对于美国参战后朝鲜战局发展的严重性,中共中央作了充分的估计,并把如何对付美国的侵略作为一个重大问题加以慎重考虑。

中国政府对美国侵略朝鲜和中国领土的行为表示了强烈的抗议。6月28

日，毛泽东在中央人民政府委员会第八次会议上发表讲话，针对美国的侵略行为和杜鲁门27日发表的声明，指出："中国人民早已声明，全世界各国的事务应由各国人民自己来管，亚洲的事务应由亚洲人民自己来管，而不应由美国来管。美国对亚洲的侵略，只能引起亚洲人民广泛和坚决的反抗。中国人民既不受帝国主义的利诱，也不怕帝国主义的威胁。"号召全国和全世界的人民团结起来，进行充分的准备，打败美帝国主义的任何挑衅。

同一天，周恩来以外交部长名义，代表中华人民共和国中央人民政府发表声明，抗议、谴责美国侵略中国台湾和在亚洲其他地区的侵略行径，指出："杜鲁门27日的声明和美国海军的行动，乃是对于中国领土的武装侵略，对于联合国宪章的彻底破坏。我代表中华人民共和国中央人民政府宣布：不管美帝国主义采取任何阻挠行动，台湾属于中国的事实，永远不能改变，这不仅是历史的事实，且已为开罗宣言、波茨坦公告及日本投降后的现状所肯定。我国全体人民必将万众一心，为从美国手中解放台湾而奋斗到底。"声明号召："全世界一切爱好和平正义和自由的人民，尤其是东方各被压迫民族和人民，一致奋起，制止美帝国主义在东方的新侵略。只要我们不受恫吓，坚决地动员广大人民参加反对战争制造者的斗争，这种侵略是完全可以击败的。"

6月29日，《人民日报》发表题为《斥帝国主义强盗杜鲁门的非法声明》的社论。此时，虽然朝鲜并未向中国提出任何援助的要求，但是，中国领导人以敏锐的洞察力估计到，由于美国的武装干涉，朝鲜战争有可能长期化，朝鲜局势也将更加复杂化。中国领导人认为，美国的企图是在朝鲜打开一个缺口，准备世界大战的东方基地，至少是企图将朝鲜人民军压至"三八线"以北。美国如果压服朝鲜，下一步必然对越南及其他殖民地国家进行压服。美国一旦增加兵力反扑，不但朝鲜形势要发生逆转，而且很可能直接威胁到中国的安全，甚至进攻中国大陆。

随着美国不断的干涉和军事行动，中共中央审时度势，清醒认识到朝鲜问题已成为国际斗争的焦点，强调必须应付最坏的情况，加紧各项准备。中共中央首先提出一项战略性措施，就是迅速组建东北边防军。据此，7月13日，中央军委及时作出《关于保卫东北边防的决定》，以担负保卫东北边防安全和在必要时援助朝鲜人民的任务。

8月初的战局对朝鲜人民军是非常有利的。李承晚军队的势力已退到南部不到十分之一的国土上。朝鲜人民军已经敲起了胜利的长鼓，到处是喜气洋洋的气氛。但是对于有着丰富战争经验的毛泽东来说，胜利绝不会出现得这么快。在8月4日的中央政治局会议上，毛泽东分析："如果美帝得胜，就会得意，就会威胁我国。对朝鲜不能不帮，必须帮助，用志愿军形式，时机当然还要适当选择，我们不能不有所准备。"[1] 这次讲话，毛泽东首次提出了以志愿军的名义入朝作战的设想。周恩来进一步指出：如果美帝将北朝鲜压下去，则对和平不利，其气焰就会高涨起来。要争取胜利，一定要加上中国的因素，中国的因素加上去后，可能引起国际上的变化。我们不能不有此远大设想。

8月下旬，对美国的战略战术进行了充分的研究之后，毛泽东要求东北边防军务于9月底前完成一切准备工作，待命出动作战，并且又从中南军区增调1个军开赴东北。这样，在朝鲜战局发生恶化之前，就做好了最充分的战前准备。

事后证明，这是一个具有远见卓识的战略决策。对日后确保中国人民志愿军顺利出兵，是一个非常重要的决定。六年之后，毛泽东讲起这件事的时候说："战争开始后，我们先调去三个军，后来又增加了两个，总共有五个军，摆在鸭绿江边。所以，到后来当帝国主义越过'三八线'后，我们才有可能出兵。否则，毫无准备，敌人很快就要过来了。"

---

[1] 中共中央文献研究室编：《毛泽东年谱（一九四九——一九七六）》第一卷，中央文献出版社2013年版，第168页。

2. 战局剧变与出兵决策

1950 年 9 月 15 日，美军在仁川登陆，朝鲜战局发生急剧变化，侵略军直逼朝鲜北方，战火有烧到中国东北边境的趋势。大批美军和南朝鲜军迅速进攻到南北分界的"三八线"附近。从当时的情报来看，"三八线"已无北朝鲜防守部队，敌人有直逼平壤的可能。战争有进一步扩大的趋势。

朝鲜处境已十分危急。9 月 30 日，政务院总理兼外交部长周恩来在全国政协举行的建国一周年庆祝大会上作报告，最后针对朝鲜事态，明确指出："中国人民热爱和平，但是为了保卫和平，从不也永不害怕反抗侵略战争。中国人民决不能容忍外国的侵略，也不能听任帝国主义对自己的邻人肆行侵略而置之不理。"[1]

10 月 1 日，南朝鲜军队越过"三八线"。同日，美军司令官向北朝鲜发出"放下武器停止战斗，无条件投降"的最后通牒。当天，毛泽东收到了金日成的紧急求援信。

尽管毛泽东对出兵已有充分的思想准备，但要使一个刚从战火中获得新生的人民共和国再次面临血与火的考验，敢不敢、能不能迎战世界上头号强大的帝国主义国家，这是一个非同小可的问题，下这个决心需要何等的气魄和胆略！

当时，我国的情况是：经济恢复刚刚开始，长期战争的创伤尚待养息，财政状况还很困难，新区土改还没有进行，人民政权还没完全巩固，人民解放军武器装备还相当落后，军队复员工作也正在按计划进行，海、空军更处于初创阶段。

---

[1]　中共中央文献研究室编：《周恩来年谱（1949—1976）》（上），中央文献出版社 2007 年版，第 82 页。

就连实力远比中国雄厚的苏联，也不愿为援助朝鲜而冒同美国直接冲突的危险，因此，是否应援助朝鲜的问题极为复杂，需要极为慎重的考虑。面对这样一场具有复杂国际背景的国际战争的考验，担负着领导五亿人口大国重任的中共中央领导核心面临着新中国成立以来一次最为艰难的抉择，也是毛泽东一生中最难作出的决策之一。

随着战争的全面扩大，面对朝鲜劳动党请求中国出兵的形势，中共中央政治局在毛泽东主持下，于1950年10月初多次召开会议，讨论出兵问题。

主张不出兵或暂不出兵的同志提出了以下几点理由：第一，我们的战争创伤还没有恢复；第二，土地改革尚未完成；第三，国内土匪、特务还没有彻底肃清；第四，军队装备和训练尚不充分；第五，部分军人有厌战情绪等。在这些不同意见中，林彪强调美国是最大的工业强国，军队装备高度现代化，一个军就有各种火炮1500门，我们一个军才只有36门，且入朝作战既无空军掩护，又无海军支援，故不赞成出兵，以免"引火烧身"。

主张出兵的同志发表意见，谈到美帝国主义有不可克服的弱点，即战线太长，兵力分散，后方太远，同盟者不强，资源和优势受到限制和抵消，原子武器已非美国独有，且不能决定胜负。周恩来还根据外电分析说，美国在最近和将来主要是从朝鲜、中国台湾、越南三个方向对中国实行进攻，与其让美国迫使我们在中国台湾、越南同它较量，不如选择在朝鲜为好。朝鲜北方多山地，对美军机械化行动不利，便于我军打运动战；而且朝苏接壤，也便于获得苏联的援助。与其坐等美国打进来，不如主动打出去，等等。

经过两天反复研究讨论，中央初步拟定派军队入朝作战。在基本确定入朝参战的同时，中央仍试图争取最后一线希望，尽量避免中美双方直接交战。10月3日凌晨，周恩来紧急约见印度驻华大使潘尼迦，就朝鲜战争问题再次郑重地表明中国政府的立场："美国军队正企图越过'三八线'，扩大战争。美国军队果真如此的话，我们不能坐视不管，我们要管。""我们主张朝鲜事件应该和平解决，不但朝鲜战事必须即刻停止，侵朝军队必须撤退，而且有关国家必须在联合国内会商和平解决办法。"①潘尼迦把中国政府的立场即刻报告给印度总理尼赫鲁，随后，尼赫鲁转告了美国。但是美国过分低估了站起来的中国人民的决心和力量，根本不相信刚刚诞生一年的新中国敢于出兵与它交战，认为中国出兵参战的"可能性很小"，"不足为患"，他们的侵朝战争"赢定了"。②

对于中国政府的多次警告，美国政府竟然充耳不闻，不屑一顾。美军和南朝鲜军队大举越过"三八线"向北推进，将战火烧向中朝边界的鸭绿江畔。

中朝两国，一衣带水，唇亡齿寒，朝鲜与中国有长达 1000 多公里边界线，鸭绿江的炮火已经使中国东北笼罩在战争一触即发的空前紧张氛围之中了。这样，在世界舆论面前，中国出兵援朝就完全是出于迫不得已，在政治上我们也就更加处于主动地位。

10 月 3 日和 4 日，中共中央政治局继续开会讨论朝鲜战局和出兵援助朝鲜问题。毛泽东没想到出兵竟有这么多反对意见。为了慎重起见，毛泽东让大家尽量摆出出兵的不利条件。毛泽东本人对出兵最不利的情况在给斯大林的电报中也作了分析，他说：最不利的情况是中国军队在朝鲜境内不能大量歼灭美国军队，两军相持成为僵局，而美国又已和中国公开进入战争状态，使中国现已开始的经济计划受到破坏，并引起民族资产阶级及其他人对我们的不满（他们很怕战争）。这表明，毛泽东在决策出兵时，已经对最坏的可能性作了适当的估计和考虑。尽管如此，在继续举行的政治局扩大会议上，对于出兵问题仍有意见分歧。

---

① 中共中央文献研究室编：《周恩来年谱（1949—1976）》（上），中央文献出版社 2007 年版，第 83 页。
② ［美］哈里·杜鲁门《杜鲁门回忆录》第二卷，李石译，生活·读书·新知三联书店 1974 年版，第 386—387 页。

毛泽东认真倾听了各种意见，指出，我们确实有困难，出兵确实要冒很大的风险，一些同志不主张出兵，是可以理解的。但我们是个大国，不打过去，见死不救，总不行。毛泽东后来在 1956 年与苏共代表团回忆这段历史时说："你们说的都有道理，但是别人处于国家危急时刻，我们站在旁边看，不论怎么说，心里也难过。"①

关于是否出兵，意见仍然没有统一。10 月 4 日下午，彭德怀到达北京，参加政治局会议，在此之前，他对会议讨论的内容毫无所知。到会后，才知道政治局在讨论出兵朝鲜的问题，会上有各种意见，彭德怀由于不了解会议的全部情况，在当天的会议上没有发言。晚上，他辗转反侧，无法入眠，仔细思考了会议上的不同意见，尤其是对毛泽东的发言反复体会，认为这番话真正体现了民族主义和爱国主义的结合。最后，他终于有了自己的考虑，认为：美国占领朝鲜与我隔江相望，威胁我东北；又控制我台湾，威胁我上海、华东。它要发动侵华战争，随时都可以找到借口。老虎是要吃人的，什么时候吃，决定于它的肠胃，向它让步是不行的。它既要来侵略，我就要反侵略。不同美帝国主义见个高低，我们要建设社会主义是困难的。如果美国决心同我作战，它利速决，我利长期；它利正规战，我利于对付日本那一套。我有全国政权，有苏联援助，比抗日战争时期要有利得多。不论从建设国家的前途考虑，还是从援助朝鲜考虑，以及从社会主义阵营的影响考虑，都应出兵援朝。

在 5 日的政治局会议上，彭德怀发言："出兵援朝是必要的，打烂了，等于解放战争晚胜利几年。如美军摆在鸭绿江和台湾，它要发动侵略战争，随时都可以找到借口。"毛泽东接着指出："现在是美国人逼着我们打这一仗的，犹豫退缩、担心害怕都没有用，这些心理和情绪正是敌人所希望的。现在我们只有一条路，就是在敌人进占平壤之前，不管有多大风险，有多大困

---

① 《彭德怀自述》，人民出版社 1981 年版，第 257 页。

难，必须立刻出兵朝鲜。"①

经过充分讨论，意见逐渐趋于一致。但是，中国出不出兵，什么时候出兵，毛泽东有一个"底"——就是美军是否打过"三八线"。

中共中央政治局全面分析了战争双方的优劣条件，认为与美国军队在朝鲜进行较量，美国虽强但也有弱点，中国虽弱但也有有利条件。美国在军事上是一长三短：一长是钢铁多。三短是战线太长，从欧洲的柏林到亚洲的朝鲜，首尾难以相顾；运输线太长，要横跨大西洋和太平洋；战斗力不如德国军队和日本军队。除此之外，美国的盟国西德和日本在第二次世界大战战败后尚未武装起来，英国和法国在第二次世界大战中已伤了元气；美国虽然握有原子弹，但原子弹不能轻易使用，也不能决定胜负。因此，美国尽管在综合国力和军队武器装备上占有绝对优势，但并不是不可战胜的。

中国困难虽多，但也有许多有利条件。东北边防军已做了必要准备，并已调集了二线、三线部队；中国军队占有数量上的优势，并经受了20多年革命战争的锻炼，官兵团结，凝聚力强，特别能吃苦，特别能战斗，团以上指挥员都是身经百战的老红军、老八路，人民解放军向来有以劣势装备战胜优势装备之敌的经验；中国是反抗侵略，进行的是正义之战，有中国人民和朝鲜人民的全力支援，并且中国共产党和中央人民政府在人民军队中有极高的威信，具有强大的号召力和组织力；在朝鲜作战，中国军队拥有直接和雄厚的后方支援，利于持久作战；中国已同苏联签订了《中苏友好同盟互助条约》，有苏联为后盾，可获得苏联的物资支援；等等。

那么，美国会不会使用原子弹？这也是当时中国决策层不得不考虑的另外一个重大问题。第二次世界大战即将结束时，美国在日本投下的两颗原子弹，其威力已让全世界谈"弹"色变。当时世界上只有美国和苏联两个国

---

① 《彭德怀自述》，人民出版社1981年版，第258页。

家有原子弹。1949 年 8 月 29 日，苏联第一颗原子弹爆炸成功，美国朝野上下大为震惊，美国自鸣得意的原子弹讹诈战略宣告破产。

经过分析，中央认为，美国不敢贸然使用原子弹。主要是因为有《中苏友好同盟互助条约》，这是新中国成立后与外国政府签订的第一个建立在平等基础上的条约。条约第一条就规定："一旦缔约国任何一方受到日本或与日本同盟的国家之侵袭因而处于战争状态时，缔约国另一方即尽其全力给予军事及其他援助。"另外苏联又是制约美国发动原子战争的重要力量，再加上西方阵营自身矛盾重重。更主要的是毛泽东始终坚信，决定战争胜负的是进行正义战争的人民，而不是一两件新式武器，这是他从长期革命战争中得出的一条重要结论。在作出出兵决策以前，毛泽东讲过一句名言："你打原子弹，我打手榴弹，抓住你的弱点，跟着你打，最后打败你。"① 后来的事实证明，这一分析是完全正确的。

中央政治局全面分析研究了参战的困难和有利条件后，于 1950 年 10 月 5 日作出了抗美援朝、保家卫国的决策。

中央政治局会议同时讨论了志愿军统帅的人选。早在边防军组成后，中共中央和中央军委就曾考虑在边防军出动时，由粟裕或林彪出任统帅，但林彪和粟裕均有病在身，不能挂帅出征，所以中央决定由彭德怀出任中国人民志愿军司令员兼政治委员，挂帅出征。彭德怀临危受命，对此没有思想准备，但他坚决服从中央的决定。

10 月 6 日，周恩来受毛泽东委托，主持召开党政军高级干部会议，传达中共中央政治局决定，对志愿军入朝作战事宜进行研究和部署。周恩来在会上指出：现在不是我们要不要打的问题，而是敌人逼着我们非打不可。我们的自卫是正义的，正义的战争最后一定是会胜利的。现在朝鲜政府一再要求我们出兵援助，我们怎能见死不救呢？党中央、毛主席决心已定，因此现

---

① 《毛泽东文集》第六卷，人民出版社 1999 年版，第 94 页。

在不是考虑出不出兵的问题，而是考虑出兵后如何去争取胜利的问题。①

10 月 8 日，中国人民革命军事委员会主席毛泽东发布命令，将东北边防军改为中国人民志愿军，任命彭德怀为中国人民志愿军司令员兼政治委员，待令出动，赴朝作战。

在考虑是否出兵的问题上，苏联的援助及态度也一直是影响出兵的一个重要因素。10 月 8 日，周恩来代表中共中央前往苏联同斯大林、莫洛托夫等会谈抗美援朝和苏联给予中国军事援助及向志愿军提供空军掩护问题。斯大林表示：可以完全满足中国抗美所需的飞机、大炮、坦克等军事装备，但苏联空军尚未准备好，需两个月或两个半月才能出动空军支援志愿军的作战。② 在与苏联方面沟通的过程中，无论斯大林态度如何转变，我方的基本观点是明确的，即我们应当参战，必须参战，参战利益极大，对中国，对朝鲜，对东方，对世界都极为有利。反之，不参战损害极大，我们不出兵，让敌人压至鸭绿江边，国内国际反动气焰增高，则对各方都不利，首先是对东北不利，整个东北边防军将被吸住，南满电力将被控制。周恩来留在苏联继续争取苏联的援助。最后，得到的答复是：苏联将只派空军到中国境内驻防，两个月或两个半月后也不准备进入朝鲜境内作战。

针对这种情况，10 月 18 日，中央政治局由毛泽东主持再次研究出兵朝鲜的问题。周恩来介绍了同斯大林、莫洛托夫等会谈出兵援朝的情况。鉴于斯大林虽不同意出动苏联空军入朝掩护志愿军作战，但毕竟答应给中国提供军事援助，会议决定中国人民志愿军按预定计划于 19 日入朝作战。

其实，对于打与不打的问题，毛泽东也是思之再三。后来毛泽东对金日成讲起这件事，说："我们虽然摆了五个军在鸭绿江边，可是我们政治局

---

① 中共中央文献研究室编：《周恩来年谱（1949—1976）》（上），中央文献出版社 2007 年版，第 84 页。

② 中共中央文献研究室编：《毛泽东年谱（一九四九——一九七六）》第一卷，中央文献出版社 2013 年版，第 211 页。

总是定不了，这么一翻，那么一翻，这么一翻，那么一翻，嗯！最后还是决定了。"这是毛泽东自己对当年出兵朝鲜决策过程的形象描述。可见决策是何等的艰难！

中国确定出兵抗美援朝，这的确是一个令全世界为之震惊的决策。敢派兵跨出国门与美国乃至"十六国联军"打仗，下这个决心真是太不容易了。据毛泽东身边的工作人员回忆，毛泽东那几天一直无法入睡。"我在主席身边工作二十多年，记得有两件事是毛主席很难下决心的。一件是 1950 年派志愿军入朝作战，一件就是 1946 年我们准备同国民党彻底决裂。"①

3. 对抗美援朝的持续关注

1950 年 10 月 19 日黄昏，中国人民志愿军"雄赳赳，气昂昂，跨过鸭绿江"。"抗美援朝、保家卫国"的战略决策，是中共中央政治局根据当时的形势作出的，是基于支援朝鲜人民反抗美国侵略者和保卫中国国家安全的共同需要作出的。后来发表的《各民主党派联合宣言》说得好："朝鲜的存亡与中国的安危是密切关联的。唇亡则齿寒，户破则堂危。中国人民支援朝鲜人民的抗美战争不止是道义的责任，而且和我国全体人民的切身利害密切关联着，是为自卫的必要性所决定的。"这一决策，正确地把握了局部的当前的利益与根本的长远的利益的关系，是革命胆略和科学态度相结合的产物。周恩来曾说过，毛泽东下这个伟大的决心，是根据他科学的预见、实际的分析。

从战争特点来看，这场战争是新中国历史上的第一场反侵略战争，是新中国与美国互为主要对手的一场军事、政治、经济、外交的全面较量，是

---

① 胡乔木：《胡乔木回忆毛泽东》，人民出版社 1994 年版，第 92 页。

艰难的抉择

双方经济力量和军队武器装备对比悬殊、极不对称的一场战争。

美国决策者根本没有料到中国会出兵参战，战场上使用了除原子弹外的所有现代化武器，但是这场战争终于以中朝军队的胜利而结束。这个胜利，打破了美帝国主义不可战胜的神话。从此，帝国主义不敢轻易作侵犯新中国的尝试，我国经济建设和社会改革赢得了一个相对稳定的和平环境，这对于长期处于战乱的中国人民来说，是极其宝贵的。

抗美援朝的胜利，极大地增强了民族自信心和自豪感，极大地激发了中国人民的爱国热情和主人翁意识。工人、农民、知识分子、爱国的工商业者、各民主党派、各群众团体，都表现出高昂的爱国热情。从 1951 年 6 月发起捐献飞机大炮运动以来，仅一年多时间，全国人民的捐款总额就可以买3700 多架战斗机。著名豫剧演员常香玉为支援抗美援朝，率剧社巡回西北、中南、华南各地演出，以演出收入捐献"香玉剧社号"战斗机一架。这充分证明了毛泽东在《论持久战》里说过的话："战争的伟力之最深厚的根源，存在于民众之中。"

抗美援朝的胜利，极大地提高了中国的国际地位。以苏联为首的社会主义阵营国家对新中国在战争中的表现感到出乎意料，一再表示钦佩和感动，对华态度发生了积极变化。当时的美国军政首脑也惊叹中国军队的强大作战能力，开始认真对待中国共产党领导下的东方新崛起的亚洲大国。中国作为负责任的大国走上国际政治舞台，成为主持正义、维护世界和平的重要力量。

抗美援朝的胜利，对新中国发展的积极影响还体现在政治、经济、军事等领域。中国共产党在国际上的知名度和影响力也相应得到了提高，共产党在人民群众心目中的崇高威望和地位得以牢固确立。朝鲜战争对中国军队的现代化、正规化建设起到了直接的推动作用，使得我军逐步走上了国防现代化的道路。

抗美援朝是中国当代历史上的一件大事，关于朝鲜战争及抗美援朝的研究也是半个多世纪以来国际国内学术界经久不衰的课题。随着战争时期国内外各种史料档案的逐步公开，为我们了解战争的前因后果、决策过程及影响提供了重要的参考。

历史事实越来越清晰，理论研究也越来越深入，进入 21 世纪，各种观点之间也开始出现大的分歧。有的研究者在指出抗美援朝的重大意义的同时，也指出其局限及对新中国政治、经济、外交的消极影响；还有的研究者甚至走向极端，全面否定抗美援朝；有些人甚至说这是一场"失败"的战争。其中主要的分歧表现在以下几方面：

第一，抗美援朝出兵决策究竟对不对？有人认为，当时中国安全面临的威胁并不像毛泽东想象得那么严重，是毛泽东过分敏感，因为杜鲁门 1950 年 7 月 19 日在国会的演说中曾明确表示，美国对中国没有领土野心，美国不会侵犯中国。[①]

而事实究竟如何呢？除了以上分析的关于出兵决策的各种考虑外，其实，对于任何一个国家，当国家主权和安全面临威胁时，出兵是必然的。

美国学者斯通在《朝鲜战争内幕》一书中说："美国人应该扪心自问，如果一个超级大国的军队从海上进攻一个同美国友好的墨西哥政府、袭击得克萨斯州的边境城市，其军队统帅还不断以战争威胁美国，美国人该有什么表示呢？"这些评论是比较公正和客观的。[②]

第二，抗美援朝是否影响了我们解放台湾？有人认为，抗美援朝导致失去了解放台湾，实现国家完全统一的良机；主要理由是：其一，"朝鲜战争之前，美国在台湾岛和台湾海峡没有军队"。其二，"美国总统杜鲁门在 1950 年 1 月 5 日发表的声明中曾明确表示，美国无意保护台湾岛上中国国民党人的残余力量。国务卿艾奇逊也把台湾划在美国在亚洲的防御线之外"。

---

① 袁晞：《真相》，《随笔》1999 年第 6 期。
② 颜声毅：《朝鲜战争：俄罗斯公布秘密档案》，《国际展望》2000 年第 10 期。

其三，"战争爆发后，美国改变了战略方针，由于美国第七舰队插手，使中国无限期延缓了统一台湾的目标"。①

有的研究者对此观点进行了反驳，认为从地缘战略角度讲，抗美援朝保证和维护了我国地缘战略上的有利态势，对促进祖国统一大业意义重大。正是因为当年抗美援朝打出了国威、军威，我国又取得了地缘战略上的主动，美国才不敢小视我们，不敢对我轻举妄动，我们也可以更有力地以任何必要方式解决台湾问题。因此，关于抗美援朝"拖延了祖国统一"的说法，是十分片面的。这种说法，其实就是在假设当年如果中国不抗美援朝，中美之间、两岸之间就会万事大吉，这是十分天真的想法。朝鲜内战爆发，美军迅即派兵进入台湾海峡，这就给中国的统一带来巨大障碍。强敌介入，始终是我们实现祖国统一的障碍和威胁。就此而言，抗美援朝不仅不能说成是"拖延了祖国统一"，而且应当说从战略上有利于促进祖国统一大业。②

第三，抗美援朝是否妨碍了国内经济建设和社会进步？有人认为，战争阻滞了中国社会进步和发展。中国在朝鲜战争中的全部战争费用多达 100 亿美元。中国人流了很多血，损失了很多财产，虽然通过战争巩固了新政权，但客观的外国史家都认为战争的消极影响要多得多。③ 有人认为，朝鲜战争打乱了新中国的发展计划。在国家最需要资金和物资进行经济恢复的时候却又不得不应付战场的需要，这不能不影响到新中国成立初期国民经济的恢复工作，使开展大规模的工业化建设计划延迟实施；同样也影响了我国人民生活水平的提高。④

---

① 袁晞：《真相》，《随笔》1999 年第 6 期。
② 黄宏、郭凤海：《维护世界和平和我国国家安全的战略选择——抗美援朝战争及其历史价值》，《中共党史研究》2000 年第 6 期。
③ 袁晞：《真相》，《随笔》1999 年第 6 期。
④ 周才方：《试析朝鲜战争对新中国发展历程的影响》，《南京社会科学》2000 年第 12 期。

与此观点相反，有学者明确指出，是美国"阻滞了中国经济和社会进步"。新中国成立后，美国就开始对中国实行经济封锁、禁运，阻挠中国同世界各国交往，妄想把新中国扼杀在摇篮之中。抗美援朝战争开始后，更是加紧了它的这一罪恶活动。的确，有战争就有损耗，纵然如此，中国人民还是照样在前进，并未因抗美援朝战争而停止或减慢自己的步伐，抗美援朝战争中迸发出来的精神力量，不但对赢得战争胜利发挥了重大作用，同样，对促进国内政治经济建设也发挥了巨大作用。战争期间，全国人民的政治觉悟和生产积极性得到空前提高，在中国共产党的领导下，新生政权得到了进一步巩固，生产也得到了发展。[1]

重大历史事件的价值和意义要经过长期的历史积淀，才能被充分地揭示出来。抗美援朝战争是中国人民不得不打的一场战争，是新生国家捍卫自己主权的正义之战。抗美援朝战争的胜利，标志着中国共产党领导中国人民走上了自立、自强、实现伟大的民族复兴之路。正如彭德怀在《关于中国人民志愿军抗美援朝工作的报告》中所说："它雄辩地证明：西方侵略者几百年来只要在东方一个海岸上架起几尊大炮就可霸占一个国家的时代是一去不复返了，今天的任何帝国主义的侵略都是可以依靠人民的力量击败的。它也雄辩地证明：一个觉醒了的、敢于为祖国光荣、独立和安全而奋起战斗的民族是不可战胜的。"[2]

---

[1] 包国俊：《是真相还是谎言——军事历史学家孟照辉对〈真相〉一文否定抗美援朝战争的驳斥》，《瞭望时代周刊》2000年第23期。

[2] 彭德怀传记编写组：《彭德怀军事文选》，中央文献出版社1988年版，第445页。

第 四 章

是太快还是太慢？

——社会主义改造中的速度之争

在农业、手工业和资本主义工商业的社会主义改造过程中，由于党内对经济形势的不同判断，导致在农业合作化发展速度问题上出现了比较大的分歧，引起了一场争论。这场争论又进一步影响了资本主义工商业和手工业的改造速度，致使三大改造后期出现了改造过急、过快的情况。回顾三大改造过程中速度之争的始末与分歧，有助于全面总结三大改造的经验教训。

1. 农村合作化运动的稳步推进

1952 年末到 1953 年初，毛泽东在如何向社会主义过渡这个问题上产生了一些新的想法，逐渐改变了新民主主义社会理论的构想，提出了党在过渡时期的总路线。过渡时期总路线是党对生产资料私有制实行社会主义改造的纲领。总路线提出后，社会主义改造工作全面展开。

对农业的社会主义改造，在过渡时期总路线提出之前就已开始。在国民经济恢复时期，农村的互助合作运动发展较快。但当时主要还是初级形式的农业生产互助组。过渡时期总路线公布后，从 1953 年开始，党中央先后作出两个关于农业合作化的决议。第一个是 1953 年春发布的《中共中央关于农业生产互助合作的决议》，第二个是 1953 年底发布的《中共中央关于发展农业生产合作社的决议》，这两个决议确立了农业合作化"积极领导、稳步前进"的原则和方针。此后，农业集体化进入了发展以土地入股、统一经营为特点的具有半社会主义性质的初级农业生产合作社的阶段。据 1954 年底统计，互助组从 1951 年底的四百几十万个增加到近一千万个，初级社由 1951 年的三百多个增加到 1953 年的一万四千个，再到 1954 年秋的十万个和 1954 年底的四十八万个，参加互助合作的农户由 1952 年的二千一百万户增加到 1954 年底的七千万户，在全国农户总数中的比重由 19.2% 增加到 60.3%。[①]

总的来说，1955 年夏天以前，虽然在有些地区出现了急躁冒进的偏差，给工作造成了一定损失，但很快就得到了纠正。当时的许多统计材料表明，这段时间全国农业合作化的发展是健康的，组织起来的互助组和合作社 80% 以上都达到了增产增收的目的，而且呈现出高级社优于初级社、初级社优于互助组、互助组优于单干户的情况，初步显示了互助合作的优越性。

在领导农业社会主义改造的同时，中国共产党对个体手工业也进行了社会主义改造。引导手工业者的个体经济走合作化、集体化的道路，是中国共产党的一贯方针。新中国成立后到 1953 年，集中发展了一批手工业的供销、生产合作社。1953 年 11 月召开的第三次全国手工业生产合作会议制定了手工业改造的初步规划。根据手工业生产的特点，提出"积极领导，稳步前进"的方针。通过政治教育、典型示范和国家帮助的方法，提高手工业者的觉悟，使他们自愿地组织起来。在改造的组织形式上，主要有手工业生产小组、手工业供销合作社和手工业生产合作社；方法是从供销入手，实行生

---

① 胡绳主编：《中国共产党的七十年》，中共党史出版社 1991 年版，第 350 页。

产改造；步骤是由小到大，由低级到高级，逐步改变手工业的生产关系，逐步实现手工业生产的半机械化和机械化。由于采取了一系列正确措施，手工业的社会主义改造进展顺利，到 1955 年底，建立手工业合作社 6.8 万个，入社手工业者多达 220 万人。手工业生产合作社社员的劳动生产率和收入都远远高于同行业的个体手工业者。①

对资本主义工商业的社会主义改造，是生产资料私有制社会主义改造的一个重要内容。根据民族资产阶级具有两面性的特点和我国过渡时期的经济发展需要，中国共产党制定了对私人资本主义工商业的利用、限制、改造的政策，并经过对民族资产阶级的又团结又斗争，逐步地实现了这个政策。1953 年 10 月，根据陈云的建议，国家开始对粮食、棉花等主要农产品实行统购统销政策，以打击城乡资本主义的投机活动，切断资本家与农民的联系，保障人民生活的稳定和第一个五年计划的顺利进行。对资本主义工商业利用、限制、改造政策的确定和粮棉统购统销的实行，大大地加速了资本主义工商业改造的进程。在 1953 年底以前，以加工订货为主的初级国家资本主义形式得到发展。

2. 农业合作化的急躁冒进与"停、缩、发"方针

在社会主义改造顺利推进的同时，农业合作化开始出现急躁冒进的倾向。这种倾向在 1952 年初就已出现了苗头。1952 年冬到 1953 年春，老区新区的互助合作运动都不同程度地出现了盲目冒进倾向，主要表现为：贪大求快，重社轻组；违背自愿原则，强迫命令农民办社；不顾群众意愿盲目扩大公共积累，不尊重农民私人财产权；侵犯中农利益，打击单干农民；等

① 朱乔森：《中国共产党历史与经验》，中共中央党校出版社 2006 年版，第 81 页。

等。这些问题的存在影响了互助合作运动的健康发展，也极大地挫伤了农民的生产积极性，个别地方甚至出现了一冬无人拾粪、出卖牲口、砍树杀猪、大吃大喝等破坏生产的严重现象。

互助合作运动中的盲目冒进倾向引起了中央农村工作部部长邓子恢的高度关注。为引导互助合作运动的健康发展，1953年4月，中央农村工作部受中共中央委托，召开了第一次全国农村工作会议。会议传达了毛泽东提出的用10年至15年或者更长一点时间，在全国范围内基本完成农业社会主义改造的任务，讨论了改造小农经济的长期部署和措施，并对全国互助合作运动5年发展计划作出修订，把原计划5年组织起来的总农户数的80%缩减至老区70%—80%左右，新区50%—60%左右。

对于第一次全国农村工作会议作出的纠正急躁冒进倾向和压缩互助合作组织数量的做法，毛泽东是赞同的。但是，随着过渡时期总路线的正式提出和统购统销政策的实行，毛泽东对互助合作运动速度的看法发生了微妙变化。他认为，农业互助合作有必要加快发展，必须尽早实现合作化。

1953年10月15日，毛泽东找中央农村工作部的负责人谈话，指出："各级农村工作部要把互助合作这件事看做极为重要的事……对于农村的阵地，社会主义如果不去占领，资本主义就必然会去占领。"[1]可见，毛泽东已经将是否加快发展互助合作，作为判断走社会主义道路与走资本主义道路的标志之一了。

这次谈话后的第10天，中央农村工作部召开了第三次全国农村互助合作会议。这次会议虽然对1953年上半年纠偏整社作了肯定，承认纠偏是必要的，但重心却是对所谓的"小心拘谨"和"稳步而不前进"进行指责。毛泽东在会议期间对中央农村工作部负责人讲："'积极领导，稳步发展'，这句话很好。这大半年，缩了一下，稳步而不前进，这不大妥当。""本来可以

---

① 《毛泽东文集》第六卷，人民出版社1999年版，第299页。

发展的没有发展，不让发展，不批准，成了非法的。"① 毛泽东的这两次谈话之后，各地的农业合作化运动由互助组迅速向农业合作社发展，而且发展的势头越来越猛。

在 1954 年农业生产合作社的大发展中，有相当多的社是在条件不成熟的情况下强迫农民建立的，而这些社建立后管理工作粗糙，平均主义严重，结果许多社的基础并没有打好。加上这一年地方在粮食征购中又征了"过头粮"，农村的粮食供应发生严重危机，一时间造成了党、政府同农民的关系紧张。最严重的事例发生在浙江省，全省因统购顶牛而死者有 134 人，龙游县直接因粮食供应饿死 4 人。② 农业合作化运动和粮食征购中的强迫命令，引起了一些农民的强烈不满，他们对党的农村政策发生怀疑，甚至用大量出卖或屠宰牲畜等方式进行抵抗，少数地方还出现了农民骚动。

农村出现的紧张情况，引起了邓子恢的不安。1955 年 1 月 4 日，邓子恢以国务院第七办公室简报的形式，向中央报告了农业合作化运动的情况，并建议整个运动转向控制发展、着重巩固工作阶段。邓子恢的建议，得到了党中央的赞同。在刘少奇主持下，中央政治局开会，决定立即组织人员修改农业生产合作社示范章程草案，并于 1955 年 1 月 10 日、1 月 15 日和 2 月 15 日通过和下发了《关于整顿和巩固农业生产合作社的通知》《关于大力保护耕畜的紧急指示》和《关于在少数民族地区进行农业社会主义改造问题的指示》。这些文件正确分析了农村出现紧张局面的原因，决定当前的合作化运动基本上转入控制发展、着重巩固阶段。按不同地区，分别执行"停止发展、全力巩固、适当收缩、在巩固中继续发展"的方针。

当时，对于邓子恢反映的情况，毛泽东是相信的；对于他向中央提出的适当控制农业生产合作社发展速度的建议及中央据此制定的有关文件，也是

---

① 《毛泽东文集》第六卷，人民出版社 1999 年版，第 304 页。
② 《当代中国农业合作社》编辑室：《建国以来农业合作化史料汇编》，中共党史出版社 1992 年版，第 244 页。

赞同的。1955 年 3 月中旬，毛泽东找农村工作部的负责人谈工作，在听取汇报时，他强调，农业生产合作社的发展方针是三字经，"叫一曰停，二曰缩，三曰发"。这就是后来所说的"停、缩、发"的方针，即东北、华北一般要停止发展；浙江、河北两省收缩一些；其他地区（主要是新区）再适当发展一些。

1955 年 4 月，中央农村工作部召开第三次全国农村工作会议。邓子恢在开幕词中肯定了 1954 年农业合作化的成绩是主要的，同时认为合作化存在三个问题：（1）原定的发展 60 万个社的计划大了一点，原因是对主观力量估计过高，对群众觉悟估计过高，把办社看得太容易了。（2）违反自愿互利原则。在土地评产、土地劳力分红比例、耕畜树木入社等问题上有侵犯中农利益的现象。（3）有些工作没有走群众路线。这些问题都是"左"的错误。他认为今后总的方针应是"停止发展，全力巩固"。发展过大的要适当收缩。秋后如何发展，看情况再定。在这个精神指导下，个别地方如浙江省解散了不具备条件的近 2 万个农业合作社。[1] 这在一定程度上缓和了农村的紧张局势。

3.批判"小脚女人走路"

1955 年春毛泽东视察南方后，对农村粮食形势和农业合作化发展问题作出了新的观察和判断，态度发生改变。由此引发了党内高层关于农业合作化发展速度问题的争论，对社会主义改造的进程产生了消极影响。

在 1955 年 4 月到 5 月间的南方考察中，毛泽东看到沿途麦子长得半人深，认为大部分农民的生产积极性很高。他还发现不少地方同志办合作社是积极的，合作社并不存在办不下去的情况。各地报送的材料以及当面听取一

---

① 金春明：《中华人民共和国简史》，中共党史出版社 2001 年版，第 58 页。

些基层同志的汇报，也使毛泽东感到以往对农村粮食紧张形势的估计过于严重。据此，毛泽东认为，所谓缺粮，大部分是虚假的，是地主、富农以及富裕中农的叫嚣。党内也有人反映中农不赞成搞社会主义的情绪。这不仅使他改变了对春季农村形势的看法，而且开始用阶级斗争的观点看待来自各方的对农村形势的估量。以此为转折点，毛泽东开始对"停、缩、发"的方针进行调整，并对中央农村工作部的态度由支持、赞同转为反对、批判。

5 月 17 日，中央召开 15 省市党委书记会议，讨论农业合作社发展工作。毛泽东开始重新解释他提出的"停、缩、发"的方针，强调缩必须按实际情况。新解放区就是要发，不是停，不是缩，基本是发；有的地方也要停，但一般是发。这实际上把"停、缩、发"的方针倒了过来，重点放在了"发展"上。

6 月 14 日，中央政治局会议提出要把现有的社巩固起来，同时注意发展新社的工作，预期在 1956 年秋收前全国达到 100 万个农业生产合作社。6 月下旬，毛泽东约邓子恢谈话，提出：下年度，农业生产合作社发展到 100 万个，同现有的 65 万个社比较，只增加 35 万个，即只增加半倍多一点，似乎少了一点，可能需要比原有的 65 万个增加一倍左右，即增加到 130 万个左右的合作社。邓子恢则认为，还是维持 100 万个的计划比较好。为此，双方发生了争论。毛泽东和邓子恢谈话的消息传到中央农村工作部后，有人甚感吃惊，他们对邓子恢说，何必为这 30 万个社的数字去同毛泽东争呢？这不是去冒险吗，为什么要冒这个险？邓子恢苦笑着说：这不是几十万个社的问题，要紧的是他认为办社的条件都是不必要的，这怎么能不讲清楚呢？①

7 月 11 日，毛泽东又一次约见了邓子恢，同时参会的还有陈伯达、廖鲁言、刘建勋、谭震林和杜润生等。毛泽东再次重申了自己对农业合作化的见解和主张，并严厉批评了邓子恢等人。毛泽东对邓子恢坚持己见甚为生气，对中央秘书长邓小平说："邓子恢的思想很顽固，得用大炮轰！"

---

① 《邓子恢传》编辑委员会编：《邓子恢传》，人民出版社 1996 年版，第 294 页。

7月18日，毛泽东写信给杜润生，要他将第三次全国农村工作会议的各项材料，如报告、各人发言和结论"送我一阅"①。根据这些材料和邓子恢几次谈话的内容，他开始着手撰写《关于农业合作化问题》一文。

7月31日，各省、市、自治区党委书记会议在北京召开，毛泽东在会上作了《关于农业合作化问题》的报告。报告一开头，就对邓子恢等人所谓的"右倾错误"作了严厉批评："在全国农村中，新的社会主义群众运动的高潮就要到来。我们的某些同志却像一个小脚女人，东摇西摆地在那里走路，老是埋怨旁人说：走快了，走快了。过多的评头品足，不适当的埋怨，无穷的忧虑，数不尽的清规和戒律，以为这是指导农村中社会主义群众运动的正确方针。"② 毛泽东在报告中对中央农村工作部1955年3月提出的巩固整顿合作社的意见作了公开的批评，并将他与邓子恢等人在发展农业合作社问题上的分歧上升到了"两条路线的分歧"的高度。这样，就把工作中关于合作化发展速度这类正常党内争论，夸大成为两条路线的分歧，使多年来形成的比较健康的党内民主生活开始出现不正常现象。

《关于农业合作化问题》的报告在各地传达以后，全国随即开始在农业合作化问题上批判"小脚女人"，开展所谓"反右倾"的斗争。接着，在10月召开的扩大的党的七届六中全会上，毛泽东作了《农业合作化的一场辩论和当前的阶级斗争》的报告。在通过的决议中，把邓子恢和中央农村工作部的"错误"性质确定为"右倾机会主义"，强调"只有彻底地批判了这种右倾机会主义，才能促进党的农村工作的根本转变"。

12月，毛泽东在主持选编的《中国农村的社会主义高潮》一书所写的序言和按语中，不但对合作化中的所谓"右倾机会主义"给予了更尖锐的批评，而且还认为在其他许多方面的工作中也有"右倾保守思想"在作怪，从

---

① 薄一波：《若干重大决策与事件的回顾》上卷，中共中央党校出版社1991年版，第343—345页。

② 《毛泽东文集》第六卷，人民出版社1999年版，第418页。

而使"反右倾保守"的范围扩大开来。

坦率地讲，毛泽东和邓子恢在积极发展农业生产、促进农业合作化良性有序发展的目标和方向上并无分歧。双方争论的本质是两种指导思想之争。从1953年第一次全国农村工作会议开始，邓子恢就主张，中国互助合作运动要采取稳步前进的方针，绝不能操之过急。毛泽东虽也讲过要稳步前进，但其基本指导思想却是在强调，"办得好，那是韩信点兵，多多益善"，"翻一番，摊牌；翻两番，商量"，"超额完成，情绪很高"。① 因此，从具体表现来看，邓子恢更多地强调加快合作化发展步伐必须有足够的客观条件支撑，而目前这些条件并不具备；毛泽东则强调加快合作化发展步伐的主观条件已然成熟，不能挫伤群众走社会主义道路的积极性。

4. 三大改造的超高速发展

不切实际地强调"反右倾"，错误地批判所谓"小脚女人"，助长了本来在党内已经存在的贪多求快、急于抢先的"左"倾思想的发展，导致农业社会主义改造的步伐大大加快。毛泽东《关于农业合作化问题》的报告虽然着重批评"右倾保守"，但是，他仍然肯定要准备用18年的时间基本上完成对农业的社会主义改造，仍然肯定要采取逐步前进、由低到高的办法，仍然肯定要按照实际情况规定发展合作社的控制数字。然而，在猛烈批判"右倾机会主义"的政治氛围下，这样的预计实际上不再成为指导运动的方针。而且在实际工作中出现了完全不顾这些方针和计划的超高速发展。

到1956年6月底，全国入社农户已经达到一亿一千多万户，占农户总

---

① 薄一波：《若干重大决策与事件的回顾》上卷，中共中央党校出版社1991年版，第349—350页。

数的 92%。接着，在全国农村迅速形成了一个由初级社向高级社发展的新高潮。6 月，全国人民代表大会第一届第三次全体代表会议通过并公布了《高级农业生产合作社示范章程》。这个章程规定了高级社的管理制度和分配原则，各地农业社根据这个章程，有步骤地进行了一段整顿和巩固工作。到了 9 月，各地又继续进行扩社、并社和由初级社转为高级社的工作。到 1956 年底，加入合作社的农户达到全国农户总数的 96.3%，其中参加高级社的农户占全国农户总数的 87.8%。这表明，我国的农业社会主义改造在全国范围内已经基本上完成。原来预计 18 年完成的农业合作化，仅仅用了 7 年时间，提前 11 年完成了。①

在农业合作化高潮兴起之后，中共中央决定加快资本主义工商业的改造。1955 年 10 月底，毛泽东等中共中央领导人邀请全国工商联执委会的委员，座谈私营工商业的社会主义改造问题。毛泽东要求工商业者认清社会主义发展的规律，掌握自己的命运。1955 年 11 月 16 日至 20 日，中共中央政治局召集有各省、市、自治区党委代表参加的资本主义工商业改造的会议，讨论并通过了《中央关于资本主义工商业改造问题的决议（草案）》。在农业合作化高潮的推动和重点企业公私合营工作的基础上，《决议》确定私营工商业社会主义改造由个别企业的公私合营推广到全行业公私合营的阶段。这是对资本主义工商业进行社会主义改造的具有决定意义的重大步骤。毛泽东在会议的最后一天发表讲话，特别强调要加快资本主义工商业的改造步伐。11 月 1 日至 21 日，中华全国工商业联合会第一届执行委员会第二次会议在北京举行。会议传达了毛泽东的讲话。陈云、陈毅到会分别作了《关于资本主义工商业改造问题的报告》和《关于资本主义工商业社会主义改造的若干思想问题的报告》。全国工商联发表《告全国工商界书》，号召工商界人士认清自己的前途和命运，接受社会主义改

---

① 胡绳主编：《中国共产党的七十年》，中共党史出版社 1991 年版，第 358 页。

造。从此，资本主义工商业的社会主义改造进入高潮。

1956 年 1 月 10 日，北京市率先宣布全部实现全行业公私合营。接着，天津、西安、沈阳、重庆、武汉、广州、上海等大城市，相继实现了全行业公私合营。到 1956 年 1 月底，全国大中城市基本实现了全行业公私合营。

继农业和资本主义工商业社会主义改造的高潮后，又掀起了手工业社会主义改造的高潮。1955 年 11 月 24 日，陈云向有关部门打招呼："手工业改造不能搞得太慢了"，"如果手工业这方面的改造速度慢了，那就赶不上了"。12 月 5 日，中央召开座谈会要求各条战线批判"右倾保守"思想。会议批评了手工业社会主义改造"不积极，太慢了"，并要求手工业合作化到 1957 年达到 70% 到 80%。[①]

1955 年 12 月，中央手工业管理局和中华全国手工业合作总社召开第五次全国手工业生产合作会议。会议研究了国民经济的发展对手工业提出的任务，制定了手工业社会主义改造的全面规划，并着重批判了怕背供销包袱而不敢加快手工业合作化步伐的"右倾保守"错误。1956 年 1 月，中共中央批转了这次会议的报告，指出：由于农业合作化运动和资本主义工商业改造发展很快，要求手工业合作化加快速度，规定手工业合作化必须同农业合作化和资本主义工商业的改造同时完成。

1956 年春，全国范围的手工业社会主义改造高潮开始出现。3 月，毛泽东在国务院有关部门汇报手工业情况时，作了《加快手工业的社会主义改造》的指示。他认为，个体手工业的社会主义改造，1956 年基本上可以搞完，并就手工业生产合作社的规模、生产发展速度、半机械化和机械化等问题作了指示。此次指示之后，手工业合作化发展速度更猛、更快。1955 年底，全国组织起来的手工业者约 200 万人，占当时手工业从业人员总数的

---

① 薄一波：《若干重大决策与事件的回顾》上卷，中共中央党校出版社 1991 年版，第 448 页。

25.47%。在农业和资本主义工商业改造高潮的影响下，到 1956 年 4 月，这个比例达到 90%。① 这样，原计划在第二个五年计划的中期，在全国范围内基本上完成的手工业合作化，在农业和资本主义工商业社会主义改造高潮的推动下，也基本上完成了。

由于加快了改造的速度，我国在很短的时间内就基本上完成了对生产资料私有制的改造。社会主义改造虽然取得了不小的成绩，但这种超高速度的发展不可避免地带来了一些"后遗症"。

我国仅用四五年的时间，就把五亿农民从私有制转变为了社会主义集体所有制。虽然总体来说比较成功，为社会主义建设提供了物质保证，但由于中后期速度过快、形式过于单一，致使遗留的一些问题长期未能很好地解决。这种过快过急的发展，一定程度上挫伤了农民的生产积极性，影响了农业生产，导致农业增长速度缓慢。许多农民只是迫于合作化高潮形势的压力才勉强入社的，以致在 1957 年春夏期间出现了闹退社的风潮。

在资本主义工商业的社会主义改造中，由于缺乏必要的准备，改造过于匆忙，导致很多地方和行业没有及时进行清产核资和生产安排，而是一窝蜂式地进行了改造。改造过程中，又把许多不该合并的合并了，不该分开的分开了，打乱了原有企业长期建立的供销渠道、生产协作和赊销关系，造成供产销的严重脱节。有些合并后的工商业，失去了原有的特色。此外，公私合营后城市居民区的一些商业网点撤并的比较多，直接影响到人民群众的日常生活，等等。

手工业的社会主义改造同样存在一些问题。由于改造速度过快过猛，有的城市集中并大社，社员人数最多的竟高达一千四百余人。有的省组织的综合社包括十几个行业，跨地区的社纵横达几十公里，发一次工资骑自行车

---

① 薄一波：《若干重大决策与事件的回顾》上卷，中共中央党校出版社 1991 年版，第 327 页。

要跑上几天的路。许多城市把遍布居民区的修理服务性行业归类合并,只设少量门市部,给居民生活带来了不便。许多合作社由于统一经营一时建立不起来,个人又不能接受零散订货,原来的供销协作关系中断了,致使生产停顿。盲目的集中合并,使手工业合作化虽然在形式上完成了,但种种流弊随之出现,导致生产萎缩,群众不方便,国家也增加了包袱。①

5. 社会主义改造的反思

社会主义改造中的速度之争及由此带来的超高速发展,使得社会主义改造后期的工作过于急躁和粗糙,出现了偏差与失误。为什么在社会主义改造后期会出现这种超高速发展呢?由正常发展转向超高速发展是什么原因导致的?究竟如何看待和评价三大改造呢?这都是需要认真思考和回答的问题。

社会主义改造后期出现超高速发展的局面有其深刻原因:

第一,过多强调生产关系的变革,忽略了生产力水平低对生产关系改造的速度和程度有制约的一面。在经济依然落后的情况下,不能一味追求生产关系的提高而不顾生产力发展的水平。应该说,过渡时期的总路线是一条社会主义工业化和社会主义改造同时并举的路线,但不可否认的是,在贯彻总路线的实际过程中,片面地强调生产资料所有制改造的意义和作用,结果导致社会主义改造脱离了工业化这个中心而高度发展,超前实现,使建立起来的社会主义制度缺乏坚实的物质基础,生产关系的变革逐渐脱离了社会生产力的发展水平。1955 年夏季以后,毛泽东在如何看待农业合作化发展的问题上,对生产力与生产关系之间相互关系的认识上发生了改变。他希望用

① 庞松、陈述:《中华人民共和国简史》,上海人民出版社 1999 年版,第 179 页。

最短的时间达到最快地发展生产力的目的，而达到这个目的的途径，就是必须尽快地改变生产关系。在当时情况下，过分强调高级社的形式，脱离了当时农村生产力的实际水平，失误不可避免。

第二，对经济、科学、文化比较落后的中国向社会主义过渡的艰巨性、长期性缺乏足够的认识和估计。当时，对什么是社会主义社会、怎样建设社会主义没有完全搞清楚，在这种情况下急于进入社会主义，很难避免认识上的盲目性。比如在对过渡时期主要矛盾和主要任务的认识上，过分强调了无产阶级和资产阶级的矛盾，过高估计了群众的社会主义积极性，同时又错误地只反右不反"左"，批判并不存在的"右倾机会主义"，试图通过抓两条路线斗争来推动社会主义改造，结果适得其反。

第三，对资本主义经济和个体经济在中国过渡时期的积极作用，以及在一定范围内保留一部分资本主义经济和个体经济的必要性和重要性认识不够。由于过分强调要使资本主义和小生产绝种，强调要从资本主义迅速过渡到社会主义，造成了夸大资本主义成分消极作用的倾向，把个体经济和正当的家庭副业统统加以革除。对资本主义经济和个体经济消极作用的片面认识，是社会主义改造加速进行的一个重要因素。

第四，苏联模式的束缚和限制。当时，苏联模式在社会主义阵营中被当作社会主义的唯一正确的选择，中国在向社会主义过渡的过程中自然也会很容易地将其当作自己的蓝本。例如，在农村集体经济的经营管理方面，也照搬苏联集体农庄的经验，盲目追求集中和统一经营，忽视了把所有权和经营权分开，发挥社员个人和家庭经营的积极性，妨碍了农业生产的发展。盲目照抄照搬苏联模式是造成我国社会主义改造后期速度过快的重要原因。

虽然超高速发展给社会主义改造带来了消极影响，但社会主义改造的历史价值和功绩应该得到充分肯定。

三大改造的基本完成，是新中国成立后国家和党的历史上的重要里程碑。对农业、手工业和资本主义工商业实行社会主义改造任务的基本完成，表明我国生产资料私有制的社会主义改造已经基本完成，我国的社会主义革命取得了伟大胜利。经过三大改造，在我国经济结构中，社会主义性质的国营经济和集体所有制经济占了绝对的优势。这种经济结构的根本性变化，使我国的生产关系结构发生了根本性的变化。工人阶级和资产阶级之间、社会主义道路和资本主义道路之间的矛盾基本解决，从新民主主义向社会主义转变的历史任务已经胜利完成，社会主义制度在我国已经基本确立。这一历史性的变化，调动了广大人民群众的社会主义积极性，为我国社会生产力的发展开辟了广阔的道路。尤其是社会主义改造过程中创造了一系列从低级到高级的改造形式，走出了一条有中国特色的社会主义改造道路，丰富和发展了马克思主义关于社会主义改造的理论。特别是对资本主义工商业的社会主义改造利用各种形式的国家资本主义，把对企业的改造和人的改造结合起来，成功地实现了马克思和列宁曾设想过的对资产阶级的和平赎买，并把资本家改造成为自食其力的劳动者，这是一个伟大的创举。

社会主义改造还对国家工业化的建设和促进生产力的发展起了积极作用。首先，是为工业化所需资金的积累和市场的稳定提供了保证。其次，对私营工商业的改造，国家把企业的供应、生产、销售环节纳入了计划，统筹安排生产，使企业摆脱了生产、经营和销售方面的困难，设备利用率和劳动生产率有了极大的提高。因此，"整个来说，在一个几亿人口的大国中比较顺利地实现了如此复杂、困难和深刻的社会变革，促进了工农业和整个国民经济的发展，这的确是伟大的历史性胜利"①。

---

① 《关于建国以来党的若干历史问题的决议》，人民出版社 1981 年版，第 14 页。

第 五 章
欲速则不达
——"三面红旗"的起落

在经济建设问题上,是保守好还是冒进好呢?答案似乎是显而易见的,两者都不好,都要反对。但得出这样的结论却不容易。

关于反保守还是反冒进的争论,从1955年起至1958年长达三年的时间里,在党内高层从来就未停止过。

冒进的最突出表现是提出"三面红旗":总路线、"大跃进"和人民公社。高举"三面红旗",呕心沥血谋跃进,结果是犯了急于求成的错误,一心求快求富求强的人们终究是欲速则不达,付出了惨痛的代价。

1. 反保守还是反冒进:"三面红旗"提出前的一场论争

1955年底,在社会主义改造即将取得决定性胜利的时候,毛泽东对社会主义建设的速度作了不切实际的估计,萌发出冒进的情绪。

毛泽东在为《中国农村的社会主义高潮》一书所写的第二篇序言中指出,农业集体化运动迅速进展的事实告诉我们:

"中国的工业化的规模和速度,科学、文化、教育、卫生等项事业的发展的规模和速度，已经不能完全按照原来所想的那个样子去做了，这些都应当适当地扩大和加快。"①《人民日报》旋即便在 1956 年元旦发表社论，向全国人民传达了党中央发出的又多、又快、又好、又省地发展社会主义事业的号召。此后一段时间内，提倡冒进、批判"右倾保守思想"几乎成了国内舆论的主题。

针对经济建设中出现的急躁冒进情绪，周恩来总理于 1956 年初在不同的会议上进行了批评：

"我们应该努力去做那些客观上经过努力可以做到的事情，不这样做，就要犯右倾保守的错误；我们也应该注意避免超越现实条件所许可的范围，不勉强去做那些客观上做不到的事情，否则就要犯盲目冒进的错误。"②

"各部门订计划，不管是 12 年远景计划，还是今明两年的年度计划，都要实事求是。当然反对右倾保守是主要的，对群众的积极性不能泼冷水，但领导者的头脑发热了的，用冷水洗洗，可能会清醒些。各部专业会议提的计划数字都很大，请大家注意实事求是。"③

毛泽东对此不以为然，对周恩来等人的"反冒进"进行了委婉的批评，指出："要保护干部和人民群众的积极性，不要在他们头上泼冷水。"④

此时，毛泽东和周恩来等人在反保守还是反冒进方面的分歧逐步显现出来。

在新指标的制定上，周恩来主张贯彻积极稳妥的方针，计划指标要留有余地，要注意综合平衡，要降低过去确定的不切实际的指标。毛泽东则在

---

① 毛泽东：《〈中国农村的社会主义高潮〉的序言》，见《建国以来毛泽东文稿》第 5 册，中央文献出版社 1991 年版，第 485 页。

② 周恩来：《政治报告——1956 年 1 月 30 日在中国人民政治协商会议第二届全国委员会第二次全体会议上》，人民出版社 1956 年版，第 33 页。

③ 《周恩来选集》下卷，人民出版社 1984 年版，第 191 页。

④ 毛泽东：《在中国共产党第八届中央委员会第二次全体会议上的讲话》，1956 年 11 月 15 日。

党的八届二中全会上的总结讲话中指出："我们的计划经济，又平衡又不平衡，平衡是暂时、有条件的"，而不平衡则是绝对的。"净是平衡，不打破平衡，那是不行的。"①

毛泽东认为，"把反对右倾保守思想作为党的第八次全国代表大会的中心问题，要求全党在一切部门中展开这个斗争"②。周恩来则力促把反对急躁冒进的内容写进新的国家决算和预算报告中。经过周恩来、李富春、李先念等人的共同努力，李先念在 1956 年 6 月召开的全国人大一届三次会议上所作的《关于 1955 年国家决算和 1956 年国家预算的报告》中明确指出："生产的发展和其他一切事业的发展都必须放在稳妥可靠的基础上。在反对保守主义的时候，必须同时反对急躁冒进的倾向，而这种倾向在过去几个月中，在许多部门和许多地区，都已经发生了。急躁冒进的结果，并不能帮助社会主义事业的发展，而只能招致损失。"

根据周恩来等人的正确意见，中共中央宣传部起草了题为《要反对保守主义，也要反对急躁情绪》的《人民日报》社论。社论强调既要反对右倾保守思想，又要反对急躁冒进思想。但当周恩来把这个社论送审时，毛泽东就在社论上批示"不看了"，表示了对其内容的不满。毛泽东后来在南宁会议上说，6 月 20 日的社论是骂他的，因为他写了《中国农村的社会主义高潮》序言，骂他的东西为什么要看？毛泽东对《人民日报》社论的不满，表明了他同周恩来等人在经济建设方针问题上的分歧。③

可以说，在 1957 年之前，关于反保守和反冒进的争论是和风细雨式的，采取的批评方式也是委婉的。这主要是因为：

---

① 毛泽东：《在中国共产党第八届中央委员会第二次全体会议上的讲话》，1956 年 11 月 15 日。

② 周恩来：《关于知识分子问题的报告》，见《周恩来选集》下卷，人民出版社 1984 年版，第 159 页。

③ 谢春涛：《大跃进狂澜》，河南人民出版社 1990 年版，第 11 页。

一是当时党内是比较民主的，采取的是中央集体领导制，实行少数服从多数的组织原则。

二是 1955 年以来，经济建设中确实出现了急躁冒进的情绪，并造成国民经济比例关系失调的困难局面。这是毛泽东、周恩来等人的共识，必须予以改变，只是他们关于改变局面的方法、方式有所差异。

党的八大批准了 1956 年 9 月周恩来提交的《关于发展国民经济的第二个五年计划的建议的报告》，采纳了其倡导的既反保守，又反冒进，即在综合平衡中稳步发展的经济建设方针，很大程度上纠正了 1956 年经济建设方面的急躁冒进错误，为 1957 年国民经济的平衡稳步发展提供了有效保证。

客观地说，这种既反保守又反冒进的经济建设方针是积极稳妥、平衡协调的。它既有利于克服党的领导人在取得民主革命和社会主义改造的胜利之后所产生的盲目自信、急于求成的冒进倾向，又能充分调动人民大干社会主义的热情，有力推动经济建设的快速发展。

当然，这个方针的制定和完成也并不是一帆风顺的，是党内高层长期以来关于反保守还是反冒进之争后的民主决策的结果。

可到了 1957 年，这个正确的经济建设方针及其产生的党内民主决策环境，都发生了重大改变。

1956 年，国际国内形势风云突变。国际上，社会主义阵营内部发生了波兰和匈牙利事件；在国内，由于 1956 年改造过急过快导致了农民的不满，引发了农民闹退社风潮。

这两件事的发生彻底改变了毛泽东对反冒进的态度。

毛泽东认为，国内事件发生的主要根源就是 1956 年以来经济建设方面的反冒进所致，反冒进不仅是导致中国发展缓慢的经济问题，而且成了危及社会主义安全的政治问题。他第一次公开明确地对几年来的反冒进进行了严厉的指责与否定。

此后，无人再敢提反冒进。相反，被"压抑"已久的冒进终于可以肆无忌惮地发挥了。

同时，国际上波兰、匈牙利事件的发生为我国"反右派"斗争提供了错误的事实依据。中国共产党人没能积极借鉴波匈事件的经验，不但没有从正确处理人民内部矛盾问题上找原因，反而得出了"东欧一些国家的基本问题就是阶级斗争没有搞好"这一结论。随后开展的"反右派"斗争，严重地破坏了党内民主，中断了党集思广益、听取不同意见的渠道，为日后"三面红旗"的提出扫除了思想上、组织上的障碍。

2．一年"升起"三面旗

在党的八大制定的既反保守又反冒进的经济建设方针的指导下，中国社会主义建设在正确的轨道上稳步前进，全国人民的建设热情空前高涨，中国社会主义建设完全有可能以比第一个五年计划高得多的速度来进行。

在 1957 年 9 月到 10 月召开的党的八届三中全会上，当听到有的地方领导人重提多快好省时，毛泽东很兴奋，再次对 1956 年"反冒进"不提多快好省的口号进行了批评，并提议恢复这个口号，得到与会者的响应。

作为第一面旗帜的社会主义建设总路线，伴随着冒进之风率先形成。

1958 年元旦，《人民日报》发表《乘风破浪》的社论，提出"必须鼓足干劲，力争上游，充分发挥革命的积极性创造性，扫除消极、怀疑、保守的暮气"。1958 年 2 月 3 日《人民日报》发表社论，题为《鼓足干劲，力争上游！》，号召全国人民"鼓起革命干劲，打破一切右倾保守思想，力争上游，又多又快又好又省地进行社会主义建设"。这个社论比较完整地概括出了总路线的基本内容。

同时，毛泽东趁热打铁，连续召开政治局扩大会议，促进了总路线的形成。

1958年1月，中央在南宁召开政治局扩大会议。在会上，毛泽东对"反冒进"进行了清算，指出："反冒进是非马克思主义的，冒进是马克思主义的。"在批评1956年6月20日《人民日报》发表的题为《要反对保守主义，也要反对急躁情绪》的社论的基础上，毛泽东警告说，反冒进者离右派只有50米远了，今后不许再提反冒进。

同年3月4日，中央在成都召开政治局扩大会议，着重讨论了建设路线问题。毛泽东在会上发表多次讲话，号召人们破除迷信，解放思想，敢想敢说敢干，完整地提出了"鼓足干劲，力争上游，多快好省地建设社会主义"的总路线。至此，总路线的概念已经形成。

同年5月，在党的八大二次会议上，刘少奇正式宣布通过"鼓足干劲，力争上游，多快好省地建设社会主义"的总路线。从此，这条总路线成为中国共产党领导全国各族人民进行全面社会主义建设的一面旗帜。

社会主义建设总路线的提出，体现了党的主要领导人急于改变中国落后面貌的主观愿望，代表了人民群众渴望脱贫致富的心声，也在一定程度上注重了对农、轻、重关系以及中央和地方关系的正确处理，具有一定的积极意义。

但是，在急躁冒进的思想指导下形成的总路线，具有急于求成、过分夸大人的主观能动作用、违背客观经济规律的致命缺陷。它的执行，也难免会使我国的社会主义建设事业出现失误。

作为第二面旗帜的"大跃进"，在社会主义建设总路线的指导下应运而生。

在当时的历史条件下，"快"是社会主义建设总路线的中心环节和核心内容。正如中央报刊公开宣传的那样："用最高的速度来发展我国的社会生产力，实现国家工业化和农业现代化，是总路线的基本精神。它像一根红线，贯穿在总路线的各个方面。""速度是总路线的灵魂"，"快，这是多快好省的中心环节"。①

不难理解，在这种总路线的指导下，以快为标志的"大跃进"便自然而然地发生了。

"大跃进"率先从农业开始，首次"大跃进"口号的提出也始于农业"大跃进"。

1957年9月到10月召开的党的八届三中全会上，经毛泽东倡导，会议决定在农村开展一次关于农业生产建设的大辩论，以推动农业的迅速发展。

根据这个精神，1957年11月13日的《人民日报》发表了名为《发动全民，讨论四十条纲要，掀起农业生产新高潮》的社论。社论说："有些人害了右倾保守的毛病，像蜗牛一样爬行得很慢。他们不了解农业生产合作化以后，我们就有条件也有必要在生产战线上来一个大的跃进。这是符合客观规律的。"

毛泽东对"大跃进"这个口号非常感兴趣，并赞许说，这是个伟大的发明，它剥夺了反冒进的口号。

1958年5月召开的党的八大二次会议指出："1958年的春天，这是我国社会主义建设开始全面跃进的春天，无论工业、农业和其他事业，都有比以前更大更快的发展。"大会正式宣布我国社会主义建设已进入"一天等于二十年"的伟大时期。由于这是党的全国代表大会的决定，所以，总路线和"大跃进"的口号，从此响遍全国的各个角落，也标志着"大跃进"运动的正式发动。

根据这次会议精神，"大跃进"运动在全国范围内、在各条战线上全面开展起来。在"一天等于二十年"口号的感染下，各地片面追求高速度，不切实际地提高计划指标之风愈演愈烈。主要表现为：在农业方面，提出"以粮为纲"的口号，要求五年、三年甚至一两年达到十二年农业发展纲要规定

---

① 《力争高速度》（社论），《人民日报》1958年6月21日。

的粮食产量指标。在工业方面，提出"以钢为纲"的口号，要求七年、五年以至三年内提前实现原定的十五年钢产量赶上或者超过英国的目标。

高指标是上级定的，必须完成。但经济规律是客观的，无法超越。怎么办？

浮夸风，这一特殊的武器在特殊的历史时期应运而生。

在高指标的压力下，各地掀起了大办工厂、虚报工业产量、竞放农业高产"卫星"的浪潮。

工业方面，仅从甘肃省1958年提供的数据，就可窥豹一斑：1958年1月到3月，该省办厂1000多个；3月到5月，建厂3500个；5月到6月，全省厂矿数目猛增到220000个。[①] 各地工业发展速度之快，令《人民日报》的评论员也为之激动，发出了"只怕想不到，不怕做不到"的感慨。[②]

农业方面，1958年夏收期间出现了竞放高产"卫星"的壮观景象：从河南遂平县卫星农业社首放亩产小麦3030斤的"卫星"，到青海柴达木盆地赛克什农场第一生产队创纪录的亩产小麦8586斤，再到广西环江县红旗人民公社亩产稻谷130435斤的最高数字。

一时间，浮夸风之狂热，到了无以复加的程度。《人民日报》的评论说："人有多大胆，地有多大产"[③]，"我国粮食要增产多少，是能够由我国人民按照自己的需要来决定了"，"只要我们需要，要生产多少就可以生产多少粮食出来"。[④]

假作真时真亦假。浮夸风吹出来的工农业产量方面的繁华假象竟然使许多中央和地方的领导人信以为真，并以此为依据继续提高计划指标，以争取早日实现"超英赶美"的宏伟目标。

---

① 中共甘肃省委工业交通部：《全民大办工业的基本总结》，《红星》1958年第2期。

② 《紧紧抓着钢铁生产》（社论），《人民日报》1958年8月27日。

③ 《祝早稻花生双星高照》（社论），《人民日报》1958年8月13日。

④ 《今年夏季大丰收说明了什么》（社论），《人民日报》1958年7月3日。

1958 年 8 月，中央政治局扩大会议在北戴河召开，会议修订了第二个五年计划完成时（1962 年）的各项主要指标，均在党的八大二次会议上确定的 1962 年主要指标的基础上翻了一番以上，而这个指标的大幅度变化仅用了三个月时间。为实现 1962 年主要指标翻一番的任务，会议决定更改 1958 年的各项主要计划指标。其中，把钢产量指标从原计划的 620 万吨提高到 1070 万吨。

1958 年计划指标的中途更改，使得 1958 年仅余下的四个月时间显得捉襟见肘。于是，全国掀起了全民大炼钢铁的群众运动，由各级党委第一书记挂帅，动员了约九千万人上山砍树挖煤，找矿炼铁，建起上百万个小土高炉、小土焦炉，用土法炼钢炼铁。

以轰轰烈烈全民大炼钢铁为标志，"大跃进"运动进入高潮。

"大跃进"运动的产生，从主观上看，反映了党的主要领导人急于把祖国建设好的良好初衷。从客观上看，美国的封锁和苏联等社会主义国家跃进模式的影响是诱发中国"大跃进"的重要原因，从实践上看，这种完全违反客观规律的大规模群众性的盲目蛮干，不但造成人力物力的巨大浪费，而且使国民经济比例严重失调，也给国家造成了巨大的灾难。

伴随着生产建设上的急于求成，生产关系上的"大跃进"也不可避免。这样，作为第三面红旗的人民公社，这个"毛泽东想象中的农村乌托邦"[①]，随着"大跃进"运动的不断升温顺势而生。

1957 年冬至 1958 年春，处于"大跃进"中的全国农村掀起了农田水利建设高潮，不少地方开始打破社、乡间的界限搞劳动协作。毛泽东因势利导，提出了"并大社"的建议，即把小型的农业生产合作社适当地合并为大型的农业生产合作社。这一建议在 1958 年召开的成都会议上得到了中央政

---

① 转引自《毛泽东和他的秘书田家英》，第 27 页。详见逄先知：《永远怀念胡乔木同志》，《党的文献》1994 年第 3 期。

治局会议的批准并正式下文。

随后，各地先后开展了并社工作。党中央和毛泽东把这种新的社会组织定名为"人民公社"，认为人民公社是一个最能表现这一组织的内容和最能受到群众欢迎的名称。①

这个名字在7月1日被陈伯达公布于世并进行了详细的阐述，他指出："毛泽东同志说，我们的方向，应该逐步地有次序地把工（工业）、农（农业）、商（交换）、学（文化教育）、兵（民兵，即全民武装）组成为一个大公社，从而构成为我国社会的基本单位。"②

从此，人民公社被媒体广为宣传，一些地方掀起了小社并大社再转为人民公社的热潮。而在8月份毛泽东亲自视察人民公社试点并发表讲话后，人民公社这面旗帜就真正插遍了我国广袤的农村大地。

8月上旬，毛泽东到河北、河南、山东等地视察工作，多次谈到小社并大社的优越性问题。

在河南新乡县七里营公社视察时，毛泽东指出："人民公社这个名字好。包括工、农、兵、学、商，管理生产，管理生活，管理政权。人民公社前面加上个地名，或者加上群众喜欢的名字。"从此，"人民公社"这个绚丽的名字，响遍了华夏大地。

1958年8月17日，中央在北戴河举行政治局扩大会议，通过了《关于在农村建立人民公社的决议》，决定在农村普遍建立以"一大二公"为特点的人民公社。《决议》指出，人民公社将是建成社会主义和逐步向共产主义过渡的最好的组织形式，它将发展成为未来共产主义社会的基层单位。《决议》乐观地宣布："看来，共产主义在我国的实现，已经不是什么遥远将来的事情了。"

---

① 《人民公社万岁》（社论），《人民日报》1959年8月29日。

② 陈伯达：《在毛泽东同志的旗帜下——在北京大学庆祝党成立三十七周年大会上的讲演》，《红旗》1958年第4期。

北戴河会议后，全国农村一哄而起，大办人民公社，只用了一个多月的时间就基本实现公社化。1958 年 10 月底，全国农村已基本实现了人民公社化，全国农户 99% 都参加了人民公社。

人民公社的特点为"一大二公"。所谓大，就是公社的规模大，原来一二百户的合作社合并成为四五千户以至一两万户的人民公社。所谓公，就是将几十个上百个经济条件、贫富水平不同的合作社合并后，一切财产上交公社，多者不退，少者不补，在全社范围内统一核算，统一分配，实行部分供给制，造成各个合作社之间、社员与社员之间严重的平均主义。同时，社员的自留地、家畜、果树等也都被收归社有。农村原有的小商小贩、集市贸易以至家庭副业都被当作"资本主义尾巴"加以取缔。这些做法造成对生产力的很大破坏，给农业生产带来灾难性的后果。后来的事实证明，这是一场缺乏科学求实精神的、以热情取代理智的冒进，违背经济建设的客观规律，只能给生产带来破坏。①

3.徘徊在纠"左"与反右之间

1958 年是一个名副其实的冒进年，"三面红旗"几乎同时产生，在社会主义建设总路线的指引下，"大跃进"狂澜既起，人民公社化运动风起云涌，"共产风"、浮夸风大行其道。

在狂热的背后，人为造成的危机在默默地酝酿，突出表现在：第一，由于"大跃进"运动实行片面的"以钢为纲"的发展方针，导致国民经济各部门比例失调，农业、手工业、轻工业等与人民生活密切相关的行业比例偏低，发展严重滞后。第二，在"大跃进"运动中，全国全民大炼钢铁狂潮的

---

① 郑谦：《沸腾年代的三面红旗》，《中华儿女》2007 年第 12 期。

掀起，使得大量农村青壮年劳动力被抽调，造成农作物无法及时收获、农业丰产不丰收的局面。第三，长期盛行的"共产风"、浮夸风造成了农村粮食吃不完、无处放的假象，在国家不断增加粮食征购量的情况下，本就不多的粮食库存更是所剩无几。据统计，1958 年的粮食产量实际上只有 4000 亿斤，但当年的粮食征购量却超过原来公布的 7500 亿斤的估产数字①。第四，在大办以"一大二公"为特点的人民公社的过程中，全国农村普遍办起了实现供给制、敞开肚皮吃饭的农村公共食堂，既不利于调动群众的生产积极性，也造成了粮食的巨大浪费。

结果，到了 1958 年底，特别是 1959 年春天，我国的国民经济便出现了十分困难的局面。主要表现为：粮、油、副食品严重匮乏，生活用品供应不足，从 1958 年底开始全国各地普遍缺粮，城市人民生活水平降低，农村饥饿、逃荒、浮肿甚至死亡现象严重。据统计，山东省的馆陶县（今属河北），仅到邯郸一地逃荒的就达 13000 多人。云南省有大批农民因饥饿而浮肿。情况严重的广东省崖县、南雄、罗定、钦县等地，不但饿肿了 10930 人（不完全统计），而且还饿死了 134 人。②

在重重困难面前，中央意识到了问题的严重性。从 1958 年 10 月起，连续召开一系列重要会议，对"左"倾错误进行纠正。

1958 年 11 月 2 日，毛泽东在郑州召开中央和地方领导人会议，史称"第一次郑州会议"。毛泽东在讲话中批评了那些急于实现共产主义、急于过渡到全民所有制的"左"倾冒进思想，批判了陈伯达等人取消商品生产和商品交换、立即实行产品调拨的"左"的观点，开始了由反右到反"左"的转变。

11 月 21 日，中共中央在武昌召开政治局扩大会议。在会上，毛泽东第一次提出了压低指标的问题，要求各部门的指标都要相应地减下来，要求计

---

① 谢春涛：《大跃进狂澜》，河南人民出版社 1990 年版，第 137 页。

② 转引自谢春涛：《大跃进狂澜》，河南人民出版社 1990 年版，第 137 页。详见 1959 年 4 月 28 日《广东省委关于目前农村工作情况和部署的报告》。

划指标制订时要经过核实，要有把握，要老老实实，不要浮夸作假。这对于纠正平均主义、"共产风"和急于过渡等错误，起到了积极的作用。

11月28日，毛泽东在武昌主持召开了党的八届六中全会。会议通过了毛泽东主持起草的《关于人民公社若干问题的决议》，进一步深化了党对"左"倾错误的认识；同时，大幅度下调了1959年的国民经济计划各项指标。

1959年2月27日，毛泽东在郑州主持召开中共中央政治局扩大会议，即第二次郑州会议。会议确立了"三级所有，队为基础"的人民公社管理体制，以解决公社内部各队之间的平均主义问题。这就触及了人民公社内部所有制这一公社化错误的关键问题。

1959年3月25日，中共中央在上海召开了政治局扩大会议，即上海会议。会议讨论了各地在整社过程中提出的问题。明确指示要清算调拨公社、生产队和社员的财产的旧账，并从理论上论证了算账的重要意义。

同年4月2日到5日，中国共产党在上海召开了党的八届七中全会。会议对人民公社的管理体制问题作了一系列原则的规定，力图提高广大社员的生产积极性。同时，全会再一次较大幅度地降低了1959年的经济建设指标。毛泽东指出，制定计划要留有余地，经济建设不能每天高潮，要波浪式前进。

6月，在中央政治局的一次会议上，毛泽东总结指出，"大跃进"的重要教训是没有搞好综合平衡，是权力下放太多，强调要搞好国民经济各部门的平衡，要适当收回下放的权力。

经过上述一系列的努力，整个形势从1959年夏秋开始有所好转。

遗憾的是，在上述系列会议中，毛泽东虽然认识到了"左"倾错误的存在并努力进行了纠正，但对"大跃进"运动和人民公社的根本性错误缺乏深刻的认识，仍然把"大跃进"作为加速发展社会主义经济的最好方法，把人民公社看作向共产主义过渡的最优形式，对"三面红旗"坚信不疑，并认为，错误与成绩相比，只是一个指头和九个指头的问题。

在这种思想指导下，纠错是暂时的、不彻底的，而"左"倾错误的间歇性发作却是长久的，这也是为什么党中央不断纠错，却还是一错再错的重要原因。

困难刚刚缓解，纠错还没彻底，接下来的庐山会议上又犯了新的错误。

1959 年 7 月 2 日至 8 月 16 日，党中央在江西庐山连续召开中共中央政治局扩大会议和党的八届八中全会，合称庐山会议。

应该说，在 7 月 15 日之前，会议的方向正确，即纠正错误，谋求发展；会议气氛民主活泼，与会代表畅所欲言，从不同角度阐述观点；会议对"左"的错误认识深刻，特别是对综合平衡、国民经济安排次序问题的论述，更是抓住了"大跃进"错误的关键所在；会议对经验总结到位，提出了一些切实可行的纠错措施。因此，这个时期的会议开得是比较成功的。

不过，由于中央对"三面红旗"的根本性错误缺乏深刻认识，一旦有人触及"三面红旗"问题，很容易和毛泽东产生意见分歧，甚至是严重的政治分歧，那必然会对整个会议产生震撼性的影响。

不幸的是，彭德怀担当了这样一个角色。

身为国防部长的彭德怀从 1958 年起亲自视察了湖南等多个省市，与张闻天、周小舟等多位中央、地方领导人交谈，积累了大量一手资料，对"大跃进"和人民公社的问题有着比较深刻的认识。

在庐山会议上，刚正不阿的彭德怀多次发言，尖锐地指出了"大跃进"和人民公社化运动中存在的种种问题，较为深刻地总结了产生这些问题的经验教训，坦率地提出了实行党委集体领导制、不搞个人决定等对策。其实，彭德怀的发言代表了大多数人的意见，和大多数人的发言内容异曲同工，只是彭德怀内心更急切，措辞更尖锐罢了。

当然，也有少数人对彭德怀等人的意见表示强烈质疑。他们充分肯定了"三面红旗"的正确性，认为"三面红旗"缺点是难免的，但瑕不掩瑜。有些干部以害怕影响人民的积极性为由，强烈反对过多地讨论缺点、纠正错误。

7月10日，毛泽东在会上发言，承认一年多来犯了"左"倾错误，但他说这是必须付的学费，不能说是得不偿失，还是一个指头和九个指头的问题。经过郑州会议以来的努力，我们已逐步认识并解决了"大跃进"和人民公社存在的问题。最后他总结说：成绩是伟大的，问题是不少的，前途是光明的。

7月10日讲话后，整个会议就要按照原定计划结束。彭德怀看在眼里，急在心头。

据他后来回忆说："（国民经济比例失调）问题如果得不到纠正，计划工作迎头赶不上去，势必要影响国民经济的发展进度。""这些问题如果由我在会议上提出来，会引起某些人的思想混乱。如果是由主席再重新提一提两条腿走路的方针，这些问题就可以轻而易举地得到纠正，正如在1959年秋，人民公社刚成立不久，曾有一些人对于人民公社的所有制问题和按劳分配原则问题在认识上有些模糊，但是经过主席的开导，那个问题很快得到了纠正。"①

于是，彭德怀决定去找毛泽东反映情况。不巧的是，毛泽东刚刚睡下。于是，彭德怀就连夜给毛泽东写了一封3000多字的信。

可他万万没有想到的是，这封信竟惹起了一场轩然大波。

这到底是怎样的一封信呢？彭德怀的信分为两个部分：

一是"1958年大跃进的成绩是肯定无疑的"。在信中，彭德怀还是基本肯定了总路线、"大跃进"和人民公社的"成绩"。

二是"如何总结工作中的经验教训"。在信中，彭德怀更多地指出了1958年以来的"左"倾错误，深刻地分析了我们在主观上、在思想方法和工作作风等方面暴露出的问题。如："浮夸风气比较普遍地滋长起来，这恐怕是产生

---

① 《彭德怀自述》，人民出版社1981年版，第275页。

一系列问题的起因"①;"小资产阶级的狂热性,使我们容易犯左的错误,总想一步跨进共产主义,把党长期以来形成的群众路线和实事求是作风置之脑后了"②;"纠正这些左的现象,一般要比反掉右倾保守思想还要困难些"③。

彭德怀在信中表达的对一些问题的看法,与毛泽东的看法有着明显的不同。正如谢春涛在《大跃进狂澜》一书中所述:"毛泽东认为调整指标的任务已基本完成,彭德怀却认为国民经济的比例关系仍然严重失调;毛泽东认为大炼钢铁的得失比例是九个指头和一个指头,彭德怀则认为是浪费了人力和资源;毛泽东认为犯错误的主要原因是缺乏经验,而彭德怀则认为主观上还有'小资产阶级狂热性'原因。这一切,就决定了彭德怀这封信的命运:它不会为毛泽东所接受,而只会成为批判的对象。"

看完信后,毛泽东明显表现出了不满。7月16日,毛泽东在信上加了"彭德怀同志的意见书"的标题,将信印发给与会者讨论,并宣布延长会议时间。

在讨论中,黄克诚、周小舟、张闻天等人支持彭德怀的观点。黄克诚认为人民公社搞得有些早,如果1958年不搞,可能更主动些;周小舟认为彭德怀的信的总体精神是好的,某些提法、词句可以斟酌;张闻天指出了"大跃进"的缺点、错误及严重后果,支持彭德怀信中的基本观点。

也有一些人认为,彭德怀的信缺点讲得太多,成绩讲得过少,是在否定总路线,否定"大跃进"和人民公社。甚至有人说彭德怀的信是在影射毛主席。

7月23日,毛泽东发表讲话,对"小资产阶级狂热性"等提法作了激烈的批判,公开指责彭德怀等人把形势说得一塌糊涂,表现出了资产阶级的泄气性、悲观性、动摇性,把自己抛到右派的边缘去了,距右派还有30公里。

8月2日至16日,毛泽东主持召开了党的八届八中全会。在会上,毛泽东严厉批判了所谓"以彭德怀同志为首的右倾机会主义反党集团",指责

---

① 《彭德怀自述》,人民出版社1981年版,第284—285页。

② 《彭德怀自述》,人民出版社1981年版,第285页。

③ 《彭德怀自述》,人民出版社1981年版,第287页。

彭德怀向党进攻，想在党内挂帅；毛泽东指出，目前存在的是右倾机会主义向党、向六亿人民、向轰轰烈烈的社会主义运动猖狂进攻的问题，现在不应讲纠"左"，而应反右。

最后，会议通过了《关于以彭德怀同志为首的反党集团的错误的决议》等文件，决定撤销彭德怀、黄克诚、张闻天和周小舟 4 人分别担任的国防部长、总参谋长、外交部第一副部长和湖南省委第一书记职务，保留他们的政治局委员、政治局候补委员、中央委员和中央候补委员职务，"以观后效"。

庐山会议是党在纠正"左"的错误过程中的一次重大失误。庐山会议后期，毛泽东错误发动了对彭德怀等人的批判，并在全党范围内开展了反对所谓"右倾机会主义"的斗争，造成了严重的后果。政治上，严重破坏了党的民主生活；经济上，中断了纠正"大跃进"错误的历史进程，最终造成了 1960 年国民经济的严重困难；理论上，为今后在党内开展阶级斗争提供了依据。

4．一波未平，一波又起

庐山会议后，为了彰显"三面红旗"的伟大力量，反击帝国主义和国内"右倾机会主义反党集团"对"三面红旗"的所谓"诬蔑"，在党中央的指示下，各地又掀起了建设高潮，一场更大的跃进风暴铺天盖地而来。

在农村，人民公社中开始了由基本队有制向基本社有制的过渡，各地恢复和掀起了大办公共食堂的热潮。在城市，兴起了城市人民公社，平调了集体和个人的许多财产。

此时，全国许多地区又出现严重的自然灾害，因而造成了比 1959 年上半年更为严重的国民经济困难，主要表现为：财政赤字严重，农业、轻工业比重下降，市场供应紧张，粮食极度缺乏。

全国相当一部分农村地区都出现了大量非正常死亡现象。据中共河南省信阳地委向中央报告，仅1959年冬到1960年间，正阳县就死人8万多，新蔡县死人近10万。遂平县嵖岈山人民公社一个社就死亡近4000人，占总人口的10%，有的队竟高达30%。[①]1960年，全国人口净减了1000万人。[②]

面对1960年这场前所未有的国民经济严重困难，党中央终于开始从根本上考虑"大跃进"战略是否正确的问题。

1960年6月，中共中央政治局在上海举行扩大会议，在会上，毛泽东首次承认了对社会主义建设规律还不很了解，指出了近几年存在的思想方法不对头、违反了实事求是原则的问题。

1960年11月15日，第九次全国计划会议在北京召开。会议进一步总结了"大跃进"的经验教训，基本抓住了"大跃进"的主要问题，对"大跃进"错误的认识大大前进了一步。

1961年1月举行的党的八届九中全会正式确定了对国民经济实行"调整、巩固、充实、提高"的方针，大幅度压低了1961年的国民经济计划指标，最后终止了长达三年的"大跃进"运动，实现了经济建设指导方针的重大转变。

1962年2月至5月，先后召开了七千人大会和西楼会议。在这两次会议中，党中央提出了一系列调整措施，比如，大力压缩基本建设规模；降低工业生产发展速度，调整工业内部结构；精减职工，减少城镇人口；继续调整农村政策；严格财经管理，控制通货膨胀；压缩教育事业规模，调整知识分子政策等。

在1962年大规模调整后，国民经济形势有了明显的好转，最困难时期过去了。到了1965年，"大跃进"造成的国民经济比例失调的问题得到了解

---

① 《信阳地委关于整风运动和生产救灾工作情况的报告》，见《淮滨县志（1951—1983）》，河南人民出版社1986年版，第69页。

② 《中华人民共和国国民经济和社会发展计划大事辑要》，红旗出版社1987年版，第162、163页。

决，国民经济的面貌发生了很大的变化，为 1966 年后国民经济的协调正常发展打下了良好的基础。

不幸的是，一波未平，一波又起。

在调整国民经济的同时，党在阶级斗争问题上的"左"倾错误也有所发展。1962 年召开的党的八届十中全会，提出了整个社会主义时期始终存在阶级、阶级斗争和资本主义复辟的危险性的所谓党的基本路线；1963 年发动的城乡社会主义教育运动，提出要整"党内走资本主义道路的当权派"；1966 年，基于"从中央到基层都出了修正主义"这一对阶级斗争形势的极端错误分析，最终发动了"文化大革命"这一长达 10 年的全国性内乱，使国民经济的发展遭到了严重的破坏。

客观地说，"三面红旗"的年代是狂热的年代，违背客观规律的总路线、"大跃进"和人民公社从产生的那天起就注定了其必将被摒弃的命运。

1961 年 1 月举行的党的八届九中全会，终止了长达三年的"大跃进"运动。

1962 年七千人大会上，"一大二公"的问题不再被提起，这标志着以"一大二公"为主要特点的人民公社的存在已名不副实。到了 20 世纪 80 年代，人民公社被乡一级政权所替代。1964 年三届人大一次会议后，"三面红旗"的提法已经很少了。

1978 年党的十一届三中全会后，社会主义总路线不再被提及，取而代之的是十一届三中全会重新确立的马克思主义正确路线。

总路线、"大跃进"和人民公社化运动是党在探索建设社会主义道路过程中的一次严重失误。正如 1981 年 6 月党的十一届六中全会通过的《关于建国以来党的若干历史问题的决议》（以下简称《历史决议》）所进行的评价指出的："由于对社会主义建设经验不足，对经济发展规律和中国经济基本情况认识不足，更由于毛泽东同志、中央和地方不少领导同志在胜利面前滋长了骄傲自满情绪，急于求成，夸大了主观意志和主观努力的作用，没有经过认真的调查研究和试点，就在总路线提出后，径直地发动了'大跃进'运动和农村人民公社化运动，使得以高指标、瞎指挥、浮夸风和'共产风'为主要标志的'左'倾错误严重地泛滥开来。①

当年大力推崇的"三面红旗"，尽管主观愿望是好的，是为了尽快改变我国贫穷落后的面貌，使人民过上幸福的生活，但实际上犯了主观主义的错误。这是一场缺乏科学求实精神的、以热情取代理智的冒进，因为违背了经济建设的客观规律，所以给生产带来破坏，教训是深刻的。

① 《关于建国以来党的若干历史问题的决议》，人民出版社 1981 年版，第 19 页。

第 六 章
"双方都讲了许多空话"
——中苏大论战的前前后后

1963 年 7 月 21 日下午，由邓小平率领的中共代表团从莫斯科回到北京。在北京西郊机场，代表团受到毛泽东、刘少奇、周恩来、朱德、董必武和首都群众的热烈欢迎。

新中国成立后毛泽东有三次亲自到机场迎接出国代表团归国，这是其中的一次，说明他对代表团在苏联的表现十分满意和赞赏。中共代表团为何去苏联？他们在莫斯科有什么样的表现呢？这就要从中苏之间的大论战说起。

中国共产党和苏联共产党都曾是国际共产主义运动中具有举足轻重地位的大党。两党曾有过亲密的联盟关系，苏联共产党对中国共产党领导的中国革命和社会主义建设给予过很大的支持。

然而，在 20 世纪 60 年代，中苏两党之间却开展了一场激烈论战。这场论战几乎席卷了世界上所有的共产党和工人党，涉及当时国际共产主义运动的许多重大问题。论战规模之大，内容之广，争论之激烈，都是前所未有的。

1. 中苏两党裂痕的产生

20 世纪 50 年代初，中苏两党和两国关系是很好的。这一时期，《中苏友好同盟互助条约》正式签订，苏联派遣大批专家帮助中国建设了 156 个重点工程项目，同时接受大量中国留学生和实习生去苏联学习，还帮助中国建设海军、空军，卖给中国大批陆、海空军的装备。1954 年，苏共中央总书记赫鲁晓夫访华，双方会谈商定，苏联从旅顺口海军基地撤退，基地设备无偿交给中国，并将在新疆等地两国合办的四个公司中的苏联股份也交还给中国；双方还签订了科学技术合作的协定和苏联给予中国 5.2 亿卢布长期贷款的协定。这时期中苏关系处于蜜月期。

中苏两党关系的变化始于 1956 年召开的苏共二十大。赫鲁晓夫在这次大会上提出了有名的"三和路线"，即和平过渡、和平共处与和平竞赛。在秘密会议上，赫鲁晓夫作了《关于个人崇拜及其后果》的报告，揭露出许多斯大林滥杀无辜的事实。苏共二十大后不久，美国中央情报局从波兰获取到了赫鲁晓夫秘密报告的文本。1956 年 6 月 4 日，《华盛顿邮报》将之全文刊登出来，在西方世界引起巨大轰动，并在国际共产主义运动中引发极大的思想混乱，西方趁机在全世界掀起了反共、反苏的浪潮。

当时，毛泽东及中国共产党其他领导人都认为，苏共二十大有积极意义，它揭开了斯大林的盖子，表明苏共及斯大林并不是一切都正确，破除了中国共产党对苏联的迷信。但是，中国领导人认为赫鲁晓夫的秘密报告无论在内容上，还是在方法上都有严重错误。1956 年 4 月、12 月《人民日报》先后发表《关于无产阶级专政的历史经验》《再论无产阶级专政的历史经验》两篇文章，认为正确评价斯大林是国际共产主义运动中的一个重要问题。斯大林的一生，既有严重的错误，也有伟大的功绩，他犯错误的主要原因在于他思想方法上的主观主义和片面性，脱离实际和脱离群众，违背群众路线和集体领导，但应该以历史的观点看待斯大林，对他的正确方面和错误方面作全面的分析。

很明显，中苏两党对斯大林的错误及其产生原因的认识存在着明显分歧。苏方强调斯大林的主要错误是破坏法制、镇压无辜，产生错误的主要原因在于斯大林个人性格的多疑；中方不赞同这种分析，认为应从思想方法和理论认识等方面来分析其错误。

1956年波匈事件发生后，毛泽东立即召开了政治局会议。在这次会议上毛泽东谈到苏共二十大时说：我看有两把刀子，一把是列宁，另一把是斯大林，现在，斯大林这把刀子，赫鲁晓夫这些人丢掉了。除了斯大林这把刀子之外，列宁这把刀子也丢得差不多了。赫鲁晓夫在二十大报告上说，可以通过议会道路去取得政权，这个门一开，列宁主义基本上就丢掉了。可以看出，苏共二十大埋下了中苏两党理论分歧和关系恶化的种子。

1957年11月，世界64个国家的共产党和工人党代表团齐聚莫斯科，参加庆祝十月革命40周年活动，并在这里召开了世界共产党和工人党会议。毛泽东率中共代表团参加了这次会议。根据事先协商，会议将发表一个宣言，赫鲁晓夫企图把苏共二十大关于资本主义可以向社会主义"和平过渡"的观点写进会议宣言中，而且把"和平过渡"仅说成是"在议会中争取多数，并把议会从资本主义专政的工具变为真正的人民政权的工具"。

以毛泽东为首的中共代表团明确反对这一观点，通过与苏共领导进行充分的协商和与其他兄弟党领导人交换意见，包括同苏共领导人进行了必要的和适当的斗争，对宣言草案进行了重大的修改：一是在指出和平过渡的可能性的同时也指出了非和平过渡道路；二是在讲议会斗争时，也强调议会外的群众斗争。与此同时，为了顾全和维护国际共产主义运动团结的大局，照顾当时苏共领导的困难处境，中共在某些方面也作了一定的让步，使宣言最终得以通过。尽管如此，中苏两党和两国的分歧与矛盾在这次莫斯科会议上却逐渐加深而且公开化了，在以后的大论战中，"和平过渡"的问题依然是双方争论的焦点。

2. 中苏两国矛盾的深化

中苏两党与两国之间的矛盾一直是既有理论原则的分歧和冲突，又有国家利益的争端和博弈。自 1958 年起，中苏之间发生了一系列涉及国家主权和利益之争的事件，这些事件激起新中国领导人对苏联大国沙文主义的极大愤慨，严重伤害了中国人民的民族感情，也使中苏两党理论上的分歧日益加深，使中苏关系全面陷入僵局。

1958 年 4 月，苏联国防部长马利诺夫斯基致函中国国防部长彭德怀，为了便于指挥苏联在太平洋地区活动的潜艇，建议由中苏共同建设一座长波电台，其中大部分资金由苏联承担，建成后两国共同使用，苏联企图在电台的主权上做文章。6 月，中国给予明确答复，表示不同意苏联的建议。中国同意建设该项设施，但一切费用均由中国承担，所有权属于中国，中苏共同使用。

然而，苏方仍然坚持电台两国共建，费用可以各负担一半。为此，毛泽东后来在会见苏联驻华大使尤金时特别强调：在军事上搞"合作社"是不适当的。直到赫鲁晓夫 7 月访华，这个问题才按照中方意见解决。不过后来，随着中苏关系的恶化，长波电台实际并没有建立起来。

长波电台风波后，又出现了"共同舰队事件"。1958 年 7 月，苏联驻华大使尤金在会见毛泽东主席时，转达了苏共中央关于"中苏建立一支共同潜艇舰队"的建议。尤金说，大型军舰容易被击中，与其今后发展航空母舰，不如多发展核潜艇舰队，但苏联的自然条件不可能充分发挥核潜艇舰队的作用，而中国海岸线很长，条件很好，同时考虑到今后打仗的话，双方共同的敌人是美国，因此希望两国建立一支共同舰队。

毛泽东认为，同合资建立长波电台一样，建立共同潜艇舰队也是涉及中国主权的政治问题。他表示：首先要明确方针，是我们办，你们帮助；还是只能合办，不合办你就不给帮助。"要讲政治条件，连半个指头都不行。"中国主动撤销了关于苏联为中国新型海军舰艇提供技术援助的要求，并明确拒绝了苏联的这个建议。

长波电台风波和共同舰队事件，使在国家主权问题上极为敏感的毛泽东马上把两件事联系起来。他认为赫鲁晓夫在搞大国沙文主义。之后，赫鲁晓夫在访华期间就这两个事件进行了掩饰和辩解，推托说，合资建设长波电台的建议是由马利诺夫斯基提出的，并未经过苏共中央的讨论。至于建立共同舰队的事件，则是由于尤金传达错误而造成的误会。赫鲁晓夫的辩解并未使中国领导人信服，这两件事给中苏关系又蒙上了一层阴影。

一波未平，一波又起。1958 年 8 月，中国人民解放军炮击金门、马祖，第二次台海危机爆发，中美关系急剧恶化，处于一触即发的"战争边缘"状态。由于得到了中国方面不拉苏联"下水"的承诺，赫鲁晓夫在炮击金门事件中，一直采取克制和谨慎配合的态度。但是这种表面的一致，并不能掩盖中苏深层次的分歧。在急于和美国缓和关系的苏联领导人看来，炮击金门在破坏苏联的缓和战略，而且炮击金门的计划事先也没有依照惯例向苏联领导人通报，也引起苏联的不满。

自 20 世纪 50 年代后期开始，中苏双方在对美政策上矛盾越来越大。由于中美长期处于敌对状态，反对美国威胁一直是中国安全战略和外交政策的核心，而赫鲁晓夫上台后，加紧推行"美苏合作，主宰世界"的路线，力图将中国外交纳入其全球战略轨道。中苏两国国际战略的分歧与对立，很大程度上体现了双方国家利益的根本冲突。

1959 年初，苏共召开二十一大，进一步明确了以和平共处、和平竞赛、和平过渡为核心的对美缓和战略，中国领导人没有也不可能说服苏联领导人放弃既定的国际战略路线，而赫鲁晓夫又下决心不顾中国的强烈反对和实际利益，强硬地推行自己的国际战略，并对中国施压，由此导致了一系列涉及战略利益的严重事件。

第一个严重事件，是 1959 年 6 月 20 日苏共中央致信中共中央，拒绝提供原子弹教学模型和技术资料。1957 年，苏联领导人曾经主动提出，愿意帮助中国研究原子弹。这以后，苏联一直借故拖延不履行协定。在 1959 年 6 月 20 日的信中，又以苏联正在和美国等西方国家谈判达成禁止核试验的协议、赫鲁晓夫正在准备同艾森豪威尔会晤为由，提出暂缓提供，两年以后看形势发展再说。同时，苏联专家也借口回国休假，一去不复返。

另一个严重事件是从 1959 年 3 月起，中印边境纠纷逐步升级。就在中印两国政府为此进行交涉的时候，苏联不顾中国领导人的反对，提前一天将塔斯社声明公之于众。在中苏两国存在同盟关系的情况下，这个声明表示了苏联政府的中立立场，也就在实际上助长了印度政府的领土要求。中印边境纠纷变得更加复杂化了。

这两个严重事件，都发生在赫鲁晓夫访美前夕。一方面，使得苏联在西方国家的眼里的确同"好战"的中国拉开了距离，为赫鲁晓夫访美铺平了道路；另一方面，又极大地损害了中苏同盟，成为中苏关系破裂的关键一步。

1959 年 9 月 30 日，刚刚结束访美的赫鲁晓夫到达北京，参加中华人民共和国成立 10 周年庆典。这是赫鲁晓夫第三次、也是最后一次访问中国。由于前述种种原因，赫鲁晓夫受到中国领导人礼节性的、不很热情的接待。在这次访问中，赫鲁晓夫与中国外交部长陈毅还发生了口角。这次会谈不欢而散，赫鲁晓夫被冷淡地送走了，双方没有发表任何公报。赫鲁晓夫途经远东回莫斯科，在 10 月 6 日的讲话中，又影射中国"像公鸡好斗那样热衷于战争，这是不理智的"。[①]

---

① 《赫鲁晓夫言论集》第十三集，世界知识出版社 1966 年版，第 260 页。

1960 年 4 月，中国方面在纪念列宁诞辰 90 周年之际，发表了《列宁主义万岁》《沿着伟大列宁的道路前进》《在列宁的旗帜下团结起来》三篇文章。这些文章表面上是批判南斯拉夫领导人铁托，实际上是不点名地批判赫鲁晓夫的某些观点，如和平过渡、和平共处、战争与和平问题等。1960 年布加勒斯特会议前后，中苏两党的分歧和矛盾完全公开化。同年 6 月，51个国家的共产党和工人党代表参加罗马尼亚共产党三大。在会议前夕，苏共散发了《苏共致中共的通知书》，全面攻击中共。在会议中，赫鲁晓夫带头组织对中共的围攻。他攻击中共"要发动战争"，宣称不能把核武器交给中国，指责中共是国际共运中的"宗派主义"，是"假革命"，甚至说不听苏共的话"还叫什么共产党"，并威胁说：中苏两党必须一致，否则苏共就把分歧公开。以彭真为团长的中共代表团同苏共领导进行了针锋相对的斗争。中共代表团散发了书面声明，以严厉的措辞点名批判了赫鲁晓夫，至此中苏分歧走向公开化。

中苏两党关系的公开破裂，导致两国关系的急剧恶化。布加勒斯特会议后，苏联便采取了一系列恶化中苏关系的严重步骤。7 月 16 日，苏联突然照会中国政府，片面决定召回在华的所有苏联专家。7 月 25 日，苏联不等中方答复又发出通知：自 7 月 28 日至 9 月 1 日，撤回全部在华专家，并终止派遣按协议应来华工作的 900 多名专家。苏方在短短一个月内撤走了在中国担负重要任务的 1390 多名苏联专家，撕毁了两国政府签订的协定、专家合同等，废除了 257 个科学技术合作项目。这不仅使中国蒙受了巨大的经济损失，也极大地伤害了中国人民的民族感情，给中苏关系造成了难以弥合的创伤。

1961 年 10 月，苏共二十二大在莫斯科召开，周恩来率中共代表团列席了会议。苏共二十二大再次强调反对个人崇拜，掀起了批判斯大林的又一次高潮。会议结束前，苏共通过决议将斯大林遗体迁出列宁斯大林墓。中共代表团对苏共这一做法很不赞成。为了表明自己的立场，中共代表团抵达莫斯科后即向列宁斯大林墓敬献了花圈,在献给斯大林的花圈缎带上写着:"献给伟大的马克思主义者斯大林同志。"赫鲁晓夫对此十分不满。

1962年4、5月间,在苏联驻乌鲁木齐、伊犁领事馆的策动和胁迫下,我国新疆伊犁、塔城地区6万多公民越境跑到苏联,严重威胁中国的边境稳定和国家安全,中国政府被迫关闭了在新疆的所有苏联领事馆。新疆伊犁事件发生后,毛泽东作出了同修正主义的矛盾是敌我矛盾的结论,他说,新疆事件要通报全国,修正主义和我们的矛盾,实质上是敌我矛盾,是阶级斗争的反映,而且发展到阶级斗争的最高形式——武装斗争。

1962年10月,印度军队进一步入侵中国领土,中国人民解放军被迫进行自卫反击,并取得胜利。而苏联却公然支持印度,赫鲁晓夫在苏联最高苏维埃会议上公开指责中国说,中国军队现在后撤了,为什么当初要从原有阵地前进呢?并宣称,中印边境的争议地区,人烟稀少,对人民生活没有多大价值,而且印度也根本不想同中国打仗,苏联明显站在印度的立场上说话。

3. 中苏全面论战及其后果

中苏之间的严重分歧,也使其他国家共产党感到十分不安。罗马尼亚、越南等国共产党一再呼吁中苏两党消除分歧,停止公开论战。中共在这些建议基础上主张停止公开攻击,举行两党会谈。但苏共却置若罔闻,苏联报刊连续发表了数百篇文章,全面攻击中国。为此,中共中央决定发表一系列文章进行反击,从1962年底到1963年初,中共接连发表了《全世界无产者联合起来,反对我们的共同敌人》等八篇文章对苏共等的攻击予以批驳,但对苏共还没有公开指名。

1963年3月30日,苏共中央致信中共中央,要求制定现阶段国际共运的总路线，信中全面阐述了苏共中央对国际共产主义总路线的看法，宣布继续奉行苏共所确定的路线，致力于争取世界和平与和平共处、反对右倾机会主义等等，并建议举行中苏两党会谈。6月14日，中共中央复信苏共中央，也提出了《关于国际共运总路线的建议》（即"二十五条"），提出了与苏共根本对立的总路线，集中批判了赫鲁晓夫的以"和平共处""和平过渡""全民国家""全民党"为主要内容的"修正主义路线"。

1963年7月5日，中苏两党间的会谈在紧张的气氛中开始了。谈判桌成了双方唇枪舌剑的战场。在会谈期间，苏方做了两件破坏谈判气氛的事：一是7月14日，苏共中央就国际共运问题《给各级党组织和全体党员的公开信》发表，公开地逐条批驳中共6月14日信件提出的"二十五条"；二是与美国进行部分禁止核试验条约的谈判，赫鲁晓夫此举显然含有阻止中国发展核武器之意。邓小平在谈判桌上严厉批评了苏联的错误做法。中苏两党会谈7月20日结束，双方没有达成任何协议。邓小平率中共代表团回国时，毛泽东亲自到机场迎接。

此后，苏中两国的报纸杂志都发表了大量关于国际共运总路线的文章，开始了史无前例的大论战。1964年4月，苏联《真理报》称中共是"叛徒"，9月，苏共在一份宣传提纲中称中国是"世界革命运动的主要敌人"。苏联方面还表示，《中苏友好同盟互助条约》并不保证战时苏联协助中国。

从1963年9月6日到1964年7月14日，《人民日报》和《红旗》杂志先后发表了《苏共领导同我们分歧的由来与发展》《关于斯大林问题》《南斯拉夫是社会主义国家吗?》《新殖民主义的辩护士》《在战争与和平问题上的两条路线》《两种根本对立的和平共处政策》《苏共领导是当代最大的分裂主义者》《无产阶级革命和赫鲁晓夫主义》《赫鲁晓夫的假共产主义及其在世界历史上的教训》等共九篇评论苏共中央公开信的文章，公开宣布："以赫鲁晓夫为首的苏共领导已经成为现代修正主义的主要代表，也是国际共产主义运动最大的分裂主义者。"赫鲁晓夫在苏联建立了"一个以他为首的修正主义集团的专政，也就是苏联资产阶级特权阶层的专政"①。

中苏两党的论战主要涉及以下重大问题：

（1）关于斯大林的评价问题

斯大林评价问题是中苏论战中争论最激烈、也是最主要的问题。在公开论战时期，中方认为苏共二十大"对于斯大林的批判，无论在原则上，在方法上，都是错误的"。赫鲁晓夫的秘密报告"全盘否定斯大林，丑化了无产阶级专政，丑化了社会主义制度，丑化了伟大的苏联共产党，也丑化了国际共产主义运动"，结果"败坏了苏联的声誉，败坏了无产阶级专政的声誉，败坏了社会主义和共产主义的声誉"。

中方认为，"必须用历史唯物主义的方法，按照历史的本来面目，全面地、客观地、科学地分析斯大林的功绩和错误"。中国共产党历来认为，斯大林是有过一些错误的。"这些错误，有思想认识的根源，也有社会历史的根源。如果站在正确的立场，采取正确的方法，批判斯大林确实犯过的错误，而不是凭空加给他的所谓错误，是必要的。但是我们历来反对采取错误的立场、错误的方法，对斯大林进行不正确的批评。"②中方还怀疑赫鲁晓夫秘密报告材料的真实性，认为赫鲁晓夫在报告中捏造了大量的谎言，还认为赫鲁晓夫反对个人迷信是一个"别有用心的"政治阴谋。

（2）关于和平过渡问题

在通过什么道路，以什么方式，使全世界由资本主义进入社会主义的

---

① 《赫鲁晓夫的假共产主义及其在世界历史上的教训》，《人民日报》1964 年 7 月 14 日。

② 《关于斯大林问题》，《人民日报》1963 年 9 月 13 日。

问题上，中苏两党争论激烈。苏共主张和平过渡，认为经过两次世界大战劫难的西欧传统民主国家厌恶战争，可以在新的条件下通过议会争取多数和平过渡到社会主义。中方批判和平过渡，主张暴力革命，认为从资本主义和平过渡到社会主义在世界历史上没有先例，现在也不可能，"全世界任何无产阶级革命都要走十月革命的道路，走俄国人已经走过的路"。因为"暴力革命是社会主义社会诞生的产婆，是用无产阶级专政代替资产阶级专政的必由之路，是无产阶级革命的普遍规律"。

中共突出强调暴力革命是有其原因的。诸如：中共是长期坚持武装斗争夺取政权的，容易把自己党的经验绝对化、普遍化；中国缺乏议会民主传统，对西方国家议会民主与合法斗争情况了解不多等。第二次世界大战以后，在发达的资本主义国家普遍没有出现全面的暴力革命形势。这表明，和平不应仅仅作为策略手段，而且应作为一种战略上的可能性来对待。因为资本主义社会的根本矛盾最终要得到解决，这是社会发展的客观规律。但是，解决的方法、道路归根结底要由各国人民自己去探索，不应以某国的历史经验为模式，也不应由别国别党来设计。

（3）关于战争与和平问题

战争与和平问题是中苏双方争论最多的一个问题。赫鲁晓夫上台后，改变了苏联长期坚持的只要帝国主义存在，战争就不可避免之说。他认为，帝国主义是产生战争与侵略的土壤，但是，强大的社会主义阵营，加上爱好和平的非社会主义国家、国际无产阶级和所有和平力量的联合努力能够防止世界战争，粉碎帝国主义者发动战争的图谋。

但是后来赫鲁晓夫却宣扬在帝国主义制度还存在的条件下，可以实现没有武器、没有军队、没有战争的"三无世界"，这就近似于幻想和无知了。苏联强调制止战争的可能，特别是在核时代，爆发世界大战，不会有胜利者，极有可能是同归于尽。战争过后，对于成千上万的人民来说，社会主义问题根本就不存在了，因为他们在肉体上已经从地球上消失了，即使还有存活者，也是活人羡慕死人。但是苏共领导在当时为了谋求一个有利于苏联的国际和平环境，而不惜要求被压迫人民和被压迫民族放弃斗争的做法，却是一种狭隘民族主义的思想。

中共领导人承认新的世界大战有防止的可能性，但更多地强调爆发的危险性，强调只要帝国主义存在，战争就是不可避免的，只不过是大打小打的问题。这种估计又冲淡和抵消了中共关于新的世界战争有避免的可能的说法。中共还认为，第二次世界大战后出了一个 10 亿人口的社会主义阵营，如果发生第三次世界大战，整个帝国主义世界就要崩溃。中共不赞成苏共关于核战争会毁灭全球的观点，认为如果帝国主义敢冒天下之大不韪发动核战争，"遭到毁灭的不是爱好和平的各国人民，而是帝国主义和整个帝国主义制度"[1]。

（4）关于和平共处问题

同战争与和平问题相联系的是和平共处问题。苏方认为世界战争打不得，社会主义国家只能通过和平竞赛战胜资本主义，因此，苏共领导强调和平共处，提出：和平共处是"苏联和社会主义阵营各国对外政策的总路线"。中方则反对上述提法，认为社会主义国家对外政策的总路线是由基本内容和根本原则两部分构成的。基本内容应该包括下列三个方面："在无产阶级国际主义的原则下，发展社会主义阵营各国之间的友好互助合作关系；在五项原则的基础上，争取和社会制度不同的国家和平共处，反对帝国主义的侵略

---

① 《是人类毁灭核武器，不是核武器毁灭人类》（社论），《人民日报》1962 年 4月 28 日。

政策和战争政策；支援一切被压迫人民和被压迫民族的革命斗争。"根本原则是"无产阶级国际主义"。①

美国是苏联和平共处的首要目标，苏联把发展苏美关系作为重点也是可以理解的。但此时，中美正处于严重的对峙状态，在中方看来，美国是世界人民最凶恶的敌人，是侵略与战争的主要力量，苏联要与这样的国家和平共处，是不能接受的，是投降主义。苏联与美国和平共处有它的道理，但苏共把自己的外交政策强加于其他国家，要求其他社会主义国家和共产党都要执行这条总路线，则犯了大国沙文主义的错误。

（5）关于全民党、全民国家问题

赫鲁晓夫在1961年苏共二十二大《关于苏联共产党纲领》的报告中说："无产阶级专政在苏联已经不再是必要的了。作为无产阶级专政的国家而产生的国家，在新的阶段即现阶段已变为全民的国家。"又说："由于社会主义在苏联的胜利，由于苏维埃社会的一致加强，工人阶级的共产党已经变成苏联人民的先锋队，成了全体人民的党。"中国共产党认为，在所有社会主义国家都还存在着阶级和阶级斗争的情况下，无产阶级专政仍然是必要的，无产阶级政党是不能取消的。"全民党""全民国家"的观点否认了党和国家的阶级性，背离了马克思主义阶级观点，是修正主义。

1964年10月中苏大论战期间，赫鲁晓夫被苏共中央解除了一切职务。苏联组成了以勃列日涅夫为苏共中央第一书记、柯西金为部长会议主席的新班子。中国方面认为这是一个改善中苏关系的机会。在当年苏联十月革命47周年庆典时，中国派出以周恩来为首的党政代表团前往莫斯科参加庆祝活动，并同苏联新领导人举行会谈，希望以赫鲁晓夫下台为契机，通过两国

---

① 《关于国际共产主义运动总路线的论战》，人民出版社1965年版，第35、303页。

领导人的直接接触，寻求消除分歧、维护团结的新途径。

然而，苏联新领导人却对中方表示：赫鲁晓夫下台仅仅是因为他的工作方式问题，他的内外政策不变。他们在国际共产主义运动问题上，在对待中国的问题上，同赫鲁晓夫没有一丝一毫的差别。在苏联国庆招待会上，苏联国防部长马利诺夫斯基对周恩来说："不要让任何赫鲁晓夫和毛泽东妨碍我们"，"我们现在已经把赫鲁晓夫搞掉了，你们也应该照我们这么办，把毛泽东搞掉，这样我们就能和好了"。面对这一无理挑衅，周恩来当场予以严厉斥责。事后，周恩来向勃列日涅夫提出强烈抗议。勃列日涅夫正式道歉说："马利诺夫斯基喝醉了，是酒后失言，已受到苏共中央的谴责。"周恩来指出："这不是'酒后失言'，而是'酒后吐真言'。"[1]

1965 年 3 月，苏共单方面发起了赫鲁晓夫当政时期预定举行的"共产党和工人党代表协商会晤"。其目的就是要通过"集体努力"，压中共服从苏共的路线。中共拒绝参加这次制造分裂的会议。随后《人民日报》和《红旗》杂志又发表《评莫斯科三月会议》一文，指出苏联新领导集团奉行的是"没有赫鲁晓夫的赫鲁晓夫主义"。1965 年 6 月，《人民日报》和《红旗》杂志发表题为《把反对赫鲁晓夫修正主义的斗争进行到底》的文章。1966 年 1 月，中共拒绝了苏共的邀请，没有参加苏共二十三大。从此，中苏两党关系彻底破裂。

中苏大论战对中国的发展道路产生了深刻的影响。通过论战，中国共产党不仅维护了自己的民族尊严及独立地位，打破了苏共一统天下的格局，而且使中国破除了对苏联社会主义建设经验的迷信，更加明确了必须探索中国自己的社会主义建设道路。这是中苏论战最显著的积极意义。

但同时也要看到，中苏论战也有很大的消极影响，论战使我国当时政治思想领域的"左"倾思潮急剧滋长，并且进一步深入全党的思想教育和每

---

① 吴冷西：《十年论战》（下），中央文献出版社 1999 年版，第 861 页。

个党员的头脑。论战中提出的一些重要观点，如"战争不可避免""要防修反修""中国将成为世界革命的中心"等直接运用于国内，促进了毛泽东"以阶级斗争为纲"理论的系统化，使中国在通向"文化大革命"的道路上迈了一大步。

中苏大论战 20 多年后，即 1989 年 5 月，中苏两国领导人邓小平和戈尔巴乔夫在北京会谈。在宣布两党、两国关系正常化的时候，邓小平谈到了当年的那场论战。他说："多年来，存在一个对马克思主义、社会主义的理解问题。从 1957 年第一次莫斯科会谈，到 60 年代前半期，中苏两党展开了激烈的争论。我算是那场争论的当事人之一，扮演了不是无足轻重的角色。经过 20 多年的实践，回过头来看，双方都讲了许多空话。马克思去世以后一百多年，究竟发生了什么变化，在变化的条件下，如何认识和发展马克思主义，没有搞清楚。绝不能要求马克思为解决他去世之后上百年、几百年所产生的问题提供答案。"[①] 在此之前，邓小平曾指出："一个党评论外国党的是非，往往根据的是已有的公式或者某些定型的方案，事实证明这是行不通的。"[②]"任何大党、中党、小党，都要相互尊重对方的选择和经验，对别的党、别的国家的事情不应该随便指手画脚。"[③] 对于中苏论战和中苏关系恶化，邓小平还对戈尔巴乔夫说："现在我们也不认为自己当时说的都是对的。真正的实质问题是不平等，中国人感到受屈辱。虽然如此，我们从来没有忘记在中国第一个五年计划时期苏联帮我们搞了一个工业化基础。"[④]

邓小平对中苏大论战所作的客观、历史的分析，可以说是对那场论战的科学总结，对指导探索中国特色社会主义道路具有发人深省的作用。

---

① 《邓小平文选》第三卷，人民出版社 1993 年版，第 291 页。

② 《邓小平文选》第二卷，人民出版社 1994 年版，第 318 页。

③ 《邓小平文选》第三卷，人民出版社 1993 年版，第 236 页。

④ 《邓小平文选》第三卷，人民出版社 1993 年版，第 294—295 页。

第 七 章
有错必纠

——平反冤假错案过程中的纷争

"文化大革命"的十年，中华民族经受了磨难。上至国家主席，下至平民百姓，有许许多多人惨遭迫害，蒙受不白之冤。

粉碎"四人帮"后，饱受苦难的人们心中燃起希望的火焰。

然而，"左"的思想桎梏并没有被立即突破，"两个凡是"依然禁锢着刚刚冰融的中国大地。

"冰川纪过去了，为什么到处都是冰凌？"

新潮派诗人北岛在 1976 年所作的诗句，映射出了当时中国政治局势的复杂性。

如何判定这些冤假错案？要不要予以坚决的平反？这些问题的解决都曾出现过一些纷争。

1.《人民日报》吹响平反冤假错案的号角

"左"倾错误的长期延续和林彪、江青反革命集团的乱党乱国，造成了数不清的冤狱。据统计，"文化大革命"期间，仅国家干部被立案审查的就占当时国家干部人数的 17.5%，一般干部被立案审查的有 200 余万，而中央、国家机关副部长和地方副省长以上的高级干部，被立案审查的高达 75%。① 受到各种形式的伤害和株连的人口高达一亿之多。"文化大革命"前"左"倾错误遗留下来的冤假错案，牵扯人数也在 100 万以上。

粉碎"四人帮"后，人们欣欣鼓舞，迫切要求纠正"文化大革命"的错误，彻底清理"文革"中的冤案。

然而，平反冤假错案工作并不像想象的那样顺利。

1976 年 12 月 5 日，中共中央发出通知，提出："凡纯属反对'四人帮'的人，已拘捕的，应予释放；已立案的，应予销案；正在审查的，解除审查；已判刑的，取消刑期予以释放；给予党籍团籍处分的，应予撤销。"但同时，通知又规定："凡不是纯属反对'四人帮'，而有反对伟大领袖毛主席、反对党中央、反对无产阶级文化大革命或其他反革命罪行的人，绝不允许翻案。"

按照这个通知，虽然也平反了一批冤假错案，为一些干部落实了政策，但这个通知并不是一个全面平反冤假错案的文件。那些在"文化大革命"中被错判的案件，大多数属于这个通知中规定的不能"翻案"的案子。这就大大限制了刚刚起步的平反冤假错案工作。

尤其是 1977 年 2 月"两个凡是"公开提出后，平反冤假错案和落实干部政策更是阻力重重。一些单位的党委和组织人事部门，对平反冤假错案态度比较消极。往往是推一推动一动，甚至推而不动。时任中组部部长郭玉峰坚持"两个凡是"，也对落实干部政策采取抵触态度。在这种形势下，到 1977 年底，中央和国家机关的 53 个单位仍有 6241 名干部等待落实政策，分配工作。此外，全国还有十几万"右派"尚未摘帽。②

这些情况，引起了党内外许多人的不满。特别是一些老同志，对"两个

---

① 参见《关于建国以来党的若干历史问题的决议》（注释本），人民出版社 1985 年版，第 494 页。

② 孙大力等：《新的起点：1978 年的中国》，中国工人出版社 1999 年版，第 83 页。

凡是"进行了坚决的抵制，强烈要求拨乱反正，平反冤假错案。在这些老同志中，胡耀邦起了非常重要的作用，作出了很大贡献。

1977 年 3 月，胡耀邦被中央任命为中央党校副校长，并主持中央党校的日常工作。

某种意义上说，中央党校是中国政治气候的"晴雨表"，新中国成立以来中国政治的风云变幻，常在中央党校得到充分的表现。"文化大革命"十年，中央党校在康生的直接控制下，变成了重灾区，学校遭到极大的破坏，冤假错案成堆，工作千头万绪。从何处入手处理这些冤假错案呢？

一天，胡耀邦把党校文史教研室的杨逢春，科学社会主义教研室的叶杨、陈中，以及人民日报社的几位同志叫到一起，让他们组成一个班子，以《把"四人帮"颠倒了的干部路线是非纠正过来》为题，写出一篇文章来。

文章很快写好了，前后又修改了 17 次才定稿。

然而，胡耀邦却没有立即让《人民日报》发表，他在等待着恰当的时机。

8 月 12 日至 18 日，党的十一大召开。华国锋在大会上批评了"四人帮"在干部问题上所犯的错误，对落实干部政策作了部署："干部是我们党的宝贵财富。对过去审查干部中遗留的一些问题，一定严肃认真地尽快妥善处理。可以工作而没有分配工作的，要尽快分配适当工作。年老体弱不能工作的，也要妥善安排。少数人需要作出审查结论的，应尽快作出。'四人帮'强加于人的一切污蔑不实之词，应予以推倒。"

华国锋在报告中虽然对"平反冤假错案"只字未提，但他提出的"干部是我们党的宝贵财富""'四人帮'强加于人的一切诬蔑不实之词，应予以推倒"的新提法，使广大受迫害的干部看到了落实政策的新希望。

时机来了。1977 年 10 月 7 日，在粉碎"四人帮"一周年之际，《人民日报》用一个版面全文刊登了胡耀邦精心组织的文章《把"四人帮"颠倒了的干部路线是非纠正过来》，鸣响了全面落实干部政策、平反冤假错案的号角。

文章指出：落实毛主席的无产阶级政策，特别重要的就是落实党的干部政策。因为党的干部路线和干部政策被"四人帮"们摧残破坏殆尽。在我们党的历史上，他们打击迫害革命干部比其他机会主义路线头子更凶恶、更疯狂、更狡猾。他们大搞法西斯专政，对革命干部进行诬蔑、造谣、栽赃、陷害，实行残酷斗争、无情打击，他们在干部问题上的一整套反马克思列宁主义、毛泽东思想的谬论和种种倒行逆施，流毒深广，危害极大。但是，至今有些同志，特别是有些做干部工作的同志，由于受"四人帮"流毒的影响，在落实党的干部政策这个大是大非的问题面前，工作很不得力，致使一部分有路线觉悟、有工作能力的干部还没有分配工作，许多受审查的干部还没有作出正确的结论，一些混进干部队伍的坏人还没有处理。这些都说明，落实党的干部政策仍然是一项严重的战斗任务。一切共产党员、革命干部，都应该积极地站到揭批"四人帮"斗争的最前列，坚决把"四人帮"颠倒了的干部路线是非纠正过来。

此文一出，无异于晴空霹雳，全国震动了。一个月之内，《人民日报》编辑部就收到上万封信件和电报，足足装了两麻袋。有人在信中说："深受感动，说出了千百万干部的心意。"有的说："我们看了文章后，一家人哭了一个晚上，我们受林彪、'四人帮'迫害这么多年，觉得这下子有了希望。"还有一封电报这样写道："我们全家人冤沉海底已有多年。全家老少边听广播边流泪。认为这下一大家子人可盼到大天亮了。"……

文章尽管顺乎民心，但一些人思想认识上的僵化还没有打破。文章发表后，一些省市和部门对落实干部政策仍在拖延。一位自称是某省组织部干部的人给编辑部打来电话，责问这篇文章是从哪里来的，有没有中央文件作依据？他以不满的口气说："如果你们不根据中央原有的文件精神办事，这么多的案子咋平反？这只能是搞乱局势，制造新的不稳定。"还有些地方和部门的党委和组织人事干部也振振有词地说："这事很难办"，因为这是"前任首长批的，现在无权过问"；还有人坚持认为，"好不容易定了案子，现在不能翻烙饼"。①

---

① 童青林：《回首1978——历史在这里转折》，人民出版社2008年版，第150页。

看到这种情况，胡耀邦又把人民日报社和中央党校的几位同志请到自己家里来。他说：看来第一篇文章是打响了，凡是受冤挨苦的人都欢欣鼓舞。但要切实解决他们的问题，仍然关山险阻。这就需要我们下决心，一关一关地闯过去。但丁在他的《神曲》中说过："我不下地狱谁下地狱。"我们的说法是："我们不下油锅，谁下油锅！"下一步，我们既要选登各地干部群众强烈要求落实政策的来信，还要组织文章谴责极左行为，同时发表由点到面地落实政策的消息，逐步推动打开平反冤假错案的局面。① 随后，胡耀邦建议再写一篇文章。

11 月 27 日，《人民日报》在头版头条发表了署名"本报评论员"的文章《毛主席的干部政策必须认真落实》，文章指出，无产阶级的原则是有错必纠，部分错了，部分纠正，全部错了，全部纠正。

这两篇由胡耀邦亲自组织并逐字修改的文章，全国省级以上的报刊纷纷转载，影响巨大。

12 月 10 日，中共中央决定由胡耀邦任中组部部长。平反冤假错案工作开始出现转机。

2．"两个不管"与"两个凡是"的交锋

1977 年 12 月，在中组部的全体工作人员大会上，胡耀邦动情地讲了许多话，其中让人记忆尤深的是："积案如山，步履维艰。"这个山有多高，他说："光是人人熟知的'文革'期间的重大案件，诸如'天安门事件'、'六十一人案'、内蒙古'内人党'问题、东北的所谓'叛徒集团'问题、新疆马明方等同志的所谓'叛徒集团'问题、为刘少奇鸣冤叫屈和'恶毒攻击伟大领袖'、'恶毒攻击林副统帅'而被杀头的'现行反革命'案件，等等，究竟有

---

① 戴煌：《胡耀邦与平反冤假错案》，中国工人出版社 1998 年版，第 42 页。

多少受害者,谁也说不清。'文革'前的历次政治运动……还有建国前囿于历史环境和条件而形成的一些冤假错案,一直推到当年苏区的冤案,等等,这叫'积案如山'!"

他说:"对于建国后和'文革'中每一项冤假错案的清理和落实被冤屈同志的政策,固然是党的组织部门责无旁贷的首要任务,而对于建国前的历史遗留问题,不管由于当时的历史条件所限或战争环境的影响,还是受康生等人的阻挠破坏而没有解决或解决得不彻底的,我们组织部门也要把这些问题的彻底解决当做自己义不容辞的责任。"

接着他话锋一转:"但是,阻力也很大,极左人物党内还在,各地都还有,我们每向前迈一步,其难度都好比攀登喜马拉雅山,所以说'步履维艰'!但是,我们大家要恢复党的优良传统,把党的组织部门办成'党员之家'、'干部之家',扫除多年来组织部门'门难进、脸难看、话难听、事难办'的官衙门的恶习,使每一位来访的党员、干部,不论党龄长短,资历深浅、职务高低,都能感到一视同仁的亲切温暖,无话不可谈,无事不可求,把'四人帮'的那股习习阴风一扫而光。"

接着,他说:"今后如有受冤挨整的老同志来找我,我都要和他们见面谈话,请任何人不要阻拦;凡是信封上写有'胡耀邦'3个字的来信,都请及时送给我,如没有我的表示,也望任何同志不要主动代劳处理,更不能扣压!"胡耀邦说着激动地站起来,用手直敲桌子。参加会议的许多干部,尤其是长期以来一直"靠边站"的老同志,激动地淌出了眼泪。①

胡耀邦的话,给人们带来了希望。在他到任的第一个月里,每天都有几百人到中组部上访,一个月下来信件达六麻袋。胡耀邦每天都认真阅读处理写给他的上访信,逐件落实。

然而,"左"的思想依然在人们的头脑中顽固地存在着,并严重地阻碍

---

① 叶虎:《胡耀邦平反冤假错案纪实》,《文史春秋》1998年第2期。

着冤假错案的平反。负责审干和定案的组织人事部门的情况更为严重。属中央管的干部的大案要案的材料，仍然由中央专案组的三个办公室掌握着，不许中组部插手复查。中央专案组的有些人还对中组部的拨乱反正工作大发脾气："胡耀邦翻案风如此猖獗，都翻到我头上来啦。"①

胡耀邦深知前面的路有多难。他又想到了党报这个强大的宣传喉舌。

1978年1月10日，《人民日报》发表评论员文章《切实整顿组织部门　落实党的干部政策》。

紧接着，《人民日报》又相继发表《切实清理干部积案　落实党的干部政策》和《老干部的光荣职责》等文章。

6月1日，中组部主办的《组工通讯》第一期上发表了《抓紧落实干部政策》一文。强调：落实党的干部政策是调动千百万人的积极性，恢复党的实事求是优良传统的大事。号召"大家动手，全党办案"。②

接二连三发表的这些文章，使很多人受到了鼓舞，同时也触怒了一些人。一些高级干部责问说："平毛主席定的案子，矛头指向谁？"还有人声称："这是按毛主席指示办的，就是把大楼吵塌了，也不能动！"

6月15日，汪东兴召开中宣部和中央新闻单位负责人会议，几次点了胡耀邦的名和胡耀邦组织的几篇文章：《人民日报》特约评论员关于落实干部政策的几篇文章讲得不对，只讲了一面而没讲另一面，没有分析，好像有一股气，在出气。打着特约评论员的名义在报纸上那么样写，要注意。我给耀邦说，要他在报上写文章要注意。报纸好像什么都翻案……这样翻，将来老百姓要算账的。③

面对巨大的压力，胡耀邦没有退缩。

9月，中共中央办公厅发出通知，召开全国信访工作会议，研究如何处

---

① 王洪模等：《改革开放的历程》，河南人民出版社1989年版，第77页。
② 叶虎：《胡耀邦平反冤假错案纪实》，《文史春秋》1998年第2期。
③ 沈宝祥：《真理标准问题讨论始末》，中国青年出版社1997年版，第80页。

理日益增多的申诉信和上访人员。9月20日，胡耀邦在讲话中指出：落实干部政策的根据是什么？是事实，也就是干部过去的实践。判断对干部的定性和处理是否正确，根本的依据是事实。经过对实际情况的调查核实，分析研究，凡是不实之词，凡是不正确的结论和处理，不管是什么时候、什么情况下搞的，不管是哪一级，什么人定的、批的，都要实事求是地改正过来。这才是彻底的唯物主义。

胡耀邦的这"两个不管"，是针对"两个凡是"而言的，得到了大多数与会者的热烈拥护。

但是汪东兴并不满意，根据他的意见大会秘书处在《简报》中删去了胡耀邦"两个不管"的内容。接着，会议续出的一些简报借用某些会议代表之口，对胡耀邦的讲话进行了一系列批评指责。会议闭幕时，汪东兴在会议总结讲话中，直接面对全体代表，宣称"两个不管"的说法不妥。

然而不久，中组部的《组工通讯》全文发表了胡耀邦的讲话，完全恢复了"两个不管"方针。

这时，关于真理标准问题大讨论正如火如荼地进行。真理标准问题大讨论，使"两个凡是"的阵地越来越小，而胡耀邦提出的平反冤假错案的"两个不管"却得到了人们的广泛拥护。一些省、市、自治区领导干部亲自写文章，发表讲话，消除阻力，推进落实干部政策和平反冤假错案的工作。干部路线的拨乱反正，端正了人们的思想，为平反冤假错案扫清了思想障碍。

3. 在大案上打开缺口

胡耀邦到中组部上任仅半个月，就接到中央专案组转来的一封申诉信。

申诉人王先梅，是"六十一人叛徒集团"案中蒙冤者之一、曾任西藏自治区党委书记的王其梅的遗孀。因其丈夫的历史问题已严重影响到了5个子女，特向邓小平写了申诉信。

对此，邓小平作了批示：请东兴同志批交组织部处理。王其梅从抗日战争起做了不少好事。他的历史问题不应影响其子女家属。建议组织部拿这件事做个样子，体现毛主席多次指示过的党的政策。①

看到邓小平的指示，汪东兴也批示道：请耀邦同志阅办。毛主席历来有批示，应区别对待，不能歧视。

"六十一人叛徒集团"案，是指 1936 年 4 月，在全国抗日救亡运动高涨的形势下，中共中央北方局为了开展工作，解决干部缺乏问题，报请中共中央批准，指示被国民党关押在北平草岚子胡同反省院的薄一波等 61 人，在监狱主管当局印好的"反共启事"上签字而离开了监狱，然后同党组织取得联系，参加了工作。

对于这件事，中共中央早已作过结论，认为这些人出狱没有什么问题。然而"文化大革命"开始后，林彪、康生、江青等人于 1967 年 3 月诬陷"薄一波等人自首叛变出狱，是刘少奇策划和决定，张闻天同意，背着毛主席干的"，将薄一波等 61 人定为"叛徒集团"，制造了这起冤案。

粉碎"四人帮"后，薄一波等受害人及其亲属多次提出申诉，但都被当时的中组部驳回。

1977 年 12 月 31 日，胡耀邦看到党中央两位副主席阅批过的这封申诉信后，立即找了几位同志研究，决定把这个问题的解决，当作彻底平反"六十一人叛徒集团"案的突破口。

1978 年元旦后，在中组部的安排下，王先梅回到轻工业部上班，几个孩子也妥善安排了工作。

然而，平反问题仍然是阻力重重。当胡耀邦向当时主管中央级重大案

---

① 中共中央文献研究室编：《邓小平思想年谱（1975—1997）》，中央文献出版社 1998 年版，第 50 页。

件的负责同志写信提议，是不是把"六十一人叛徒集团"等重大案件转交中组部复查处理时，得到的答复却是：这些案件是经过毛主席和党中央批准才定案的，不能随便翻过来。关于这些案子，结论材料可以交给中共中央组织部，而文书档案不能交。

在这种情况下，胡耀邦断然决定另起炉灶，由中组部自己做调查取证。

然而风云又起。1978年6月9日，汪东兴找胡耀邦与中组部副部长陈野苹谈话。汪东兴说：中央专案组的第一办公室和第三办公室，是"文革"刚起步时党中央决定成立的，由华国锋同志和我们几人（指汪东兴和纪登奎、吴德）直接负责的。这两个办公室的案子，都是经过毛主席批定的。现在应继续贯彻毛主席的指示。"六十一人"问题是经过毛主席和党中央批准才定案的，不能随便翻过来。还有彭德怀、陶铸等人的问题，也不能随意翻过来。所以，关于这些案子，还是原来的那句话：结论材料可以交给组织部，而文书档案不能交。①

考虑到案情重大，胡耀邦向中央负责人汇报平反冤假错案落实干部政策工作时，反映了"六十一人叛徒集团"案中许多人及死者亲属要求复查的强烈愿望，并表示中共中央组织部准备进行复查。

6月25日，邓小平在一份关于"六十一人叛徒集团"案的申诉材料上批示："这个问题总得处理解决，这也是一个实事求是的问题。"②

7月4日，华国锋也指示胡耀邦"'六十一人'的问题要解决，由中组部进行复查，向中央写个报告"③。

有了尚方宝剑，胡耀邦随即指定中组部干部审查局副局长贾素萍等四位同志全力对"六十一人叛徒集团"案进行复查。

---

① 《中共党史资料》总第61辑，中共党史出版社1997年版，第167页。

② 中共中央文献研究室编：《邓小平思想年谱（1975—1997）》，中央文献出版社1998年版，第332页。

③ 戴煌：《胡耀邦与平反冤假错案》，中国工人出版社1998年版，第111页。

经过四个多月的奔波忙碌，查阅了大量档案材料，走访了"六十一人"中的许多当事人和当年北平地下党向狱中党支部传达党中央及北方局决定的有关人员。11月12日，中组部向中央报送了《关于"六十一人叛徒集团"案件的调查报告》，《报告》列举了大量事实后说：我们认为，"文革"中提出的所谓薄一波等"六十一人叛徒集团"是不存在的，是一个错案。

12月16日，党的十一届三中全会召开的前一天，中共中央发布了《中央同意中央组织部〈关于"六十一人叛徒集团"案件的调查报告〉的通知》，正式为此案平反。

"六十一人叛徒集团"案的平反，突破了"两个凡是"的禁区，推动了其他一些重大案件的解决。

4．烟台会议上的争论

给右派"摘帽"，以及对全部错划右派的改正工作，是平反冤假错案中一个影响比较大、涉及面又比较广的工作。

1957年反右派斗争中，全国有55万人被打成右派，其中有97％以上的人是错划。虽然1959年至1964年，中央为了"改造和分化"右派分子，先后分5批摘掉了30余万人的右派分子的帽子。但还有10万余人依然戴着帽子，[①] 就是摘了帽的，他们的工作、生活虽在一定程度上有所改善，但在政治上仍备受歧视，问题没有从根本上解决。

粉碎"四人帮"后，随着各项政策的逐步落实，要求为右派分子"摘帽"的呼声越来越高。

---

① 董宝训、丁龙嘉：《沉冤昭雪——平反冤假错案》，安徽人民出版社1998年版，第29页。

经过一段时间的酝酿，1978年春，专为解决右派问题的会议在烟台举行。会议由中央统战部和公安部牵头，中央组织部、中央宣传部、民政部配合。

然而会议一开始，便发生了原则性的分歧。分歧主要集中在三个方面：一是右派分子改正的范围有多大；二是对改正后的右派怎样安置；三是如果几十万右派都改正过来，会不会乱套。对于这些问题，右派摘帽五人小组的主要负责人认为，全部摘去右派分子帽子后，不再叫他们右派或"摘帽右派"，在妥善安置方面不再歧视他们；但不搞甄别平反，只对极个别确实完全搞错了的，才可以作为个别人的问题予以实事求是的改正。另一种意见则主张，对待右派问题一定要实事求是，不能只对"个别完全搞错了的"才给予改正，而应该错多少，改多少。

经过激烈的争论，只摘帽不平反的意见占了上风。

4月4日，会议以牵头的中央统战部和公安部的名义，向党中央拟了一个《关于全部摘掉右派分子帽子的请示报告》。《请示报告》指出，为了团结一切可以团结的力量，调动一切积极因素，化消极因素为积极因素，为社会主义服务，建议全部摘掉右派分子的帽子。

4月5日，中共中央批准了这一报告，并将这个报告列为1978年的11号文件，转发全国遵照执行。

然而，烟台会议上持后一种意见的同志并没有就此罢休。

回到北京以后，中组部的负责人向胡耀邦汇报了烟台会议的情况，并把烟台会议后写的要求中央重新召开会议的报告递给了胡耀邦。

胡耀邦看后把报告一举，说："我完全赞成。"

事后，胡耀邦让中组部政策研究室的同志以中组部的名义，直接给中央写报告，要求重新审定此事。

报告送上去了，但迟迟没有回音。

经过三个月的期待，中央终于决定：重新审议右派的问题。

1978 年 6 月，五个部在北京再次召开"摘帽"工作会议。会议开始后，又是一场激烈的争论。

坚持"单纯摘帽论"的同志说：过去的是是非非已经过去了，没有必要再一一清账了；今天只要统统摘去帽子，都当作自己人看待，就够可以的了。

统战部的一位副部长在会上说，如果把几十万右派都"改"了过来，全党不就忙得乱套了吗？

统战部的又一位副部长在会下说，不管怎么着，每个地方、每个部门总得留下一些"样板"，不能都改了。①

有的同志则据理力争，认为在我们党的历史上，也曾多次为一些冤假错案平过反、纠过错，结果都是分清了是非，增强了团结，促进了事业的发展，还没听说过"乱了套"。

争论归争论，在真理标准问题讨论影响下，多数人认为应当"改正"，而不应仅限于"摘帽"。会议的"五人小组"领导成员也认同这种意见。

8 月 25 日，以五个部的名义拟订了《贯彻中央关于全部摘掉右派分子帽子决定的实施方案》。这个方案，与烟台会议拟出的《请示报告》相比，特别增加了"关于改正问题"的一段文字：凡不应划右派而被错划了的，应实事求是地予以改正。经批准予以改正的人，恢复政治名誉，由改正单位负责分配适当工作，恢复原来的工资待遇。

9 月 17 日，中央批转《贯彻中央关于全部摘掉右派分子帽子决定的实施方案》，作为这一年的中央 55 号文件下发全党。

根据中央的部署，全国各地和各有关部门开始着手解决这一长达 20 余年、涉及 50 多万人政治生命的重大历史遗留问题。到 11 月中旬，全国右派"摘帽"工作全部完成。

在全部摘掉右派帽子的基础上，中共中央又决定对这些右派分子进行

---

① 戴煌：《胡耀邦与平反冤假错案》，中国工人出版社 1998 年版，第 11 页。

甄别平反。到 1980 年 6 月，共改正错划右派 54 万多人，占原划右派分子总数的 98% 以上，他们的政治名誉得到恢复，工作和工资待遇得到妥善安排。

中央对错划右派的复查改正，解除了长期压在几十万人连同他们的亲属几百万人头上的政治包袱，获得了人民群众的热烈拥护，在海内外产生了积极的政治影响。

5. 又一次较量

1978 年 11 月 10 日，中央工作会议在北京开幕。会前，根据邓小平的建议，会议先用三天的时间，讨论 1979 年把全党工作重点转移到社会主义现代化建设上来的问题。这次会议本来是为党的十一届三中全会做准备的一个例行会议，主要议题是讨论经济问题，但是会议开始后，与会代表提出更为广泛的问题，改变了会议的方向。

11 月 12 日，陈云在东北组率先发言，他首先表示：中央政治局常委、政治局主张从明年起把工作着重点转到社会主义建设上来，实现四个现代化是全党和全国人民的迫切愿望，他完全同意中央的意见。接着，他话锋一转，提出了会议原定议题之外的一件重大事情。他说：安定团结也是全党和全国人民关心的事，干部和群众对是否能安定团结是有所顾虑的。对有些遗留问题，影响大或者涉及面广的问题，中央应该给以考虑和决定。接着他列举了 6 个当时人们普遍关心的有广泛影响的重大政治事件。

陈云的发言，在会场引起强烈反响。大会当即将陈云的讲话印发了简报，很快，所有代表都看到了这份不同寻常的简报，整个会场气氛顿时热烈起来，各组发言的重点迅速集中到解决历史遗留问题、平反冤假错案上来。

11 月 16 日，万里在华东组发言说：陈云提出的 6 个问题要解决，不然人们心里不舒服。

11月17日，杨得志、李成芳在中南组指出：联系天安门事件，我们认为武汉"七二〇"事件也到彻底平反的时候了。陈丕显也提出：上海的"一月风暴"问题也应该弄清楚。

11月27日，聂荣臻在华北组发言说：关于案件问题，陈云在这次会上首先提出来，我很同意。这类问题，面相当大，各省都有一些，如武汉的"百万雄师"、四川的"产业军"，解决这些问题时，注意不要把派性挑起来。关于其他一些重大错案，我也同意陈云同志的意见。还有彭真的问题、陶铸的问题、彭德怀的问题、杨尚昆的问题。

陈云插话道：这些问题不解决，党内党外很不得人心。

王首道发言说：只有把遗留的问题解决了，才能真正达到全党、全军、全国各族人民的团结，把党的工作着重点转移到实现社会主义现代化建设上来。

康克清在华北组的书面发言中建议：凡是林彪、"四人帮"强加于人的一切诬蔑不实之词，都应予以推倒。对过去遗留的问题，对一些人犯错误的问题，还是讲清楚为好。

张鼎丞在西南组发言：为了有利于安定团结，稳定大局，使工作的着重点转移得更好，希望中央对于"文化大革命"中遗留的一些比较大的问题尽快予以解决。

其他组的同志也纷纷发言，希望中央把尚未解决的"文化大革命"中的一些大是大非问题搞清楚。

许多人还对康生、谢富治在"文化大革命"期间的罪行进行了揭发和批判。

可能是出于刘少奇案件的敏感性，会议上没有提到共和国史上这一最大的冤案。

在与会同志的强烈要求下，中央政治局常委进行了认真的讨论和研究。

11月25日，华国锋代表中央政治局在大会上宣布了中央的决定：（一）

为天安门事件平反。中央认为，天安门事件完全是革命的群众运动。应该为事件公开彻底平反。（二）关于所谓"二月逆流"问题。中央认为，所谓"二月逆流"，完全是林彪、"四人帮"颠倒是非，蓄意陷害。其目的是打倒当时反对他们的几位老帅和副总理，进而打倒周总理和朱委员长。因所谓"二月逆流"一案受冤屈的所有同志，一律恢复名誉，受牵连和处分的，一律平反。（三）关于薄一波等 61 人的问题。现已查明，这是一起重大错案。中央决定为这一重大错案平反。（四）关于彭德怀同志的问题。彭德怀同志是老党员，担任过党政军重要职务，有重大贡献。历史上有过错误，但过去怀疑他里通外国是没有根据的，应予否定。骨灰应放到八宝山革命公墓第一室。（五）关于陶铸同志的问题。陶铸同志是老党员，在几十年工作中对党对人民是有重大贡献的。经过复查证明，把陶铸同志定为叛徒是不对的，应予平反。骨灰放入八宝山革命公墓第一室。（六）关于杨尚昆同志的问题。过去把他定为阴谋反党、里通外国是不对的，应予平反。对杨尚昆同志要分配工作，恢复党的组织生活。中央决定，中央专案组结束工作，全部案件移交中央组织部。各级党委设立的专案组也应逐步结束工作。今后不再采取成立专案组审查干部的办法。（七）康生、谢富治民愤很大，对他们进行揭发批判是合情合理的。（八）关于一些地方性重大事件，中央决定一律由各省、市、自治区党委根据情况实事求是地予以处理。对于曾经分裂为两大派的群众组织，要妥善处理，不要引起派性斗争。要引导群众向前看，消除资产阶级派性。

此外，对于"三支两军"工作。中央认为要历史地看。成绩要肯定，出现的错误由中央承担责任。①

这些决定得到了与会者的热烈拥护。大家说，这是坚持实事求是，坚持真理，修正错误的优良传统的具体体现，也是中国共产党兴旺发达的标志。

---

① 马立诚、凌志军：《一次至关重要的中共中央工作会议》，《党史天地》1998 年第 5 期。

　　这次中央工作会议，为大规模地全面展开平反冤假错案铺平了道路。

　　1978年12月18日至22日，党的十一届三中全会在北京召开。全会认真讨论了"文化大革命"中发生的一些重大政治事件，以及"文化大革命"前遗留下来的某些历史问题，决定撤销中央在1976年发出的有关所谓"反击右倾翻案风"运动和处理天安门事件的错误文件，并审查和纠正了过去对彭德怀、陶铸、薄一波、杨尚昆等人所作的错误结论，肯定了他们对党和人民的贡献。会议指出，要遵循实事求是、有错必纠的原则，坚持平反假案，纠正错案，昭雪冤案。

　　12月29日，中共中央批转中共最高人民法院党组《关于抓紧复查纠正冤、假、错案，认真落实党的政策的请示报告》。中共中央在批语中指出，在复查工作中，要真正做到全错全平，部分错部分平，不错不平，严明法纪，有错必纠。

　　一场平反冤假错案的浪潮席卷中华大地。从中央到地方都按照"实事求是、有错必纠"的原则加快了平反冤假错案的步伐，全党上下几十万人搞落实政策的工作，受到迫害的各级党、政、军机关干部陆续得到平反，受到打击、诬陷或迫害的民主人士、知识分子等也恢复了名誉。

　　1980年2月，党的十一届五中全会通过决议，为刘少奇平反，撤销八届十二中全会强加给刘少奇的"叛徒、内奸、工贼"的罪名和把他"永远开除出党，撤销党内外一切职务"的错误决议，撤销原审查报告，恢复刘少奇作为伟大的马克思主义者和无产阶级革命家、党和国家主要领导人的名誉。因刘少奇案受株连的人也得到平反。共和国史上最大的冤案彻底平反了。

　　在平反冤假错案过程中，经过激烈论争，突破了"左"的思想桎梏和"两个凡是"的禁区，推动了全党平反冤假错案工作的全面展开。平反冤假错案，使执政的中国共产党通过认真纠正所犯的错误，赢得了全国人民的信任，也促进了安定团结局面的形成，调动了社会各方面的积极性，为实现工作重点转移创造了良好的政治环境。

第 八 章

冲破思想禁区

——"真理标准问题讨论"的来龙去脉

1976 年 10 月，党中央一举粉碎"四人帮"，结束了十年动乱。

粉碎"四人帮"的伟大胜利，扫除了笼罩在共和国上空的阴霾，阳光照耀着因十年动乱而冰封的大地。举国上下欢欣鼓舞。

人们在欢庆之后，很自然地要寻找今后的发展取向。中国向何处去？人们迫切希望找到答案。

然而，"四人帮"在中国政治舞台上的消失并没有给"文化大革命"的"左"倾错误画上一个句号。"左"的指导思想在党内仍然有重要影响。

怎样才能拨乱反正？"两个凡是"错在哪里？检验真理的标准是什么？

《光明日报》的一篇特约评论员文章，揭开了一场大讨论的序幕。

1．"两个凡是"的出笼

粉碎"四人帮"后，全党和全国人民迫切要求结束"文化大革命"造成的经济和政治形势的混乱状况，在思想上、政治上和组织上来一次拨乱反正，开创社会主义现代化建设的新局面。要做到这一点，就必须对"文化大革命"中所发生的许多是非问题重新进行认识和评价。其中最重要的,是给人们普遍关注的邓小平和天安门事件平反。

然而,历史并没有像人们期望的那样向前发展。

1976 年 10 月 26 日,当华国锋听到广大干部和群众要求邓小平出来工作和为天安门事件平反的情况后,当即对宣传口的负责人作了几点指示:要集中批"四人帮",连带批邓;"四人帮"的路线是极右路线;凡是毛主席讲过的,点过头的,都不要批评;天安门事件要避开不说。

华国锋在粉碎"四人帮"方面起过决定性的作用。然而,他在如何对待毛泽东犯错误这个敏感问题上却讳莫如深。对毛泽东的指示不能有任何怀疑,用他的话说,就是"绝不怀疑,绝不动摇,绝不含糊"①。既然邓小平和天安门事件都是毛泽东定的,那么就不能随意改变。

11 月 15 日至 19 日,中央在北京召开了宣传工作座谈会。汪东兴主持召开了全国宣传工作座谈会。

本来,中央设有宣传部。毛泽东在 1966 年 3 月批评说:"中宣部是阎王殿。"要"打倒阎王,解放小鬼"。于是,中宣部在"文革"中被"砸烂"。中宣部部长陆定一被关进秦城监狱。粉碎"四人帮"之后,由于顾忌毛泽东对中宣部的批评,没有贸然恢复,而是成立了"中共中央宣传口"。当时的"中共中央宣传口"由耿飚、朱穆之、李鑫、华楠、王殊五人组成领导小组,由耿飚牵头。

在会上,汪东兴对人们关注的邓小平问题作了这样的评价。他说,1975年,"毛主席就发现邓小平不行,而且错误是严重的,搞原来那一套。毛泽东见邓不行,另找华国锋,而邓小平的严重错误一直发展到天安门事件"。"邓小平的问题,毛主席已经有一个四号文件。四号文件不管怎样,是正确的,是毛主席指示的"。"毛主席讲过'保留党籍,以观后效'嘛!"邓小平"比

---

① 童青林:《回首 1978——历史在这里转折》,人民出版社 2008 年版,第 23 页。

华国锋差得远嘛！对邓小平试了一下不行嘛！"①

在谈到天安门事件时，汪东兴说，天安门事件被反革命分子利用了。"在批判邓小平错误的时候，反革命利用了这个东西，形成暴乱。"②他非常坚决地表态，天安门事件是"毛主席定的"，绝对不能平反。

11月30日，时任全国人大常委会副委员长的吴德在全国四届人大常委会第三次会议上说了这样一段话。他说："凡是毛主席指示的，毛主席肯定的，我们要努力去做，努力做好。"天安门事件中反"四人帮"是错的，那时，他们还是中央领导，那样做是分裂中央。我们"要把批'四人帮'和批邓结合起来"。

中央的几位领导人的讲话，使刚刚经过"文革"阵痛的人们，再一次感觉心情沉重。

跌宕起伏的1976年终于过去，人们迎来了1977年元旦的钟声，这时，一个新的难题摆在华国锋的面前。

1977年1月8日是周恩来逝世一周年的忌日，全国上下涌动着一股追悼周恩来的热潮。要不要隆重纪念周恩来逝世一周年？

就在华国锋思量怎样才能度过这个艰难时刻的时候，一场群众性的悼念活动开始了。

1977年1月8日，北京干部群众再次涌向天安门，在人民英雄纪念碑和观礼台放上精心制作的周恩来画像和花圈。北京第二外国语学院汉语教研室的童怀周（集体笔名），在《伟大的"四五"运动》一文中这样描写1977年1月8日天安门之夜：

---

① 于光远：《改变中国命运的41天——中央工作会议、十一届三中全会亲历记》，海天出版社1998年版，第115页。

② 于光远：《改变中国命运的41天——中央工作会议、十一届三中全会亲历记》，海天出版社1998年版，第115页。

冲破思想禁区

入夜，天安门广场华灯齐放，泪眼模糊的人民，也能清楚地看见总理微笑挥手的遗颜，墙上革命的诗篇，台上肃穆的花圈，灯下绚丽的花。

此刻，充斥在群众内心的，不仅是悼念，更多的是抗议，是要求讨回是非公正。

大小字报、诗词、标语再次出现在天安门广场。不少单位的群众自发地将1976年"四五运动"时天安门广场的诗词搜集起来，编成诗选，广为散发。诗选最后一首诗的内容是：

"总理奇冤今日白，清明旧案何时清？"

一名叫李冬民的小伙子领着十几位青年在北京长安街上刷出了大字标语：

坚决要求邓小平同志出来工作！坚决要求为"天安门事件"平反！

《人民日报》也想抓住这个机会，打算隆重地、大规模地纪念周恩来逝世一周年。对于这个问题，当时主管宣传的汪东兴这样答复：只发四五篇纪念文章；老干部不要用个人名义写回忆周恩来的文章；不要提周恩来是"伟大的马克思主义者"；周恩来的纪念展览不要对外开放；《人民日报》不要发社论。对周恩来的评价不能超过悼词，因为那是经过毛主席批准的。

闻此指示，《人民日报》有人气愤了："'四人帮'不让悼念周恩来，'四人帮'打倒了，怎么还不让悼念周恩来；不管他！发，发个够！"

1月间，《人民日报》纪念周恩来的宣传，不论在规模上、文章数量上还是评价高度上，都突破了这个禁区。

社会上的这种情况，引起了华国锋等人的高度重视，认为中央有必要进一步表明态度。1977年2月7日，经李鑫组织、汪东兴审定、报华国锋批准，"两报一刊"发表了题为《学好文件抓住纲》的社论，号召学好刚刚发表的毛泽东《论十大关系》和华国锋在第二次全国农业学大寨会议上的讲话这两个重要文件，牢牢抓住深入揭批"四人帮"这个纲。社论明确地提出了"两个凡是"的方针，即：凡是毛主席作出的决策，我们都坚决维护；凡是毛主席的指示，我们都始终不渝地遵循。

《学好文件抓住纲》发表之后，广大干部群众对"两个凡是"提出质疑和批评。一场"两个凡是"和实事求是之争开始了。

2．人们关心的两个重大问题

对于粉碎"四人帮"以后邓小平不能迅速出来主持工作，许多老同志与广大人民群众一样，极为忧虑。天安门事件能否平反，邓小平能否恢复工作，成为当时人们最关心的两个问题。

1977年3月10日至22日，中央工作会议在北京京西宾馆举行。会前，华国锋向各小组召集人打招呼，希望按照"两个凡是"去办，在发言的时候不要触及天安门事件和邓小平复出的问题。

然而，会议并没有按华国锋事先设想的那样进行。邓小平复出已不可避免地成为这次中央工作会议的中心议题之一。

3月13日，陈云在中央工作会议上作书面发言，表明了自己对天安门事件的看法：

"（一）当时绝大多数群众是为了悼念周总理。（二）尤其关心周恩来同志逝世后党的接班人是谁。（三）至于混在群众中的坏人是极少数。（四）需要查一查'四人帮，是否插手，是否有诡计。"①

---

① 《陈云文选》第三卷，人民出版社1995年版，第230页。

第 八 章
冲破思想禁区

关于恢复邓小平工作的问题，陈云明确指出：

"邓小平同志与天安门事件是无关的。为了中国革命和中国共产党的需要，听说中央有些同志提出让邓小平同志重新参加党中央的领导工作，是完全正确、完全必要的，我完全拥护。"①

王震的发言更直截了当，他说："邓小平政治思想强，人才难得，这是毛主席讲的，周总理传达的。1975 年，他主持中共中央和国务院工作，取得了巨大成绩。他是同'四人帮'作斗争的先锋。'四人帮'千方百计地、卑鄙地陷害邓小平。天安门事件是广大人民群众反对'四人帮'的强大抗议运动，是我们民族的骄傲。谁不承认天安门事件的本质和主流，实际上就是替'四人帮'辩护。"②

陈云、王震的发言，激起了与会代表的强烈反响，得到许多与会同志的赞同。在形势的压力下，3 月 14 日，华国锋发表了一个长篇讲话。

华国锋讲话说，最近一个时期，在党内和群众中围绕着邓小平同志的问题和天安门事件的问题有不少议论。在这样一些问题上，我们要站得高一些，看得远一些，要有一个根本的立足点，这就是要高高举起和坚决维护毛主席的伟大旗帜，中央对于解决邓小平的问题和平反天安门事件问题，是坚决地站在维护毛主席的伟大旗帜这个根本立足点上的，如不这样做，就会发生有损旗帜的问题。

华国锋说，批邓、反击右倾翻案风，是伟大领袖毛主席决定的，批是必要的。"四人帮"批邓另搞一套，对邓小平进行诬陷打击，是他们篡党夺权阴谋的组成部分。粉碎"四人帮"之后，中央决定继续批邓，是经过反复考虑的。这样做，就从根本上打掉了"四人帮"及其余党利用这个问题进行反革命煽动的任何借口，从而有利于稳定局势。至于邓小平过去的功过，毛

---

① 《陈云文选》第三卷，人民出版社 1995 年版，第 230—231 页。

② 张湛彬：《大转折的日日夜夜》（上），中国经济出版社 1998 年版，第 202 页。

主席早有全面的评价。1973年邓小平同志重新工作后，是有成绩的，也犯有错误。经过五个多月揭批"四人帮"的斗争，解决邓小平同志的问题，条件逐步成熟。要做到瓜熟蒂蒂，水到渠成。经过党的十届三中全会和党的第十一次代表大会，正式作出决定，让邓小平同志出来工作，这样做比较适当。

在天安门事件的问题上，华国锋说，在"四人帮"迫害周总理，压制群众进行悼念活动的情况下，群众在清明节到天安门去表示自己对周总理的悼念之情，是合乎情理的。但是，确有少数反革命分子把矛头指向伟大领袖毛主席，乘机进行反革命破坏活动，制造了天安门广场反革命事件。我们的同志应该警惕"四人帮"余党和反革命分子的阴谋，不要在天安门事件这样一些问题上再争论了。

虽然华国锋在邓小平复出的问题上，坚持要等到"适当时机"解决；在天安门事件的性质上，要大家不要"再争论了"。但是，他在这两个敏感问题上的态度的松动，为邓小平复出打开了闸门。

4月10日，邓小平给华国锋、叶剑英及中央写了一封信。信中写道："我们必须世世代代地用准确的、完整的毛泽东思想来指导全党全军和全国人民，把党和社会主义事业，把国际共产主义运动的事业，胜利地推向前进。"① 他要求把他的这封信印发全党。

经过二十多天的反复考虑和权衡，华国锋于5月3日同意以中共中央名义转发邓小平的这封信。

中共中央转发邓小平的信，成了邓小平复出的讯号。

坚冰终于打破了。

1977年7月16日，党的十届三中全会在北京召开，全会恢复了邓小平

---

① 中共中央文献研究室编：《邓小平思想年谱（1975—1997）》，中央文献出版社1998年版，第26页。

中央委员、中央政治局委员、中央政治局常委、中共中央副主席、国务院副总理、解放军总参谋长的职务。

3. 一篇文章引起了一场轩然大波

邓小平复出后，在科技和教育战线上率先迈出了拨乱反正的步伐，唤起了文艺界的复苏，但中国向何处去的问题还没有从根本上得以明确。"两个凡是"依然是中共中央一些领导人的思维方式和指导方针。然而，思想的禁锢阻挡不住真理的脚步。一篇文章的发表引起了一场轩然大波。"左"的思想冰封开始解冻。

这篇文章就是《实践是检验真理的唯一标准》。这篇文章的写作汇聚了集体的智慧。

1977 年 5 月，南京市召开拨乱反正理论讨论会。南京大学哲学系的教师胡福明参加了会议。也就是这次会议，胡福明邂逅了《光明日报》哲学组组长王强华。

胡福明在会上作了发言。胡福明的发言，引起了王强华的注意，他发现胡福明对一些问题有自己的独立见解，便主动约他为《光明日报》"哲学"副刊写篇文章，内容是批判"四人帮"，从理论上拨乱反正，但没有确定具体的题目。

经过反复思考，胡福明确定以"实践是检验真理的标准"作为文章的主题。

经过三次修改后，9 月初，胡福明把这篇题为《实践是检验真理的标准》的初稿寄给《光明日报》哲学组的王强华。

此后，《实践是检验真理的标准》一文又作了五次修改，并将题目改为《实践是检验一切真理的标准》。

1978 年 4 月 10 日，一张《光明日报》"哲学"专刊大样，送到了新任总编辑杨西光的案头。他立即被"哲学"上的头条署名胡福明的文章《实践是检验一切真理的标准》吸引住了。杨西光详细审阅之后，把王强华叫去，要求把它从专刊上撤下来。杨西光提出的意见有两条：一是像这样重大主题的文章应该放在第一版刊登，在专刊上发表影响小，太可惜了；二是文章要进行重大修改，主题应该是针对当前理论和实践关系问题上的混乱思想，作出比较充分的论证。①

又经过几次修改，文章终于定稿。文章题目也作了改动，将"一切"去掉，加上"唯一"二字，以增强文章的针对性和战斗力。

5 月 10 日，中央党校内部刊物《理论动态》第 60 期刊出经时任中央党校副校长胡耀邦修改审定的《实践是检验真理的唯一标准》一文。

5 月 11 日，《光明日报》在头版，以"特约评论员"的名义发表了这篇文章。

《实践是检验真理的唯一标准》一文，约 6600 字，分为四个部分：（一）检验真理的标准只能是社会实践；（二）理论与实践的统一是马克思主义的一个最基本的原则；（三）革命导师是坚持用实践检验真理的榜样；（四）任何理论都要不断接受实践的检验。

这篇文章阐明了马克思主义认识论的一个基本问题，即社会实践不仅是检验真理的标准，而且是唯一的标准。文章指出，凡是科学的理论，都不会害怕实践的检验。马克思主义的理论宝库并不是一堆僵死不变的教条，它要在实践中不断增加新的观点、新的结论，抛弃那些不再适合新情况的个别旧观点、旧结论。现在，"四人帮"强加在人们身上的精神枷锁，还远没有完全粉碎，"《圣经》上载了的才是对的"这种倾向依然存在。无论在理论上或实际工作中，"四人帮"都设置了不少禁锢人们思想的"禁区"，对于这

---

① 王强华：《杨西光与第一篇"真理标准"文章的发表》，《炎黄春秋》1995 年第 5 期。

些"禁区"，我们要敢于去触及，敢于去弄清是非。科学无禁区。凡有超越于实践并自奉为绝对的"禁区"的地方，就没有科学，就没有真正的马列主义、毛泽东思想，而只有蒙昧主义、唯心主义、文化专制主义。社会主义对于我们来说，有许多地方还是未被认识的必然王国。我们要完成这个伟大的任务，面临着许多新的问题，需要我们去认识，去研究，躺在马列主义、毛泽东思想的现成条文上，甚至拿现成的公式去限制、宰割、裁剪无限丰富的飞速发展的革命实践，这种态度是错误的。我们要有共产党人的责任心和胆略，勇于研究生动的实际生活，研究现实的确切事实，研究新的实践中提出的新问题。只有这样，才是对待马克思主义的正确态度，才能够逐步地由必然王国向自由王国前进，顺利地进行新的伟大的长征。

5月12日，《人民日报》《解放军报》等七家报纸作了转载。

此后，又有多家省市报纸相继转载。

文章的发表犹如投石击水，引起轩然大波，一场大规模的思想较量展开了。

有人认为这篇文章犯了方向性的错误。理论上是错误的，政治上问题更大。文章否认真理的相对性，否认马克思主义的普遍真理。文章说马克思主义要经过长期实践证明以后，才是真理；列宁主义关于帝国主义时代个别国家可以取得革命胜利的学说，只有经过第一次世界大战和十月革命的实践以后，才能证明是真理。就是说列宁提出这个学说时不是真理，一定要等到23年以后，实践证明了才是真理。那么，人们怎么会热烈拥护，会为之贯彻执行而奋斗呢？文章是提倡怀疑一切，提倡真理不可信、不可知，相对真理不存在，真理开始提出时不是真理，要经过实践检验才是真理。这是原则错误。文章在政治上很坏很坏。文章用很大篇幅讲马克思、恩格斯如何修改《共产党宣言》，毛主席如何修改自己的文章，作者的意思就是要提倡我们去怀疑毛主席的指示，去修改毛泽东思想，认为毛主席的指示有不正确的地方，认为不能把主席指示当做僵死的教条，不能当《圣经》去崇拜。很明显，作者的意图就是要砍旗。文章批判林彪"一句顶一万句""句句是真理",难道一句顶一句也不行?难道句句都不是真理才对吗?毛泽东思想是我们团结的基础,如果去怀疑主席指示有错,认为要修改,大家都去争论哪些错了,哪些要改,我们的党还能团结一致吗?我们的国家还能安定团结吗?所以这篇文章在政治上是要砍倒毛泽东思想这面红旗,是很坏很坏的。[①]

还有人认为:"新华社不该转发《实践是检验真理的唯一标准》这篇文章。《实践是检验真理的唯一标准》是一篇错误的文章。"

5月17日,汪东兴在一个会议上公开点了这篇文章的名。他说:"此文理论上是荒谬的,思想上是反动的,政治上是砍旗帜的。""如果实践是检验真理的唯一标准,那么现在党所提出的十一大路线是不是真理?是否要等到四个现代化实践之后,实践证明了才是真理?"他还说:这篇文章"实际上是把矛头指向主席思想,我们的党报不能这么干。这是哪个中央的意见?要坚持、捍卫毛泽东思想,要查一查,接受教训,统一认识,下不为例"。他还特别嘱咐张平化道:"平化同志你要把关。"

既然汪东兴要张平化把关,当天下午,张平化便紧急邀请全国教育工作会议的代表团团长们到钓鱼台国宾馆开会。他说:这篇文章,听说有两种意见。一种认为很好,另一种意见说很不好。我现在也没有完全摸透,大家可以看看,小范围可以议论议论,发表不同意见。不要因为《人民日报》转载了,新华社发了,就成定论了。毛主席生前说过:不管哪里来的东西,包括中央来的,都要用鼻子嗅一嗅,看看是香的还是臭的,不要随风转。张平化还要求大家回去之后向省委常委汇报。

形势陡然紧张起来。面对来一些人的指责,胡耀邦等人面临着巨大的政治压力。

---

① 参见沈宝祥:《真理标准问题讨论始末》,中国青年出版社1997年版,第110页。

关键时刻，邓小平最先表态了。

文章刚发表时，邓小平没有注意到。后来他听说有人对这篇文章攻得很厉害，就找来认真阅读。5月19日，邓小平在接见中央文化部核心领导小组负责人时明确表示："文章符合马克思列宁主义嘛，扳不倒嘛！"①

5月30日，邓小平在同胡乔木等人谈准备在全军政治工作会议上讲话内容的问题时，明确提出要着重讲讲关于真理标准问题。

他说："我这次会议的总结发言，准备讲三个问题：第一个问题，就是要讲实事求是是毛泽东思想的根本态度、根本观点、根本方法。着重讲第一个问题。""毛泽东思想最根本的最重要的东西就是实事求是。现在发生了一个问题，连实践是检验真理的标准都成了问题，简直是莫名其妙！"②

6月2日，邓小平在全军政治工作会议上发表重要讲话，他强调指出："马列主义、毛泽东思想的基本原则，我们任何时候都不能违背，这是毫无疑义的。但是，一定要和实际相结合，要分析研究实际情况，解决实际问题。按照实际情况决定工作方针，这是一切共产党员所必须牢牢记住的最基本的思想方法、工作方法。实事求是，是毛泽东思想的出发点、根本点。这是唯物主义。不然，我们开会就只能讲空话，不能解决任何问题。"③

邓小平的讲话，旗帜鲜明地批评了"两个凡是"，坚决地肯定和支持了关于真理标准问题的讨论，引起了强烈的反响。

6月3日，《人民日报》以《邓副主席精辟阐述毛主席实事求是光辉思想》为题，详细介绍了邓小平的讲话。同时，还加了几行按语，鲜明地表达了报社的立场。

6月15日，汪东兴召集中共中央宣传部和中央直属新闻单位的负责人

---

① 参见王洪模：《改革开放的历程》，河南人民出版社1988年版，第69页。

② 中共中央文献研究室编：《邓小平年谱（1975—1997）》（上），中央文献出版社2004年版，第319—320页。

③ 《邓小平文选》第二卷，人民出版社1994年版，第114页。

开会，着重批评《人民日报》，点了胡耀邦的名，还点了"特约评论员"的名。他说：党报要讲党性，《红旗》杂志是党的刊物，《人民日报》是党报，新华社是党的喉舌，《光明日报》也是党报。党性与个性要摆得对，允许个性，但个性要服从党性。"不能因为在'文化大革命'中受了冲击，就把'文化大革命'说得一钱不值。最坏的是把矛头对准毛主席。"还有一些特约评论员，他们"写的东西不好"。"特约，是谁么！不知道。听说有的是社会科学院写的，有的是党校写的，有的是组织部写的。这些特约评论员文章，有问题。"有些特约评论员文章好像有股气，要出气，"利用文章出气不对。这要研究，我有意见"。《人民日报》对部队政治工作会议的新闻报道"也有问题"，邓副主席讲话标题是精辟阐明了毛泽东思想，这对。但是，"对华主席的讲话、叶副主席的讲话为什么就不标'精辟阐明'呢？难道华主席、叶副主席的讲话就没有精辟阐明毛泽东思想吗？这样标题不是有意的吗？"他提醒说：要注意特约评论员文章，"有几篇不是那么恰当"。他还说："我对胡耀邦同志说，政治路线犯了错误，我们负不起责任，第一是我，第二是乌兰夫，第三是平化。组织路线犯了错误，第一是我，第二是你负责。"

面对责难，有人认为，有必要再组织一篇有分量的文章，对之进行反驳。

6月24日，《解放军报》以特约评论员名义发表了《马克思主义的一个最基本的原则》，系统地从理论上回答了对真理标准提出的责难。

次日，《人民日报》和《光明日报》转载，新华社播发了全文。

然而纷争远没有结束。《马克思主义的一个最基本的原则》一文发表后，汪东兴继续对讨论施加压力。7月，他在同山东省委负责人的谈话中提出："一不要砍旗，二不要丢刀子，三不要来一百八十度转变。"他说，现在报纸上只宣传十七年，宣传粉碎"四人帮"后的两年，不宣传"文化大革命"。"文化大革命"成绩是主要的嘛！三七开嘛！

与此同时，华国锋也指示中央宣传部门和一些省、市的某些负责人对真理标准问题的讨论"不表态""不卷入"。

在这个关键时刻,邓小平又出来表态了。

7月21日,邓小平找张平化谈话,要求他不要再"下禁令""设禁区"了,不要再把刚开始的生动活泼的政治局面拉向后退。

第二天,邓小平又同胡耀邦进行了一次谈话,旗帜鲜明地支持这场讨论。

9月16日,邓小平在听取吉林省委汇报时,批评"两个凡是"不是高举毛泽东思想的旗帜,而是损害毛泽东思想。

邓小平的支持,有力地推动了真理标准问题讨论在全国的展开和深入。从1978年9月下旬至11月,有20个省、市、自治区党委负责人发表支持真理标准问题讨论的谈话。此外,中国人民解放军沈阳、广州、兰州、南京、福州、济南、成都、新疆、昆明、北京、武汉、上海等地部队的首长们,也都先后表态,支持实践是检验真理的唯一标准。截至1978年底,全国中央及省级报刊共刊登关于真理标准问题的讨论文章650多篇,形成以理论界为主力,波及全国,影响各界,人人关注的全民讨论热潮。政治力量的天平倒向了坚持实践标准的一边。

4.中央工作会议上的争论

1978年11月10日开始的中央工作会议,是为党的十一届三中全会做准备的。参加会议的有各省、市、自治区和各大军区的主要负责人,中央党、政、军各部门和群众团体的主要负责人。

这次工作会议,主要议题是讨论经济问题,把全党工作转移到社会主义现代化建设上来。然而会议开始后,陈云率先提出解决历史遗留问题的意见,把会议讨论引向了拨乱反正。

在绝大多数与会者的强烈要求和呼吁下,11月25日,华国锋代表中央政治局向会议宣布了对包括天安门事件等在内的一些历史遗留问题的平反决定。这些决定得到了大多数与会者的热烈拥护。

根据华国锋的意见，从 11 月 27 日起会议开始转入对 1979 年、1980 年经济计划和李先念在国务院务虚会上的讲话的讨论。然而，尽管重大历史遗留问题基本解决了，但党在指导思想方面的问题并没有得到充分讨论，虽然有的代表在发言中提到了真理标准问题的讨论，并对《红旗》杂志和中宣部对这场讨论的态度提出了批评，但当时大家的主要注意力还集中在解决遗留问题方面。因此，在基本解决了遗留问题后，就不可避免地要提出思想路线问题。真理标准问题再次成为焦点，一场思想的交锋又开始了。

11 月 27 日，也就是在政治局宣布中央工作会议开始讨论经济问题的那一天，有几位宣传口的代表先后在分组会上发言。

有人指出：不赞成把真理标准的讨论看成是政治问题、路线问题，是关系国家前途命运的问题，不赞成已见诸许多报刊的"来一个思想解放运动""反对现代迷信"等口号。

有人仍然认为，讨论真理标准问题，是提倡怀疑一切，是在实际上引导人们去议论毛主席的错误，不符合党的十一大的方针。

还有人说："在关于真理标准问题的讨论中，有的文章的内容，直接或间接提到毛主席，有一种诱导人们去议论毛主席错误的倾向，我以为是不恰当的，后果是不好的。"①

这些发言者原本是批评关于真理标准问题的大讨论，然而事与愿违，却遭到多数与会代表的反对和驳斥。

胡乔木在大组讨论时指出，真理标准问题的讨论，目前已经不是一般理论问题。总结"文化大革命"正反两方面经验，如果不解决这个根本观点、根本方法，用什么标准来判定路线、理论、思想的是非？怎样引出真理的经

---

① 孙大力等：《新的起点：1978 年的中国》，中国工人出版社 1999 年版，第 214 页。

验教训来？是非不清，又怎么能落实党的政策？

万里在发言时说：当前，"实践是检验真理的唯一标准"和关于"两个凡是"的讨论已经公开化了。这是党内一场严肃的政治斗争和路线斗争，是关于如何按照马列主义、毛泽东思想搞四个现代化的斗争，这不只是一个理论之争，也不只是发生在下面，是发生在党的核心内。问题已经揭开，不必回避……这个问题解决好了，大家无后顾之忧。

习仲勋在大组发言时指出，关于实践标准的问题，是个思想路线问题，对实际工作关系很大，是非搞不清楚，就不能坚持实事求是。

徐向前在发言时说：实践标准，是马克思主义的根本观点。这个问题不搞清楚，对我们的工作影响很大，它关系到我们究竟执行什么路线的问题。马列主义、毛泽东思想要丰富、要发展，不能把革命导师的每句话永远不变地照搬。

……

代表们还建议，在中央工作会议之后召开一次理论工作务虚会，以求对思想理论问题进行深入的讨论。大家还要求党中央对这场讨论明确表态，以彻底解决思想路线问题。

12 月 13 日，华国锋在中央工作会议的闭幕会上的讲话中，对"两个凡是"的错误作了检讨。他说，1977 年 3 月中央工作会议时他曾讲过：凡是毛主席作出的决策都必须拥护；凡是损害毛主席形象的言论，都必须制止。后来发现，第一句话，说得绝对了；第二句话，确实是必须注意的，但如何制止也没有讲清楚。当时对这两句话考虑得不够周全。现在看来，不提两个"凡是"就好了。至于 1977 年 2 月 7 日 "两报一刊"社论中提出的"两个凡是"，就更加绝对，更为不妥。以上两处关于"两个凡是"的提法虽不尽相同，但在不同程度上束缚了大家的思想，不利于实事求是地落实党的政策，不利于活跃党内思想。

早在 12 月 8 日，汪东兴就在中央政治局会议上就自己的错误作了检查。

13 日这天，他又在大会上作了书面检查。他说，1977 年 2 月 7 日"两报一刊"《学好文件抓住纲》的社论中提到了"两个凡是"的问题，当时我是同意这个提法的，这篇文章是经我看过上报中央审批的。后来看，这个提法是不妥当的，是不利于实事求是落实党的政策的。对于真理标准问题的文章，我发现有不同意见和看法后，没有及时组织领导好这个讨论，以便通过讨论，统一思想，统一认识。在这个问题上，我负有领导责任。他还恳请中央，免除自己的一切职务。

华国锋的自我批评和汪东兴的检讨，客观上宣告了"两个凡是"的终结和实践标准的胜利。

随后召开的党的十一届三中全会正式对真理标准问题的讨论作了肯定。全会公报指出：会议高度评价了关于实践是检验真理的唯一标准问题的讨论，认为这对于促进全党同志和全国人民解放思想，端正思想路线，具有深远的历史意义。一个党，一个国家，一个民族，如果一切从本本出发，思想僵化，那它就不能前进，它的生机就停止了，就要亡党亡国。①

1979 年春，中央和一些省、市、自治区分别召开了理论工作务虚会，进一步清算了"两个凡是"和其他"左"的错误。随后又进行了真理标准讨论补课和党的思想路线教育活动，直到 1980 年，真理标准问题的讨论基本结束。

关于真理标准问题大讨论，实际上是两种执政指导思想的较量，它打破了过去盛行的个人崇拜和教条主义的精神枷锁，冲破了"左"的思潮和"两个凡是"的束缚，是一次伟大的思想解放运动。

真理标准问题的讨论虽然已经成为历史，但是由这场大讨论所重新确立的党的解放思想、实事求是的思想路线，将始终是我们党取得事业胜利的一大法宝。只有坚持这条思想路线，才能把改革开放和社会主义现代化事业不断推向前进。

---

① 《三中全会以来重要文献选编》（上），人民出版社 1982 年版，第 2 页。

第 九 章
要"集体"还是要"单干"?
—— 一波三折的"包产到户"

民以食为天。然而，在人民公社的体制下，很多农民的温饱问题没有解决。

穷则思变。农民自发创造的"包产到户"责任制受到了农民的广泛欢迎。

然而，它却命运多舛，一经出现，就引发了激烈的争论，并都以与资本主义和"右倾"错误思想相联系的理由而被打压下去。

"包产到户"是走资本主义道路还是社会主义道路？要"集体"还是要"单干"？就让我们打开历史的画卷，回顾一下"包产到户"的一波三折。

1．在两条道路的辩论中受重创

1956年，我国的农业合作化以惊人的速度发展。1956年2月中旬，入社农户由1955年6月占全国农户总数的14%猛增到85%。到6月，高级农业社已成为农村合作经济的主要形式。

高级社体制是在农业合作化高潮中建立起来的，它的主要弊端，一是劳动管理过于集中，采取集中劳动的方式，出工"一窝蜂"，干活"大呼隆"，社员没有生产自主权；二是分配上平均主义倾向严重。高级社采用以劳动日为计算单位的记工方法，按工分分配。但由于农业生产的特点，社员的劳动效果很难通过工分表现出来，按工分分配不可避免地造成吃"大锅饭"。劳动管理的高度集中和分配上的平均主义大大挫伤了社员的劳动积极性。

1956 年春，浙江省永嘉县实现了农业合作化，像全国其他地方一样，办起了高级农业生产合作社。参加高级社的农民，对当时存在的这种"管理不善，责任不一，效率不高，窝工浪费"的现象很有意见，特别是对劳动时窝工浪费意见很大。他们说"早上排排队，田头'烟妹妹'（抽香烟），晚上开开会，干起活来一大片，走起路来一长串"，"这样大呼隆，不要说增产增收，就是老本也难保"。①

就在永嘉县委面对高级社出现的矛盾感到束手无策的时候，一篇发表在 1956 年 4 月 29 日的《人民日报》署名"何成"的短文，引起了永嘉县委副书记李云河的注意。

这篇文章第一次突破了"生产组和社员不能包工包产"的禁区，提出了对"组"和"社员"建立包工包产责任制的设想。文章介绍了安徽芜湖地区有的农业生产合作社实行了"生产队向管委会包工包产，生产组向生产队包工包产"的办法。这些合作社认为："如果只是生产队向管委会包工包产，而生产组只包工不包产，就不能适应生产发展的需要。"文章借用了一个生产队长的话表达了作者的看法："光是生产队包工包产，我这个队长就成了一条光杆，抓不住人，全队不能一条心；这样，生产队包了产也没法实现。"文章在介绍了四川江津地区包工包产到社员的做法以后，又提出："只有这样才可以把生产责任制贯彻执行到底；也只有这样，才可以使全社的生产计划的完成更有保证。"

---

① 《农村改革风云实录》，中国文史出版社 1998 年版，第 42 页。

看到这篇文章,李云河如获至宝,认为找到了解决矛盾的办法。

5 月 15 日,李云河在永嘉县新桥乡参加温州地区农村问题的"群医会诊"。在面对问题研究对策时,李云河宣读了何成的那篇文章,具体阐述了建立"组""户"生产责任制的设想,正式向主持会议的温州地委农工部郑加顺部长提出试验"包产到户(组)"的要求。与会代表对这个问题议论纷纷,褒贬不一。郑加顺经过慎重考虑之后说:"李云河同志提出的建议和要求很重要,是切中时弊的,但事关重大,要慎重从事,我看试验可以,推广不行。"这最后两句话,算是中共温州地委对永嘉试验"包产到户(组)"的首次表态。从此,永嘉县"包产到户"的序幕拉开了。①

永嘉县委的试点工作组借鉴初级社的经验,搞了几个责任制的方案,把基本的核算单位缩小到队,即"四包"(即包产、包工分、包肥、包农具)到队,并且把劳动责任同个人挂钩。

在永嘉县委的指示和要求下,永嘉县的"包产到户"迅速在全县展开,很快成了燎原之势。据统计,当时永嘉县共有 200 多个高级农业生产合作社实行了"包产到户"。② 受永嘉县的影响,温州地区实行"包产到户"的有 1000 多个农业社,17.8 万多农户,占入社农户的 15% 左右。

"包产到户"推行以后,效果很好。经过社员讨论总结,主要有"六好""五高""八多""五少"。"六好"是:责任清楚好,劳动质量好,大家动脑筋好,增产可靠好,干群关系好,记工方便好。"五高"是:农活质量高,粮食产量高,学技术热情高,劳动模范威信高,最后生活一定会提高。"八多"是:增积土肥多,养猪养的多,学技术的人多,千斤田增多,生产能手增多,勤劳的人多,关心生产的人多,和睦团结多。"五少"是:偷工减料的少了,懒人少了,装病的少了,误工浪费的少了,放掉农业出去搞副业的

---

① 《农村改革风云实录》,中国文史出版社 1998 年版,第 43 页。

② 陈吉元等主编:《中国农村社会经济变迁(1949—1989)》,山西经济出版社 1993 年版,第 270 页。

人少了。①

然而，"包产到户"一出现，争论便随之而来。

农民讲："自由了""解放了""好得很"。但也有干部说："分田了""单干了""糟得很"。

1956年11月19日，中共温州地委机关报《浙南大众》发表了题为《不能采取倒退做法》的评论员文章，指责永嘉县搞的"包产到户"是发扬"小农经济积极性"，是"打退堂鼓"。评论指出："包产到户"以后，社员的生产积极性虽然比集体劳动管理得不好的时候有些提高，但由于分散经营的种种弱点，必然会像过去单干或互助组的时候一样，在生产上带给各户"社员"越来越大的困难，因此，这种积极性是不能持久的。他们所说的增加生产不仅是微小的，增长的速度比逐步搞好集体经营的合作社相差越来越远，而且不久之后就会停滞不前。所以"包产到户"根本不是像某些干部所说的先进制度，而是一种倒退的做法。

面对责难，1957年1月27日，李云河在《浙江日报》发表《"专管制"和"包产到户"是解决社内主要矛盾的好办法》一文。文章指出：个人专管和"包产到户"，只是产量责任到户，是农业生产合作社统一经营、集体劳动的补充部分，它在整个经营方式上占着从属、次要的地位，为主的、起决定作用的是统一经营、集体劳动。"专管制"和"包产到户"，是解决社内主要矛盾的好办法。不仅不会使农村产生资本主义，使新的生产关系变质，在方法上讲也绝不是"倒退"，而是有效地提高社内生产力的先进方法。

李云河的文章发表后，永嘉的形势一度好转，曾经批评"包产到户"的一些领导干部也比以前客气多了，并建议永嘉县委对"包产到户"的社不要都纠正光，留几个社试试看。

---

① 陆学艺：《联产承包责任制研究》，上海人民出版社1986年版，第34页。

然而，好景不长。3月8日，在浙江省委和温州地委的指令下，永嘉县委作出了《坚决彻底纠正"包产到户"的决定》，永嘉县的"包产到户"试验就此结束。

然而斗争远未结束。随着全党整风运动和反右派斗争的开展，形势发生了变化，尤其在农村开展的以"社会主义道路还是资本主义道路"为实质的农村"大辩论"中，对"包产到户"的看法已不再是不同意见的争论，而是把"包产到户"看成是敌我矛盾，进行严厉的批判了。

7月31日，《浙南大众报》发表了《打倒"包产到户"，保卫合作化!》的文章。文章指责"包产到户"的本质是"挂羊头卖狗肉""挂着社会主义的牌子，走资本主义道路"。文章中说："'包产到户'现在虽然已在许多地方被丢进了垃圾桶，'但也还有一部分干部和农民眼睛未亮，'抱着狐狸精当美女'，恋恋不舍。"文章还列举了"包产到户"的十大"祸害"，并说"按劳分田、'包产到户'"是"右派分子用来射击农业合作社的一枝毒箭，是包着糖衣的砒霜"[①]。

10月9日，《人民日报》发表新华社记者的报道《温州专区纠正"包产到户"的错误做法》，称"包产到户"是"离开社会主义道路的原则性、路线性错误"。

10月13日，《人民日报》发表了署名"南成"的文章:《调动农民什么样的积极性》。此文点了广东顺德、浙江温州、江苏江阴等地的名，强调"包产到户"是农村中两条道路的斗争。所调动起来的只是少数富裕中农个体经济的积极性，而广大贫农、下中农的社会主义积极性却遭受了挫折。并认为，这些地方搞"包产到户"，是"有的人想摆脱社会主义的轨道，重新再走过去的回头路"。

---

① 罗军生:《建国后"包产到户"一波三折的坎坷命运》，《党史博采》2005年第11期。

　　既然认定"包产到户"是走"资本主义道路"，那么首倡"包产到户"的人在反右派斗争中遭受劫难就无法避免。浙江省永嘉县委是全国第一个支持"包产到户"的县级党委，因此，当时受到的错误处理最为典型。

　　1957年9月2日，中共中央发出《关于严肃对待党内右派分子问题的指示》。浙江省委、温州地委遵照这一指示，从1958年2月至6月，对永嘉县主张搞"包产到户"的有关人员进行了处理。永嘉县委书记李桂茂被划为中右分子，撤销党内外一切职务；永嘉县委副书记李云河被划为右派分子，开除党籍，撤销一切职务，下放工厂劳动改造；县委农工部长韩洪昌被撤销职务；农工部干事戴浩天被定为反革命分子，判处管制三年。带头搞"包产到户"的农村干部和农民受到惩处，全县被判处劳改的有20人，遭到批判的有200多人。枫林镇农民许存权、徐贤远等八人因闹包产、闹分社，以反革命集团罪被分别判处6年至20年有期徒刑。

　　第一次"包产到户"就这样在农村开展的两条道路"大辩论"中无疾而终了。

2．人民公社体制下的自救之道

　　1958年在全面"大跃进"的同时，农村掀起了人民公社化运动。在短短几个月时间里，全国约75万个农业社合并改建为26425个人民公社，参加农户占全国总农户的98％，全国形成了整齐划一的人民公社体制。[1]

　　人民公社体制在当时被称为"走向共产主义的金桥"，经营方式是集中劳动、集中经营，分配方式按工分平均分配。这种体制导致的弊端是：干活

---

　　[1]　郗百顺：《十一届三中全会前包产到户的两起两落及其经验教训》，《河北师范大学学报》1991年第1期。

"大呼隆"，分配"大锅饭"。当时有很多民谚形象地描绘了这种弊端，比如，"出工鹭鸶探雪，收工流星赶月，干农活李逵说苦，争工分武松打虎。"①"一队的钟，二队的哨；三队的铁轨，四队的号；五队的队长满街跑，六队的干部挨门叫；一天到晚挺热闹，就是社员喊不到。"②

人民公社暴露出的种种问题使农民深受其害。1959 年春，不少地方出现春荒。湖北省春荒严重，以致连 200 多万人口的武汉市粮食供应也颇感紧张。河北省 30 多个县缺粮，10 多个县缺粮严重。广东饿肿 1 万多人，其中死 134 人。③

面对人民公社存在的问题，党中央从 1958 年 11 月至 1959 年 4 月连续召开第一次郑州会议、武昌会议、八届六中全会、第二次郑州会议、上海政治局扩大会议和八届七中全会，对人民公社进行整顿。

在对人民公社体制调整过程中，一些地区积极谋求自救之道，主张实行"包产到户"。

在甘肃，有的农民提出"包产单位越小越好"。武都县隆兴公社红石生产队把土地、车马、农具按劳动力固定到户。还有的生产队基本取消了集体劳动，把全部农活或大部分农活包工到户。

在湖南，有些农民认为"人民公社不如高级社，高级社不如初级社"，主张把土地、耕牛、农具和粮食下放到户，把产量、产值包到户。④

在江苏，有的地区提出"土地分到户，耕牛农具回老家"的要求，有的地区实行"定田到户，超产奖励"的办法。⑤

---

① 凌志军：《历史不再徘徊——人民公社在中国的兴起和失败》，人民出版社 1997 年版，第 48—49 页。

② 陈文斌：《兰考板话》，新华出版社 1983 年版，第 255 页。

③ 徐勇：《包产到户沉浮录》，珠海出版社 1998 年版，第 67 页。

④ 丛进：《曲折发展的岁月》，河南人民出版社 1992 年版，第 233 页。

⑤ 丁龙嘉：《改革从这里起步》，安徽人民出版社 1998 年版，第 95 页。

河南省新乡地区 60% 以上的生产队，洛阳地区 800 多个生产组，都先后不同程度地实行了"包产到户"。

然而，由于"大跃进"、人民公社化运动刮起来的那些"左"的东西在很多地方还没有得到彻底纠正，再加上人们对"包产到户"在 1957 年受到的批判和打击记忆犹新，所以这次"包产到户"实行的范围并不大，时间也只有三四个月。庐山会议之后，在反右倾错误的影响下，"包产到户"受到牵连，再次成了批判和打击的对象。

由于"大跃进"和"共产风"的再度泛滥，以及自然灾害的影响，粮食严重缺乏。从 1961 年春季开始，为度过全国性的饥荒，逐步恢复和发展农业生产，在不少地方重又实行"包产到户"责任制。

1960 年上半年，中共安徽省委在第一书记曾希圣的领导下，为了扭转农业生产大幅下降的严重局面，决定在全省小范围试行包工、"包产到户"责任制。

为了避开"包产到户"的"恶"名，决定将其含蓄地称为"责任田"，全称是"田间管理责任制加奖励"，具体内容包括"包产到队，定产到田，责任到人"。同时，为了克服"包产到户"可能会出现的破坏集体经济的问题，又提出了"五统一"原则，即计划统一、分配统一（包产部分）、大农活和技术活统一、用水管水统一、抗灾统一，要求在"五统一"的基础上实行"责任田"。

此时，毛泽东正在寻求如何解决人民公社严重的饥荒问题。1961 年 3 月，曾希圣在广州工作会议期间向毛泽东汇报安徽部分农村生产队实行"责任田"的情况，毛泽东表态说："你们试验嘛！搞坏了检讨就是了。如果搞好了，能增产 10 亿斤粮食，那就是一件大事。"7 月，毛泽东在安徽蚌埠又对曾希圣说："你们认为没有毛病就可以普遍推广。""如果责任田确有好处，可以多搞一点。"[①]

---

① 《中国农业合作史资料》1986 年第 1 期。

得到毛泽东的指示，曾希圣如获至宝，于是"责任田"在全省广泛试行起来。到 8 月份，全省实行"责任田"的队增加到 74.8%；10 月又发展到 84.4%。1962 年 2 月，安徽全省试行"责任田"的已达 261249 个生产队，占生产队总数的 90.1%。[①]

在安徽省的影响下，浙江、山东、陕西、广西、贵州、广东、湖南、河北等地都不同程度地实行了以"包产到户"为主的生产责任制。

尽管广大农民对"包产到户"是如此地拥护，"包产到户"的成效也如此地显著，但在当时继续维护和坚持人民公社"一大二公"体制的情况下，"包产到户"不可避免地引起了广泛的争论。

1962 年 3 月，改组后的安徽省委召开省地县三级干部会议，对"责任田"问题进行了讨论，认为这个办法在方向上是错误的，必须坚决地彻底加以纠正。

3 月 20 日，安徽省委正式通过《关于改正"责任田"办法的决议》。《决议》指出："责任田"办法实际上就是"包产到户"，它与中央"六十条"和《关于改变农村人民公社基本核算单位问题的指示》精神是背道而驰的。因为这个办法是调动农民的个体积极性，引导农民走向单干，其结果必然削弱和瓦解集体经济，走资本主义道路。这个办法在方向上是错误的，是不符合广大农民的根本利益的。必须坚决地把它改正过来。[②]《决议》还规定了改正"责任田"的方法和步骤，总的要求在 1962 年内大部分改过来，其余部分在 1963 年内改正过来。

接着，其他省份也开始了批判和纠正"包产到户"的工作。

3 月 29 日，山东省委向全省转发了《省委农村工作部关于处理社员退社和对待单干农民政策问题的意见》，要求对退社和单干问题认真地进行调

---

① 参见《中国农业合作史资料》1986 年第 1 期。

② 参见《建国以来农业合作化史料汇编》，中共党史出版社 1992 年版，第 697—698 页。

查和研究，并妥善地加以处理。

4月14日，贵州省委作出《关于解决包产到户问题的意见》，认为"包产到户"已经成为目前农村工作中的主要危险，必须下定决心坚决地、毫不犹豫地来解决"包产到户"的问题。

但是，广大农民却把"责任田"看作"救命田"，不愿意改变，因此，纠正工作遇到了很大的阻力和抵制。比如到1962年底，安徽省仍有66.26%的生产队实行"责任田"。

与此同时，地方上也有一些干部大胆向党中央和毛泽东写信，支持和推荐"包产到户"的责任制形式。当时的安徽太湖县委宣传部长钱让能给毛泽东写报告保荐"责任田"，认为"责任田"是"农民的一个创举，是适应农村当前生产力发展的必然趋势"①。张家口地委第一书记胡开明写信给毛泽东建议推行"三包到组"的生产责任制，并委婉地提出："如果社员还是要包产到户不可"，"我们只好允许社员包产到户"。②

围绕"包产到户"，中央高层内部也发生了严重分歧。邓小平、陈云、邓子恢都曾对"包产到户"给予不同程度的支持。当时的中央农村工作部部长邓子恢，从1960年到1962年，率工作组先后到山西、河北、广西、福建、黑龙江等十多个省区的农村，就如何改善农村经营管理、克服平均主义进行了大量调查研究。他很赞赏"包产到户"的做法，认为"包产到户"是中国农民在集体经济管理方面的一个伟大创造。1962年6、7月间，邓子恢在北京中央党校等单位先后几次作的关于农业问题的报告中，进一步明确提出联产责任制主张。

然而此时，毛泽东却旗帜鲜明地表明了他对"包产到户"的反对态度。他说："我们是要走群众路线的，但有的时候，也不能完全听群众的，比如

---

① 《农业集体化重要文件汇编》（下），中共中央党校出版社1981年版，第599页。
② 《农业集体化重要文件汇编》（下），中共中央党校出版社1981年版，第610页。

要搞包产到户就不能听。"他对邓子恢等人主张"包产到户"十分反感,严厉批评说:"分田单干"是瓦解集体经济,解散人民公社,是搞修正主义,是走哪一条道路的问题。

1962年7月25日至8月24日,中共中央在北戴河举行工作会议。在会上,毛泽东发表了一系列严厉批评"包产到户"的讲话。他说:一搞"包产到户",一搞单干,半年时间就看出农村阶级分化很厉害。他说:单干从何而来?党内有些人变坏了,贪污腐化,讨小老婆,搞单干,招牌还是共产党,而且是支部书记。这些人很明显,把群众当奴隶。有些同志马克思主义化了,化的程度不一样,有的化得不够。我们党内有相当多的同志,对社会主义革命缺乏精神准备。他批评邓子恢等人支持"包产到户"是代表富裕中农要求单干,甚至是站在地主、富农、资产阶级的立场上反对社会主义。

不久,党的八届十中全会召开。会上,毛泽东提出阶级斗争必须年年讲、月月讲、天天讲,再一次批判所谓的"单干风"。会议通过了《关于进一步巩固人民公社集体经济、发展农业生产的决定》,指出:"是单干力量大,还是集体经济的力量大;是单干能够使农民摆脱贫困,还是集体经济能够使农民摆脱贫困;是单干能够适应社会主义工业化,还是农业的集体化能够适应社会主义工业化","这些问题是需要回答的。我国农业在实现集体化的过程中,曾经逐年增产,达到过历史没有过的水平,而且对我国社会主义工业化的发展,给了巨大的援助。这就是事实的回答。"[①]

10月5日,邓子恢主持的中央农村工作部被断言"10年来没有做一件好事"而遭撤销。

此后,"包产到户"继续受到严厉的批判。一大批支持、赞成"包产到户"的干部和群众,都受到了错误的批判、斗争和处理。仅在安徽省,就有

---

① 《建国以来农业合作化史料汇编》,中共党史出版社1992年版,第732页。

几十万干部和社员因为"包产到户"而受到打击。①"包产到户"从此作为"资本主义""修正主义"的代名词，成为政治上的禁区。

3."阳关道"还是"独木桥"?

尽管"包产到户"在反复的打压下起起落落，但它始终还是在一些地方顽强地悄悄存在，一旦有适合它生存的土壤，它必然会形成星火燎原之势。

1977年6月，万里被派往安徽担任省委第一书记。那时，安徽的形势并不乐观，尤其是农村的情况更糟。农民每年人均收入在60元左右，20%的农民收入不到40元。全省28万个生产队，只有不到10%的生产队勉强能够维持温饱。②

为了熟悉农村的情况，万里用了三四个月的时间就把全省大部分地区都跑了个遍。他看到的，是农村的落后和农民的贫困。

在大别山深处的金寨县，有些农民食不果腹，衣不遮体，有的全家几口人只有一条裤子，甚至有的十七八岁姑娘没有裤子穿。

在皖东的一个农村，万里到了一户姓张的农民家里，这家7口人，两个大人，5个孩子，只有一床破被子，屋里除了这位30多岁的主妇和几个孩子之外，空空如也，什么东西都没有。外屋一口锅，锅沿上还缺了块，上面盖着用稻草编织的锅盖。万里打开锅盖一看，锅里是黑乎乎的黏粥，是用地瓜面和胡萝卜缨子煮成的。阴沉黑暗，散发出难闻的气味。③

在凤阳县，万里询问当地的干部如何才能不让农民去讨饭，有人说："那里农民有讨饭的习惯。"万里听了非常气愤："没听说过，讨饭还有什么

① 陆学艺:《联产承包责任制研究》，上海人民出版社1986年版，第58页。
② 童青林:《回首1978——历史在这里转折》，人民出版社2008年版，第296页。
③ 张广友:《改革风云中的万里》，人民出版社1995年版，第140—141页。

习惯？讲这种话的人，立场站到哪里去了，是什么感情？我就不相信，有粮食吃，有饺子吃，他还会去讨饭？"

几个月的考察，万里心里深有感触，他在思考着从何处着手才能使安徽的农民摆脱困境。

经过反复调查和研究讨论，在万里的支持下，安徽省农委起草了《关于当前农村经济政策几个问题的规定》（简称《六条》），并以省委文件的名义于 1977 年 11 月 15 日在安徽全省农村工作会议上通过。《六条》强调：农村一切工作要以生产为中心；尊重生产队的自主权，可以根据农活的不一建立不同形式的生产责任制，只需个别人完成的农活可以责任到人；因地制宜从实际出发发展生产，不急于搞"过渡"；允许农民搞正当的家庭副业，产品可以拿到集市上出售；等等。

《六条》的诞生，在全国率先突破了农村既定政策"左"的框框，因而引起全国关注。

1978 年 2 月 3 日，《人民日报》在头版显著位置发表了该报记者姚力文和新华社记者田文喜的长篇通讯《一份省委文件的诞生》，他们写道：最近，我们访问了安徽省滁县、六安地区的一些地、县负责同志，并同社、队干部和贫下中农代表促膝交谈，干部和社员一致称赞："省委《规定》好！"一些同志向我们讲了传达省委《规定》的盛况。有的大队通知一户派一个代表到会，社员听说是讲政策，都争着来了，屋里坐不下，到场院里开会。文件刚念完一遍，台下一些群众就喊："再念一遍！"每当念到了群众喜欢听的关键地方，如允许和鼓励社员经营自留地和家庭副业时，台下有的群众就高喊："再重念一遍这句话！""念慢点儿！"

安徽省委《六条》，是中国农村改革的一个重要信号，奏响了农村改革的序曲。

1978 年 2 月，中共四川省委顶着压力，制定下达了《关于目前农村经济政策几个主要问题的规定》，允许农民开展多种经营，并对四川农村不少

197

地方已经实行的"定额到组、评工到人"的办法加以肯定。这一年，四川从春到秋，持续干旱，但却夺得了全省粮食大丰收。

1978年，安徽遭遇百年罕见的旱灾，大部分地区10多个月没有下过透雨，许多河水断流，水库干涸。有人曾这样描绘旱情的严重程度："因为旱哪，天上飞的麻雀没水呀，飞着飞着就掉了，山上的野兔子从山顶下来找水喝，走到山半腰就死掉了。"旱情造成全省农田受灾6000万亩，400万人缺乏生活用水。一些地方不得不靠汽车运水，维持生命的基本需要。入秋以后，旱情更趋严重，田地干裂，禾苗枯黄，秋种无法进行，干部群众忧心如焚。

面对大旱这一严峻形势，9月1日安徽省委常委召开紧急会议，研究如何度过百年不遇的特大旱荒。万里提出："与其抛荒，倒不如让农民个人耕种，充分发挥各自潜力，尽量多种'保命麦'度过灾荒。"

经过讨论，省委及时作出了"借地种麦"的决定：凡是集体无法耕种的土地，借给社员种麦种菜，鼓励多开荒，谁种谁收，国家不征统购粮，不分配统购任务。

肥西县山南地区的旱情最为严重。9月的一天，县委书记常振英焦急地来到山南，找到区委书记汤茂林问怎么办。汤说，没别的办法，要想调动群众的积极性，就要按照原省委书记曾希圣1961年的做法，"包产到户"。

常振英咬着牙答应了。他对汤茂林说："你不是正在黄花大队蹲点吗？就在这里搞试点，试试看吧。"

9月17日，汤茂林连夜召开党支部会议。这就是后来被称为"黄花会议"的秘密会议。会议结束时，形成了"四定一奖"的规定。"四定"，即定任务、定工本费、定工分、定上缴。粮食超产或减产，全由承包人承担，即全奖全赔。①

---

① 《起点——中国农村改革发端纪实》，安徽教育出版社1997年版，第232—233页。

第九章
要"集体"还是要"单干"？

第二天，全大队 997 亩麦地、491 亩油菜地全部"包产到户"，当天就种了 40 多亩。

随后，完店大队、红星大队、湖中大队、刘老庄大队纷纷要求"包产到户"。

山南的试验得到了万里的支持。为研究山南公社的"包产到户"，1979 年 2 月 6 日万里专门召开了省委常委会，态度鲜明地指出："包产到户问题，过去批了十几年，许多干部批怕了，一讲到包产到户，就心有余悸，谈'包'色变。但是，过去批判过的东西，有的可能是批对了，有的也可能本来是正确的东西，却被当做错误的东西来批判。必须在实践中加以检验。我主张应当让山南公社进行包产到户的试验。在小范围内试验一下，利大于弊。暂不宣传、不登报、不推广，秋后总结了再说。如果试验成功，当然最好；如果试验失败了，也没有什么了不起；如果滑到资本主义道路，也不可怕，我们有办法把他们拉回来。即使收不到粮食，省委负责调粮食给他们吃。"①

有了万里的支持，有了省委的态度，山南公社干脆把所有耕地都划到户去包，开创了全省"包产到户"的先河。山南区的试验很快见到成果，到 1979 年夏收，麦子总产 1005 万公斤，比 1978 年增长 265%，创造历史最高纪录。

山南区"包产到户"成功的消息一传开，整个肥西县都跟着搞起来。到 1980 年春，肥西县 97% 的生产队实现了"包产到户"。

就在肥西县山南区搞"包产到户"试点的时候，一场波及面更大、更加有组织的农民"大包干"运动已悄悄酝酿成熟。

历史上的凤阳县，以出过明朝开国皇帝朱元璋和"身背花鼓走四方"而闻名遐迩。然而，这却是一个十年九荒的穷地方，凤阳农民讨饭就如同凤阳花鼓一样，闻名全国。

---

① 《万里文选》，人民出版社 1995 年版，第 121—122 页。

1979 年春，凤阳县开始实行分组作业，联产计酬，但在实际执行中感到队与组之间计算太复杂，于是不少人提议，把一个生产队分成若干组，生产队的耕牛、土地、农具和各种任务分配到组；年终分配时，应给国家的给国家，应留集体的留集体，剩下的归小组分配。这种责任制以"包干"为特点。县委认真讨论了这种意见，认为可靠，随后在全县进行推广。

凤阳县在搞"大包干"到组的同时，也搞起了"包干到户"的尝试。

凤阳县梨园公社小岗生产队，是穷县里的穷队。1960 年，全队只有 10 户 39 人，1 头牲畜，100 多亩耕地。"文化大革命"又给小岗队带来巨大灾难。1968 年，全队只收了 2 万斤粮食，人均口粮 105 斤，人均分配 15 元。①

1976 年，县、区、社三级党委曾下决心改变这个队的面貌，派 18 个人的工作队进驻。工作队队长在社员会上说："你们资本主义道路走不通了。今天，我们左手拿着社会主义鞭子，右手拿着无产阶级专政的刀子，牵着你们的鼻子，非要把你们赶到社会主义金光大道上来。"一个工作队员监督一户，干了一年，收粮 35000 斤，人均口粮 230 斤，人均收入 32 元。工作队一撤，呼啦啦，人又都出去要饭了。

当省委《六条》下达以后，这里也搞起了包产到组，从两个组分成 4 个组，后来又分成 8 个组，但群众仍不满意，依然矛盾不断，吵吵闹闹。

1978 年 12 月的一天夜里，队领导将小岗村全队 18 户没有外出的农民，召集到严立华家商量分田单干的事。会议开始进行得并不顺利。因为当时的体制问题，"包产到户"是一条高压线，所以大家敢想不敢说，只是在底下窃窃私语，而且讨论的也不是搞生产，而是到哪里去要饭的问题。会议一时之间陷入了僵局。后来，打破僵局的是严家芝。严家芝提出，要想有碗饭吃，就只有分开，一家一户地干。接下来，韩国云、关友章等年纪较大的社员都表态同意分开单干。会议一下子热闹了起来，大家你一言我一语，最后

---

① 聂皖辉：《邓小平与安徽农村改革》，《党史纵览》2007 年第 2 期。

都强烈要求单干。根据会议讨论的情况，38 岁的严宏昌借着昏暗的马灯当场起草了这张生死契约：

> 我们分田到户，户主签字盖章，如以后能干，每户保证完成每户的全年上交和公粮，不在（再）向国家伸手要钱要粮，如不成，我们干部作（坐）牢杀头也干（甘）心，大家社员也保证把我们的小孩养活到十八岁。

写好后，严宏昌第一个盖了负全部责任的印章，随后关廷珠、关友德、严立符、严立华、严国昌、严立坤、严金昌、严家芝、关友章、严学昌、韩国云、关友江、严立学、严俊昌、严美昌、严宏昌（严宏昌签了两次名）、严付昌、严家其、严国品、关友申也按了手印或签字盖章。

就这样，小岗村的农民瞒着上面，悄悄分了田，搞起了 "大包干"。

世上没有不透风的墙，小岗村 "包产到户" 的消息还是传了出去。公社听到邻队反映小岗 "单干" 了，赶快去调查，果然不错。问他们："叫你们大包干到组，你们咋到户了？" "组再小，哪怕两三户，也是集体的，户就不同了。" 于是硬叫他们并到组里干，不干就不发给种子、肥料、耕牛和贷款。可是，小岗群众不管你好说歹说，死活硬是不并。

4 月初，县委书记陈庭元到小岗村检查工作，公社干部向他汇报小岗群众自发 "分田单干"，"搞资本主义"。陈庭元与公社干部一同到队里了解情况以后说："他们已经穷 '灰' 掉了，还能搞什么资本主义？全县有两千多个队，就算这一个是搞资本主义，也搞不到哪里去。已经分到户了，就先让他们干到秋后再说吧！" 就这样，小岗队的 "包干到户" 幸存下来了。

由于 "包干到户" 任务更明确，生产更灵活，到 1979 年底，小岗生产大丰收，粮食产量达 13.2 万斤，油料达到 3.5 万斤。全队粮食征购任务为 2800 斤，实际向国家交售 2.5 万斤，超过任务 7 倍多；油料统购任务 300 斤，实际向国家交售 2.5 万斤，超过任务 80 多倍。①

1980 年春节前夕，万里来到小岗生产队，满怀丰收喜悦的小岗农民把炒熟的花生一把把往万里和其他随行同志的衣兜里装。万里感动得落泪了。在中共安徽省委常委会议上，万里捧出了小岗农民的花生，请到会的同志们尝一尝。他说，不管什么办法，只要能够增产增收，对国家增贡献，集体能多提留，群众生活能改善，就是好办法。

然而，一种新生事物的成长，往往会遇到许多困难，不会一帆风顺。随着"包产到户"和"包干到户"的出现，对它的非议和争论也纷至沓来。

1979 年 3 月 15 日，正当凤阳县大搞包干到组责任制的时候，《人民日报》在头版发表了署名"张浩"、题为《"三级所有、队为基础"应当稳定》的来信和"编者按"，认为"搞分田到组，是脱离群众，不得人心"，提出要立即坚决纠正。

大多数人看到报纸之后，都认为这是党的农村政策的最新体现，绝不是一封普通读者来信。一时间，人心浮动。有的县的农民停止春耕，说："报上又批评啦，算啦，不干啦！"

这时，万里正在滁县调查，当他听到消息以后，立即作出反应。他说："甘肃一个人到河南洛阳去，写了一封读者来信，不赞成包产到组。《人民日报》登了这封信，并且加了编者按，我看到了。作为报纸，发表各种不同的意见都是可以的，别人写读者来信，你们也可以写读者来信。究竟什么意见符合人民的根本利益和长远利益，靠实践来检验。决不能读了一封读者来信和编者按就打退堂鼓。"②

万里的话很快就传到了全省各地，广大干部和群众十分高兴，好像吃了一颗"定心丸"。

---

① 聂皖辉：《邓小平与安徽农村改革》，《党史纵览》2007 年第 2 期。
② 《万里文选》，人民出版社 1995 年版，第 123 页。

然而一波未平，一波又起。1980年1月11日至2月2日，全国农村人民公社经营管理会议召开。会上展开了激烈的争论，争论的焦点是"包产到户"是姓"社"还是姓"资"的问题。"反对包产"到户的意见认为，"包产到户"就是分田单干，是资本主义性质。如果放任自流，不加以坚决制止，继续滑下去，人心一散，就会丢掉农村的社会主义阵地。"包产到户"调动的积极性不符合社会主义方向，是农民的个体生产积极性。

会议结束后不久，国务院农委主办的颇具权威性的《农村工作通讯》发表了《分田单干必须纠正》和《包产到户是否坚持了公有制和按劳分配》两文。批评分田单干违反党的政策，导致两极分化；批评"包产到户"既没有坚持公有制，也没有坚持按劳分配，实质是退到单干。

正当对"包产到户"的争论沸沸扬扬、莫衷一是的时候，邓小平站出来支持"包产到户"。1980年5月，他同胡乔木、邓力群等同志研究农村政策时，明确指出："农村政策放宽以后，一些适宜搞包产到户的地方搞了包产到户，效果很好，变化很快。安徽肥西县绝大多数生产队搞了包产到户，增产幅度很大。'凤阳花鼓'中唱的那个凤阳县，绝大多数生产队搞了大包干，也是一年翻身，改变面貌。有的同志担心，这样搞会不会影响集体经济。我看这种担心是不必要的。""现在农村工作中的主要问题还是思想不够解放。"①

邓小平的话，对推广农村生产责任制产生了积极影响。然而事情远未结束，对于"包产到户"的争论仍在进行。

1980年9月14日至22日，胡耀邦接受万里的建议，召开各省、市、自治区党委第一书记座谈会，着重讨论加强和完善农业生产责任制问题。

座谈会一开始，分歧就立刻显现出来。发言反对"包产到户"的有福建、江苏、黑龙江几省的省委书记，支持的有贵州、内蒙古和辽宁几省区的书记。

黑龙江省委第一书记杨易辰和贵州省委第一书记池必卿，在包与不包

---

① 《邓小平文选》第二卷，人民出版社1994年版，第315—316页。

的问题上展开了"阳关道"与"独木桥"之争。

池必卿说他那里是"地无三尺平，人无三分银"，逼着走"包产到户"的"华容道"。杨易辰说：黑龙江是全国机械化水平最高的地区，一搞"包产到户"机械化发展就受影响，生产成了大问题，是倒退；集体经济是阳光大道，不能退出。池必卿说："你走你的阳关道，我走我的独木桥，我们贫困区就是独木桥也得过！"

会后，中央发布了1980年75号文件，即《关于进一步加强和完善农业生产责任制的几个问题》。75号文件虽然没有从正面肯定"包产到户"是社会主义的责任制，但强调推广责任制要因地制宜，分类指导，允许有多种经营方式、多种劳动组织、多种计酬方法同时存在，不拘泥于一种形式，不搞"一刀切"。对贫困地区，"包产到户"是联系群众、发展生产、解决温饱问题的一种必要措施。75号文件的出台，为"包产到户"打开了一个缺口。

11月5日，《人民日报》以整版篇幅发表吴象所写的长文《阳关道与独木桥》，文章以上面两位省委书记针对是否搞"包产到户"的争论说起，联系安徽等地"包产到户""包干到户"后显著增产的实例，证明党的政策必须顾及农民家庭经营的积极性，才能把"大田（责任田）"的生产搞得和自留地一样好。

但是，长达20多年的极左意识，不可能在短时间内彻底清除，围绕"包产到户"的争论仍在激烈地进行着。1981年春，少数地区的领导干部用种种办法阻挠群众实施"包产到户"，有的派出工作队到农村强拆强扭。四川省有位市委领导同志发表公开讲话，声称"包产到户"是方向问题，性质问题，要坚决纠正，为此不要怕减产，不要怕干部躺倒不干，不要怕群众闹事，甚至扬言要动用专政工具。[①]

---

① 陈吉元等主编：《中国农村社会经济变迁（1949—1989）》，山西经济出版社1993年版，第495页。

"青山遮不住,毕竟东流去!"对于"包产到户"的争论阻挡不住真理的脚步。1981年10月,全国农业会议在北京召开。1982年1月1日,中共中央批转了《全国农村工作会议纪要》,这是中国共产党历史上第一个农村工作1号文件。《纪要》指出:"目前实行的各种责任制,包括小段包工定额计酬,专业承包联产计酬,联产到劳,包产到户、到组,包干到户、到组,等等,都是社会主义集体经济的生产责任制。"中央以文件形式毫不含糊地给"包产到户""包干到户"正了名,明确肯定它姓"社"又姓"公",为多年来的争论作了结论。

文件下达后,一股"包产到户"的社会主义农村改革热潮迅速地在大江南北、长城内外扩散开来,形成了一股不可阻挡的燎原之势。从南到北,从东到西,从贫困地区到经济发达地区,几乎处处都有它的影子。到1982年底,有55.44万个生产队和至少1亿农民走进了"包产到户""包干到户"的行列。[①] 到1983年底,全国实行"包产到户""包干到户"的生产队达到总数的93%。[②]

1983年1月,中央下达了第二个1号文件,把"大包干""包干到户""包产到户"等统称为"家庭联产承包责任制",并将其肯定为"伟大的创造"。

1984年中央发出第三个1号文件,提出要稳定和完善家庭联产承包责任制,并决定土地承包由原来的3年延长为15年。

1985年1月,中共中央、国务院发出第四个1号文件,取消了30年来农副产品统购派购的制度。

1986年1月,中共中央、国务院下发了第五个1号文件,明确提出个体经济是社会主义经济的必要补充,允许其存在和发展。

连续五个1号文件为中国农村带来了翻天覆地的变化,它通过对家庭联

---

① 丁龙嘉:《改革从这里起步》,安徽人民出版社1998年版,第198页。
② 刘勇、高化民主编:《大论争——建国以来重要论争实录》(下),珠海出版社2001年版,第175页。

产承包的肯定，宣告了人民公社体制的解体。

此后，中央继续不断稳固和完善家庭联产承包责任制，延长土地承包期，鼓励农民发展多种经营，使广大农村迅速摘掉贫困落后的帽子，逐步走上富裕的道路。

2008 年 10 月，党的十七届三中全会在北京举行，全会审议通过了《中共中央关于推进农村改革发展若干重大问题的决定》。《决定》指出，农村家庭联产承包责任制是党的农村政策的基石，必须毫不动摇地坚持。同时承诺：赋予农民更加充分而有保障的土地承包经营权，现有土地承包关系要保持稳定并长久不变。这就强调了承包地对农民的财产权、物权属性，给农民吃了长效"定心丸"。

关于"包产到户"的争议虽然已成历史，但往事并非如烟。在今天看来，正是有了"包产到户"在当年的一波三折，正是有了人们对"包产到户"的争论，才使得农村这场深刻的革命如此惊心动魄。农村家庭联产承包责任制的实行，从根本上废除了"一大二公"的人民公社体制，抛弃了"大锅饭"、平均主义的体制，开创了农业发展的新局面，并由此推动了工业、商业和城市经济体制的改革，推动了整个经济体制和上层建筑的一系列改革，引起了思想理论的巨大变化。围绕农村改革这样一场涉及亿万农民切身利益的深刻变革，虽然产生过争论，但并没有引发社会的不安和动荡，其根本原因，就是在整个改革过程中，党领导农民群众始终坚持了农村土地集体所有制这个我国农村的基础性制度。实践证明，家庭联产承包责任制，既坚持了农村土地集体所有制，又解决了我国十几亿人口的吃饭问题，极大地推进了中国农民奔向小康之路的进程。

第 十 章

反对"神化"与反对"丑化"

——关于毛泽东与毛泽东思想的评价问题

"东方红,太阳升,中国出了个毛泽东,他是人民的大救星。"

一曲《东方红》传唱了几代人。

中国出了个毛泽东,是中国共产党的骄傲,是中华民族的骄傲。

1976年9月9日,一代伟人毛泽东去世,人们的感情悲痛而复杂。如何科学评价毛泽东和毛泽东思想?人们在关注着,等待着,猜测着。

显然,这已不单纯是一个感情问题,也不是纯粹的学术问题,而是关系党和国家前途命运的重大政治问题,是关系到中国举什么旗、走什么路的大是大非问题。如果这个问题得不到妥善解决,党和国家就很难从危机和徘徊中走出来,全党和全国人民的思想就无法统一,就很难把工作着重点从以阶级斗争为纲转移到社会主义现代化建设上来。

当时摆在中国共产党和中国人民面前有三条路可走:一条是老路,即按照"两个凡是"的观点继续肯定"文化大革命"和毛泽东的晚年错误;一条是邪路,即全盘否定毛泽东和毛泽东思想,进而否定党的领导和社会主义;一条是新路,即科学评价毛泽东的历史地位,纠正毛泽东的晚年错误,开创社会主义现代化建设的新局面。三种不同的历史选择,决定中国的不同前途和命运。

1. 两种错误:"神化"与"全盘否定"

胡乔木在起草《关于建国以来党的若干历史问题的决议》(简称《历史决议》)的过程中曾指出:"有许多问题,在党内也好,党外也好,争论是很尖锐的。"①

当时党内外争论最大的问题,就是毛泽东思想和毛泽东的功过是非。影响比较大的错误思潮有两种:一是继续肯定"文化大革命"及其以前的"左"的错误,主张对毛泽东及其晚年思想不加分析地全盘肯定;二是全盘否定毛泽东和毛泽东思想的右的思潮。

坚决抵制来自"左"的和右的错误思潮的干扰,是实事求是地评价毛泽东和毛泽东思想的前提。

(1) 两种错误倾向:全盘否定与全盘肯定

1976 年 10 月,"四人帮"被粉碎,但"左"的思潮仍然存在。"两个凡是"的错误方针,即"凡是毛主席作出的决策,我们都坚决维护;凡是毛主席的指示,我们都始终不渝地遵循",全盘肯定毛泽东晚年的所有决策和指示,意味着我们党过去所犯的错误,包括"文化大革命"中的严重错误,都不可能得到彻底纠正。

在社会上,如北京的"西单民主墙"上,一些人发泄了对党的改革开放的路线、方针和政策的不满和抵触情绪。社会上流传的一些错误观点也传到1979 年春党的理论工作务虚会上。会上有同志提出,党的十一届三中全会以来的方针政策违反了马列主义、毛泽东思想,评价毛泽东和毛泽东思想就

---

① 《胡乔木文集》第 2 卷,人民出版社 1993 年版,第 136 页。

是"非毛化",是"丢刀子",是"砍旗"。他们硬说毛泽东是百分之百的正确,主张"两个凡是",谁提出不同看法,谁搞"非神化",谁就是"非毛化"。有的同志认为搞改革开放就是走资本主义道路,就是否定毛泽东。1979 年 7 月,邓小平深有感触地说:"我们要注意,现在反对党的政治路线、思想路线的,还大有人在。他们基本上是林彪、'四人帮'那样一种思想体系,认为中央现在搞的是倒退,是右倾机会主义。他们打着拥护毛泽东同志的旗帜,搞'两个凡是',实际上是换个面貌来坚持林彪、'四人帮'那一套。"①邓小平对"左"的思潮的评价可谓一针见血。

1978 年秋,在北京、上海、天津、武汉、广州等大城市出现了少数人的闹事现象。这些人借拨乱反正之机,全盘否定党的历史,极端夸大党的错误,企图否定党的领导,否定马克思列宁主义、毛泽东思想。他们借口批判毛泽东晚年的严重错误,极力贬低毛泽东,否定毛泽东的历史地位。

1978 年 10 月下旬,在北京街头出现的开始是人们贴大字报、后来变成资产阶级自由化滩头阵地的"西单民主墙",变本加厉地攻击、诋毁毛泽东和毛泽东思想。与此同时,上海有个所谓"民主讨论会",其中有些人诽谤毛泽东同志,打出大幅反革命标语,鼓吹"万恶之源是无产阶级专政",要"坚决彻底批判中国共产党",他们认为资本主义比社会主义好,因此中国现在不是搞四个现代化的问题,而是应当实行他们的所谓"社会改革",也就是搞资本主义那一套。②

国外敌对力量也与国内遥相呼应,攻击我国拨乱反正是搞"非毛化"运动。他们希望我们彻底否定毛主席,以便把中国人民的思想搞乱,把我们国家引向资本主义。随着毛泽东定的错案被先后平反,尤其是天安门事件的平反和刘少奇冤案的昭雪,让西方观察家和西方舆论以为,中国将走向"非毛

---

① 《邓小平文选》第二卷,人民出版社 1994 年版,第 192 页。
② 《邓小平文选》第二卷,人民出版社 1994 年版,第 174 页。

化"或正在"非毛化"。除了这种带有偏见的主观臆断外，他们还有针锋相对的正面提问。

1980年8月21日和23日，意大利女记者奥琳埃娜·法拉奇两次采访了邓小平，她的提问十分尖锐："天安门上的毛主席像，是否要永远保留下去？""中国人民在讲起'四人帮'时，把很多错误都归咎于'四人帮'。说的是'四人帮'，但他们伸出的却是五个手指。""四个现代化将使外国资本进入中国，这样不可避免地引起私人投资问题。这是否会在中国形成小资本主义？"① 这些问题的潜台词就是：中国会不会"非毛化"？中国会不会走向资本主义？

国内外这种"非毛化"的思潮也影响到中共党内。在1979年春召开的党的理论工作务虚会上，有的同志公然贬低甚至否定毛泽东和毛泽东思想。1980年10月开始的党内高级干部四千人大讨论，多数人同意充分肯定毛泽东的历史地位，但也有少数人认为：毛泽东"功大、过大、罪大"，"过大于功"；有严重的个人品质问题，和封建帝王一样；毛泽东思想里有很多错误，不应当再提。这些人虽然是少数，但言辞激烈，慷慨激昂。② 年底形成的《历史决议》修改稿受此影响，加重了写缺点错误的分量，调子明显不符合邓小平原先设计的方针，比较低沉。

（2）"神化"与"丑化"两种错误根源于看问题绝对化、片面化，非此即彼的形而上学与唯心主义思维方法，放弃了实事求是的原则

毛泽东本人曾多次强调，必须全面地、一分为二和辩证地评价历史人物，切忌一点论、切忌形而上学；切忌全部肯定或全盘否定，从一个极端走

---

① 《邓小平文选》第二卷，人民出版社1994年版，第344—351页。
② 陈东林：《邓小平在起草历史决议的重要关头》，《党史博览》2005年第2期。

向另一个极端的错误做法。他以苏联为例指出了一点论的严重危害：有些人要么把斯大林捧得一万丈高，要么把他贬到地下九千丈。如果说"斯大林在世时人们把苏联的所有成就都与他的活动联系起来的话，那么在党的二十大上和在二十大之后，几乎把我们国家发生的所有坏事都归罪于斯大林"①。在我们党内，无论是"神化"还是"丑化"毛泽东，正是犯了这种全盘肯定或全盘否定的极端化错误。

首先，邓小平点出了"神化"毛泽东的方法论错误实质："两个凡是"的观点就是想原封不动地把毛泽东晚年的错误思想坚持下去。所谓按既定方针办，就是按毛泽东晚年的错误方针办。② 他认为，"两个凡是"表面上看是高举毛泽东思想的旗帜，实际上是要损害毛泽东思想，因为"违反毛泽东同志实事求是的思想，违反辩证唯物主义、历史唯物主义的原理，实际上是唯心主义和形而上学的反映"③。这就为高举毛泽东思想指明了方向。

其次，邓小平也反对走向另一个极端，即打着解放思想的旗号简单地"怀疑一切、否定一切"。毛泽东逝世后，一段时间内某些人抓住毛泽东反右派和"文化大革命"的严重错误，攻其一点不及其余，夸大毛泽东晚年的错误，甚至认为毛泽东一生中错误大于功绩，进而否定毛泽东思想。这种做法实质上也是形而上学的表现，因为唯物辩证法强调肯定中有否定，否定中有肯定。

2．科学评价的指导原则

从 1980 年 3 月到 1981 年 6 月，邓小平曾就起草《历史决议》先后发表

---

① ［俄］尤·瓦·叶梅利亚诺夫：《斯大林：未经修改的档案——在权力的顶峰》，石国雄等译，译林出版社 2006 年版，第 7 页。

② 《邓小平文选》第二卷，人民出版社 1994 年版，第 298 页。

③ 《邓小平文选》第二卷，人民出版社 1994 年版，第 126、128 页。

过 17 次重要谈话。这一系列谈话成为《历史决议》的指导思想，对抵制来自"左"和右的两种错误思潮的影响，对《历史决议》的最终通过都起到了一锤定音的作用。

（1）邓小平提出的三条基本要求成为起草决议"总的指导思想"

1980 年 3 月 19 日，邓小平找胡耀邦、胡乔木、邓力群谈话，提出了起草决议的三条总的原则：第一，确立毛泽东同志的历史地位，坚持和发展毛泽东思想。这是最核心的一条。不仅今天，而且今后，我们都要高举毛泽东思想的旗帜。第二，要对新中国成立 30 年来历史上的大事，哪些是正确的，哪些是错误的，进行实事求是的分析，包括一些负责同志的功过是非，要作出公正的评价。第三，通过这个决议对过去的事情做个基本的总结。还是过去的话，这个总结宜粗不宜细。总结过去是为了引导大家团结一致向前看。"总的要求，或者说总的原则、总的指导思想，就是这么三条。其中最重要、最根本、最关键的，还是第一条。"①

正如邓小平多次强调的，第一条是决议最核心的、最根本的问题。当时党的十一届五中全会开过不久，刘少奇的冤案已经公开平反，林彪、"四人帮"两个反革命集团案件的审判也在准备中，"文化大革命"显然要被根本否定。在这样的背景下，在一些人思想上发生某些动摇的时候，邓小平特别强调这一条具有很强的针对性。他后来强调，阐述毛泽东思想的这部分如果不写或写不好，整个决议都不如不做。

第二条指出了决议要遵循的分析方法——实事求是。坚持按实事求是的原则分清新中国成立以来党的历史上的是和非、对和错，包括个人的功过。因为

---

① 《邓小平文选》第二卷，人民出版社 1994 年版，第 291—293 页。

只有在分清历史是非的基础上，才能做到科学地评价毛泽东和毛泽东思想。

第三条也是针对当时的一些人而提出的，他们总是向后看，过多纠缠于历史细节与历史恩怨，不利于全党工作重心的转移。邓小平指出，作决议的目的之一就是不过多争论，统一思想，一心一意搞"四化"，团结一致向前看。

邓小平提出的这三条总原则和基本要求，体现在决议的主题思想上，体现在决议的结构、布局上，体现在重大问题的判断上，体现在每个重要的提法上，也体现在遣词造句的斟酌上，确确实实是《历史决议》总的指导思想。① 也可以说使整个决议的起草工作有了一个主心骨。

在决议起草过程中，邓小平反复重申并始终坚持这三条不动摇。当四千人大讨论中有一些同志贬低或否定毛泽东和毛泽东思想的时候，他下定决心，"力排众议"，对错误倾向毫不妥协，坚定不移地按原来的设想改好决议。1980 年 10 月 25 日，他在和胡乔木、邓力群谈话中指出，要从党和国家的全局上看问题，从政治的高度看问题。我们现在讲拨乱反正，批评毛泽东同志晚年的错误，回到毛泽东思想的正确轨道上来。"不写或不坚持毛泽东思想，我们要犯历史性的大错误。"② 邓小平这次谈话，在当时争议最多、分歧最大的问题上，也是最根本、最核心的问题上，表明了党中央毫不妥协的坚定态度。这是决议做得成功的关键。

(2) 邓小平坚持实事求是、恰如其分的原则，为正确评价毛泽东及毛泽东思想提供科学的方法论

针对来自"左"和右两方面的错误思潮，邓小平的思想武器就是两个"实事求是"，对功与过都要做到实事求是、具体分析。1980 年 8 月，邓小平指

---

① 程中原、王玉祥、李正华：《转折年代——1976—1981 年的中国》，中央文献出版社 2008 年版，第 429 页。

② 《邓小平文选》第二卷，人民出版社 1994 年版，第 299—300 页。

出："我们共产党人是彻底的唯物主义者，只能实事求是地肯定应当肯定的东西，否定应当否定的东西。"关于毛泽东，"因为他的功绩而讳言他的错误，这不是唯物主义的态度。因为他的错误而否定他的功绩，同样不是唯物主义的态度"。① 正是这两个"实事求是"的态度避免了历史评价全部肯定或全盘否定的两个极端。

第一，实事求是地、理直气壮地肯定毛泽东的历史地位和毛泽东思想的巨大作用。邓小平采用了历史主义原则。历史主义要求尊重历史实际，"要把问题提到一定的历史范围之内"② 加以考察。在判定历史人物的功过是非时，不是根据历史活动家有没有提供现代所要求的东西，而是根据他们是不是比他们的前辈或同时代人提供了新的东西。邓小平把毛泽东的一生及毛泽东思想放在党的历史、人民军队的历史、新中国的建立以及世界历史背景下，与同时代人如朱德、刘少奇、周恩来相比，其历史贡献居于首要地位。

从党的历史和国家的历史来看，毛泽东在关键时期所起的关键作用，对中国革命和中国人民的前途都有着根本意义和决定性作用。正如邓小平所说："没有毛主席就没有新中国，这丝毫不是什么夸张。""没有毛泽东思想，就没有今天的中国共产党，这也丝毫不是什么夸张。"③ 他对意大利女记者奥琳埃娜·法拉奇说的一番话概括得更全面："毛主席一生中大部分时间是做了非常好的事情的，他多次从危机中把党和国家挽救过来。没有毛主席，至少我们中国人民还要在黑暗中摸索更长的时间。毛主席最伟大的功绩是把马列主义的原理同中国革命的实际结合起来，指出了中国夺取革命胜利的道路。"因此，我们"要把毛主席作为我们党和国家的缔造者来纪念"。④

---

① 《邓小平文选》第二卷，人民出版社 1994 年版，第 333—334 页。
② 《列宁选集》第 2 卷，人民出版社 1995 年版，第 375 页。
③ 《邓小平文选》第二卷，人民出版社 1994 年版，第 148、149 页。
④ 《邓小平文选》第二卷，人民出版社 1994 年版，第 344、347 页。

从世界历史背景来看，毛泽东探索的革命道路和建设道路对世界格局的影响无法逆转，为中国特色社会主义道路奠定了政治前提。1979年3月30日，邓小平在理论工作务虚会上指出："难道不是毛泽东思想才使约占全人类四分之一的中国人民找到正确的革命道路，并在一九四九年获得全国解放，在一九五六年基本上完成社会主义改造吗？这一系列伟大的胜利不但根本改变了中国的命运，也改变了世界的形势。""毛泽东同志在他的晚年还提出了关于三个世界划分的战略思想，并且亲自开创了中美关系和中日关系的新阶段，从而为世界反霸斗争和世界政治前途创造了新的发展条件。我们能在今天的国际环境中着手进行四个现代化建设，不能不铭记毛泽东同志的功绩。"① 把毛泽东放在中华民族和世界历史的长河中加以衡量，反映了邓小平的高瞻远瞩。

第二，对毛泽东晚年的错误一定要毫不含糊地进行批判，但一定要实事求是，要恰当，不能批评过头。这是因为，如果错误讲过分了，对毛泽东和毛泽东思想的评价不恰当，国内人民不能接受，国际上也有相当一部分人不能接受。邓小平后来在实事求是的基础上，为什么又强调要增加一个"恰如其分"？他解释说："就是在前一段时间里，对毛泽东同志有些问题的议论讲得太重了，应该改过来。"② 邓小平的态度是，评价毛泽东的错误既不能感情用事，又不能以偏概全。既不淡化、为尊者讳，又不夸大、把错误写过头。真正要做到公正、恰如其分。

邓小平的主要观点包括：关于毛泽东所犯错误的性质，"这是一个伟大的革命家犯错误，是一个伟大的马克思主义者犯错误"③，是探索中的错误。从毛泽东的本意来讲，还是想把人民的事情办好。本想走进一间屋子，反而走进了另一间屋子。把毛泽东的错误放在马克思主义者一生探索的前提下来

---

① 《邓小平文选》第二卷，人民出版社1994年版，第172页。
② 《邓小平文选》第二卷，人民出版社1994年版，第308页。
③ 《邓小平文选》第二卷，人民出版社1994年版，第307页。

认识，就会发现，这种错误有时是不能完全避免的。关于错误的责任，不能把所有的责任归结于毛泽东一个人。关于毛泽东犯错误的根源，不能把所有错误都归结到个人品质上，更重要的是要分析历史的复杂背景，要从制度上找原因。

此外，邓小平关于毛泽东"功绩是第一位的、错误是第二位的"的提法突破了以往对历史人物"三七开"的评价思路，同时又涵盖了"三七开""六四开""二八开"和"九一开"等各种评价，求同存异，从而有助于最大限度在党内求得共识。这当然不是一种妥协，而是一种高超的政治智慧和灵活务实的政治态度。

坚持科学地评价毛泽东的历史地位和毛泽东思想的科学体系，纠正"文化大革命"的错误，成为邓小平在改革开放新时期所作的关系党和国家命运前途的两大历史贡献之一。

3. 规模空前的大讨论

《历史决议》的起草工作是在中央政治局、中央书记处领导下，由邓小平、胡耀邦主持进行的，起草小组主要由胡乔木负责。从 1979 年 10 月 30 日胡乔木、邓力群召集《历史决议》起草小组开会算起，写了一年多，经过了四轮比较大的讨论：

第一轮：1980 年 10 月至 11 月全党 4000 名高级干部的讨论。第二轮：1981 年 3、4 月，政治局、书记处和老干部 40 多人的讨论。第三轮：1981 年 5 月，政治局扩大会议 74 人 8 天的讨论。第四轮：1981 年 6 月 15 日到 22 日，参加党的十一届六中全会预备会议的 309 位中央委员、候补委员和 53 位列席者讨论。

决议讨论修改的决策过程，集中了全党的集体智慧，在发扬民主的深度和广度上都超过了 1945 年的第一个《历史决议》。

陈云关于"增加回顾建国以前 28 年历史的段落"的重要建议，使《历史决议》对毛泽东、毛泽东思想的评价更加全面、科学。

列宁曾说过："辩证法要求从发展中去全面研究某个社会现象。"① 陈云对决议稿的建议就体现了全面的、从历史的发展中看问题这个根本原则。

历史的轮回就是这样有意思，毛泽东曾亲自给陈云讲过三次要学哲学，使之受益很大。1942 年陈云养病的时候，他仔细研究了毛主席的著作和文电，感到贯穿在里面的一个基本思想，就是实事求是。陈云主张，对毛泽东和毛泽东思想的评价要采取实事求是的科学态度，对成绩和错误要写得恰如其分，是成绩就写成绩，是错误就写错误；是大错误就写大错误，是小错误就写小错误。

1981 年 3 月份，陈云先后跟决议起草小组负责人之一的邓力群谈过四次话。他提出，要增加回顾新中国成立前 28 年历史的段落。因为"有了党的整个历史，解放前解放后的历史，把毛泽东同志在六十年中间重要关头的作用写清楚，那末，毛泽东同志的功绩、贡献就会概括得更全面，确立毛泽东同志的历史地位，坚持和发展毛泽东思想，也就有了全面的根据；说毛泽东同志功绩是第一位的，错误是第二位的，说毛泽东思想指引我们取得了胜利，就更能说服人了。"②3 月 24 日，陈云对看望他的邓小平提出了决议稿的修改意见，邓小平将这个意见转告给邓力群："专门加一篇话，讲讲解放前党的历史，写党的六十年。"③

陈云建议提出前，起草决议的思路一直都受"建国以来"这一定语的限制，思维定式一直难以突破，主要写的是新中国成立后的 32 年。其实，早在 1980 年 4 月 1 日，邓小平在和胡耀邦、胡乔木、邓力群谈话中设计

---

① 《列宁选集》第 2 卷，人民出版社 1995 年版，第 465 页。
② 《陈云文选》第三卷，人民出版社 1995 年版，第 284 页。
③ 《邓小平文选》第二卷，人民出版社 1994 年版，第 303 页。

的决议框架中就曾提到要写新中国成立前 28 年，他说："先有个前言，回顾一下建国以前新民主主义革命这一段，话不要太多。"① 此时，邓小平等人虽意识到这些，但分量显然不够，难于突出毛泽东在整个中国革命和建设中的贡献。最初对于新中国成立前的历史，决议稿也写得比较简单，只有几百字。这样写，总觉得不能完全达到科学评价毛泽东和毛泽东思想的目的。

陈云的建议使人豁然开朗，使上述问题迎刃而解。起草小组采纳其建议，决议稿加上了一个部分——"前言"，对新中国成立前 28 年写了四大段 2000 字。在决议定稿时，"前言"又被改为"建国以前 28 年历史的回顾"，共计 3000 余字，这一部分内容的增加，就将新中国成立前后 60 年的历史联系起来，对全面、客观地评价毛泽东和毛泽东思想起到了至关重要的作用。因为正是在这 28 年间，毛泽东思想逐步达到成熟，毛泽东在这期间对党和国家的巨大贡献也是举世公认的。

从 1979 年叶剑英国庆讲话对新中国成立 30 周年的评价，到邓小平提出简单回顾新民主主义革命的 28 年，到陈云建议突出增写新中国成立前 28 年党的历史，表明党中央领导集体更加自觉遵循历史主义原则，把毛泽东、毛泽东思想放在党的整个历史这个大背景之下，而不是放在一个历史片段中进行评价，为"功绩第一位、错误第二位"找到了令人信服的历史根据。尤其是陈云的意见，使决议自起草以来一直难于达到要求的关键问题得到了圆满解决，其建议得到全党同志的一致赞同。

"决不能感情用事，意气用事"——曾被打倒的黄克诚等老一辈无产阶级革命家在评价毛泽东时毅然以十亿人民的根本利益为重。

1980 年 1 月，邓小平指出："评价人物和历史，都要提倡全面的科学的观点，防止片面性和感情用事，这才符合马克思主义，也才符合全国人民的

---

① 《邓小平文选》第二卷，人民出版社 1994 年版，第 296 页。

利益和愿望。"①7月7日，胡乔木进一步解释了历史评价不能感情用事的原因。他说：毛泽东晚年的错误引起不少人愤懑，但"愤怒出诗人，愤怒不出历史学家"。"否则我们就像雨果那样，尽管在他写的书里充满了对拿破仑第三的仇恨，却并没有把历史解释清楚。把拿破仑第三的阴险、狡猾描写得淋漓尽致，也还是没有把'雾月十八日事变'解释好，而马克思则不同，他还是作了多方面的分析。"②

在党的过去历次错误的政治运动和"文化大革命"中，许多人遭受了不公正的对待，对历史人物的认识和评价往往带有浓厚的感情色彩，容易陷入个人恩怨的纠缠，这正是决议讨论中对毛泽东及毛泽东思想争论、分歧比较大的原因。

毛泽东思想培养了整整一代人，包括一大批后来挨批的老干部。毛泽东的威望，是通过长期的革命斗争实践建立起来的，即使毛泽东犯错误的时候，许多老干部被整得那么厉害，可是大家仍然相信他，忘不了他的功绩，这也是《历史决议》之所以能超越一切个人恩怨和利害得失的重要心理基础。邓小平、彭真、黄克诚等老一辈革命家为了客观评价毛泽东和毛泽东思想挺身而出，他们的政治智慧和政治勇气相结合的大仁大智大勇也因此表现得淋漓尽致。

在1959年庐山会议上，黄克诚曾被打成"以彭德怀为首的彭、黄、张、周反党集团"主要成员，在"文化大革命"中被长期关押，虽然一直蒙受奇冤，复出后他却主张公正评价毛泽东和毛泽东思想。1980年11月27日，中纪委召开第三次贯彻《关于党内政治生活若干准则》座谈会，针对社会上有人放肆诋毁毛泽东思想、丑化毛泽东同志的错误思潮，作为中纪委第二书记的黄克诚作了长篇讲话，他指出：有些同志，特别是那些受打击、迫害的同志

---

① 《邓小平文选》第二卷，人民出版社1994年版，第244页。
② 胡乔木：《胡乔木回忆毛泽东》，人民出版社2003年版，第647—648页。

有些激愤情绪是可以理解的。大家知道，在毛主席晚年，我也吃了些苦头。"但我觉得，对于这样关系重大的问题，决不能感情用事，意气用事。我们只能从整个党和国家的根本利害、从十亿人民的根本利害出发，从怎样做才有利于我们的子孙后代、有利于社会主义革命事业出发来考虑问题。"① 他用切身经历回顾了从红军创建时期到新中国成立初期毛主席的重要贡献，明确指出，毛主席作为我们党和国家的主要缔造者，多次在危机中挽救了革命，这是我们党内任何其他人都不能比拟的。

黄克诚的讲话在 1981 年 4 月 10 日《解放军报》上发表后，《人民日报》等全国各大报纸纷纷转载，立即在党内外、国内外引起了强烈反响。黄克诚在关键问题上清醒的大局意识和宽广胸怀感动了不少人，许多原来挨过整、受过委屈的同志表示要向他学习，以党和国家大局为重。黄克诚的真诚表态，对统一全党的思想确实起到了中流砥柱的作用，也为《历史决议》顺利出台发挥了正确的舆论导向作用。

胡乔木是《历史决议》起草工作的负责人之一。他负责全面贯彻落实邓小平的三个总的原则，集中党内多次讨论的意见，起草和修改决议稿。他抓准了决议的两个关键性难题：一个是为什么会产生"文化大革命"，另一个是毛泽东思想的实质是什么。② 也就是指明了决议起草的难点、重点。更重要的是，胡乔木还亲自动手解决这两个问题。他对"文化大革命"的错误及其产生的原因进行了历史、具体的分析，对毛泽东思想的内容进行了概括。

1981 年 5 月 15 日，在邓小平主持的讨论中，对于稿子最后一部分要不要写中国社会主义现代化道路的十条基本经验，胡耀邦提出：稿子不要太长，十条写得不精彩。邓小平也表示：可以不写，留给十二大。胡乔木坚持要写。他申述理由说：这部分很重要。有十条可以给人以信心，可以回答如

---

① 黄克诚：《关于对毛主席评价和对毛泽东思想的态度问题》，《解放军报》1981 年 4 月 10 日。

② 胡乔木：《胡乔木回忆毛泽东》，人民出版社 2003 年版，第 614 页。

何防止"文化大革命"。当然要很扼要,不能展开讲。邓小平因此改变了态度,决定采纳胡乔木坚持的意见,《历史决议》第 35 节总结了十条基本经验。① 这十条总结增加了决议的理论厚度。

4.《历史决议》的杰出贡献

1981 年 6 月 27 日,党的十一届六中全会一致通过了《历史决议》,也就是党史所称的"第二个历史决议"。《历史决议》运用马克思主义的唯物辩证法和历史唯物论,对新中国成立 32 年来党的重大历史事件特别是"文化大革命"作出了正确的总结,科学地分析了在这些事件中党的指导思想的正确与错误,分析了产生错误的主观因素和社会原因,实事求是地评价了毛泽东的历史地位,充分论述了毛泽东思想作为我们党的指导思想的重要意义。

第一,对毛泽东的一生进行了实事求是的评价。《历史决议》指出:毛泽东同志是伟大的马克思主义者,是伟大的无产阶级革命家、战略家和理论家。他虽然在"文化大革命"中犯了严重错误,但是就他的一生来看,他对中国革命的功绩远远大于他的过失。他的功绩是第一位的,错误是第二位的。他为我们党和中国人民解放军的创立和发展,为中国各族人民解放事业的胜利,为中华人民共和国的缔造和我国社会主义事业的发展,建立了永远不可磨灭的功勋。他为世界被压迫民族的解放和人类进步事业作出了重大的贡献。②

第二,把毛泽东思想同毛泽东同志晚年所犯的错误区分开来。《历史决议》指出:因为毛泽东同志晚年犯了错误,就企图否认毛泽东思想的科学价

---

① 程中原、王玉祥、李正华:《转折年代——1976—1981 年的中国》,中央文献出版社 2008 年版,第 456 页。

② 《三中全会以来重要文献选编》(下),人民出版社 1982 年版,第 825 页。

值，否认毛泽东思想对我国革命和建设的指导作用，这种态度是完全错误的。对毛泽东同志的言论采取教条主义态度，以为凡是毛泽东同志说过的话都是不可移易的真理，只能照抄照搬，甚至不愿实事求是地承认毛泽东同志晚年犯了错误，并且还企图在新的实践中坚持这些错误，这种态度也是完全错误的。这两种态度都是没有把经过长期历史考验形成为科学理论的毛泽东思想，同毛泽东同志晚年所犯的错误区别开来，而这种区别是十分必要的。[①]

第三，毛泽东思想是我们党宝贵的精神财富，将长期指导我们的行动。《历史决议》对毛泽东思想作了许多新的理论概括和新的阐发。例如，将毛泽东思想定义为：马克思列宁主义在中国的运用和发展，是被实践证明了的关于中国革命的正确的理论原则和经验总结，是中国共产党集体智慧的结晶。《历史决议》从六个方面概括了毛泽东思想的独创性内容，即关于新民主主义革命、关于社会主义革命和社会主义建设、关于革命军队的建设和军事战略、关于政策和策略、关于思想政治工作和文化工作、关于党的建设等理论。《历史决议》还把毛泽东思想的活的灵魂第一次概括为实事求是、群众路线、独立自主，并且科学地阐明了这三个基本方面在毛泽东思想中的地位及其与各个组成部分的关系，进一步阐明了毛泽东思想的科学体系。《历史决议》提出，我们必须继续坚持毛泽东思想，认真学习和运用它的立场、观点和方法来研究实践中出现的新情况，解决新问题。

《历史决议》在国内外产生了积极的影响。外国人评价，《历史决议》是"动得非常干净的外科手术"，意思是评价很彻底，没有留下什么尾巴。《历史决议》关系到党和国家未来的发展道路，具有十分重大的政治意义。40多年来，《历史决议》对中国的发展产生了深远的影响。

一是客观公正地评价了党的历史和毛泽东的一生，在维护党的领袖毛泽东形象的同时也维护了党的形象。因为毛泽东与我们党和国家的历史是分

[①]　《三中全会以来重要文献选编》（下），人民出版社1982年版，第836—837页。

不开的，对毛泽东的评价直接关系到怎样看待党和国家过去几十年奋斗的成就。赫鲁晓夫对斯大林的全盘否定在苏联引起了全面的思想混乱，进而导致从根本上否定苏共的历史，成为苏联解体的重要原因。苏联解体的事实，越来越显示出中国共产党作出这个重大决策的勇气和远见。

二是对长期困扰人们的"左"的和右的错误思潮进行了清理，从根本上否定了"文化大革命"和"无产阶级专政下继续革命"的理论，同时坚决顶住否定毛泽东同志和毛泽东思想的指导作用的错误倾向，使全党思想达到了高度的统一，凝聚了人心，凝聚起社会主义现代化建设的力量。正如党的十一届六中全会公报所说："《决议》的通过和发表，对于统一全党、全军、全国各族人民的思想认识，同心同德地为实现新的历史任务而奋斗，必将产生大而深远的影响。"①

三是在中国何去何从的关键时刻，为开辟中国特色社会主义道路指明了前进的方向。《历史决议》全面总结了新中国成立以来正反两方面的十条经验，充分肯定了党的十一届三中全会以来逐步确立的适合我国情况的社会主义现代化建设的正确道路。对毛泽东思想的坚持和发展，将两代中央领导集体的社会主义探索有机衔接起来，保证了中国社会主义事业的连续性和稳定性，进而为邓小平理论的确立奠定了重要的思想基础，为邓小平理论的形成和发展开辟了广阔的道路。

5. 不废江河万古流

《历史决议》距现在已经四十多年了。历史在前进，理论在前进，人们对历史的认识也在前进。我们每向前迈进一步，就会和毛泽东发生联系，产生

---

① 《三中全会以来重要文献选编》（下），人民出版社 1982 年版，第 848 页。

怎样看待毛泽东的问题。有人以邓非毛，有人以毛非邓。1992年邓小平南方谈话后就有一些人转不过弯来，认为邓小平偏离了毛泽东思想。

我们是否有必要固守《历史决议》的结论？毛泽东本人就曾说过：如果修中共党史，"有漏洞就改，原则是坚持真理，修正错误"①。实践证明，《历史决议》经得起历史检验，其基本结论到现在还是站得住脚的。当然，对历史人物的评价，越往后问题可能看得越清楚，结论可能更客观、更合乎实际。正如邓小平所说："有些事要经过更长一点的时间才能充分理解和作出评价，那时再来说明这一段历史，可能会比我们今天说得更好。"② 参与决议起草的龚育之认为，要辩证地对待《历史决议》的结论。他倡导：坚持《历史决议》和在《历史决议》的基础上前进。换句话说，党的决议和领导人的讲话并不就是定论，随着认识的深入，党的决议也并非不能发展。

以江泽民同志为核心的党的第三代中央领导集体对毛泽东和毛泽东思想作出了更高的评价。1993年12月，江泽民在纪念毛泽东同志诞辰100周年大会上的讲话中对毛泽东思想的评价用了两个"永远"：毛泽东思想永远是中国共产党人的理论宝库和中华民族的精神支柱，永远是我们建设社会主义现代化国家的行动指南。他认为，在党和毛泽东的领导下，中国社会发生了天翻地覆的变化：

中国从一个半殖民地半封建社会，进入到社会主义新时代。一个受帝国主义掠夺和奴役的国家，变成一个享有主权的独立的国家。一个四分五裂的国家，变成一个除台湾等岛屿外实现统一的国家。一个人民备受欺凌压迫的国家，变成一个人民当家作主、享有民主权利的国家。一个经济文化落后的国家，变成一个走向经济繁荣、全面进步的国家。一个在世界上被人们看

① 《毛泽东文集》第三卷，人民出版社1996年版，第296页。
② 《邓小平文选》第二卷，人民出版社1994年版，第149页。

不起的国家，变成一个受到国际社会普遍尊重的国家。① 这就将毛泽东作为
新中国奠基人的形象凸显出来。

1997 年 9 月，江泽民在党的十五大的报告中，将毛泽东放在 20 世纪中
国历史的三次历史性巨变的背景下，指出毛泽东是站在时代前列的三位伟人
之一。他还将毛泽东思想界定为马克思列宁主义同中国实际相结合的第一次
历史性飞跃的理论成果。江泽民要求全党同志从这样的历史深度、从跨世
纪的现实需要、从宽广的世界眼光，来认识毛泽东思想的历史地位和指导
意义。

2003 年 12 月 26 日，胡锦涛在纪念毛泽东同志诞辰 110 周年座谈会上
发表讲话重申了毛泽东对新中国和社会主义建设的奠基之功，指出：在任何
时候任何情况下，我们都要始终高举毛泽东思想的伟大旗帜。

2007 年 10 月，胡锦涛在党的十七大报告中提出了三个"永远铭记"，
其中第一个就是：我们要永远铭记，改革开放伟大事业，是在以毛泽东同志
为核心的党的第一代中央领导集体创立毛泽东思想、带领全党全国各族人民
建立新中国、取得社会主义革命和建设伟大成就以及艰辛探索社会主义建设
规律取得宝贵经验的基础上进行的。他还指出，毛泽东思想是中国特色社会
主义理论体系的理论基础。

2013 年 12 月 26 日，习近平在纪念毛泽东同志诞辰 120 周座谈会上发
表重要讲话，充分肯定了毛泽东的丰功伟绩，也实事求是地指出了毛泽东的
晚年错误，并深刻阐释了评价历史人物的科学方法。习近平指出："在为中
国人民不懈奋斗的光辉一生中，毛泽东同志表现出一个伟大革命领袖高瞻远
瞩的政治远见、坚定不移的革命信念、勇于开拓的非凡魄力、炉火纯青的斗
争艺术、杰出高超的领导才能。他思想博大深邃、胸怀坦荡宽广，文韬武略
兼备、领导艺术高超，心系人民群众、终生艰苦奋斗，为中华民族和中国人

---

① 《江泽民文选》第一卷，人民出版社 2006 年版，第 343—344 页。

民建立了不朽功勋。""不能否认,毛泽东同志在社会主义建设道路的探索中走过弯路,他在晚年特别是在'文化大革命'中犯了严重错误。对毛泽东同志的历史功过,党的十一届六中全会作出的《历史决议》进行了全面评价。邓小平同志说,毛泽东同志的功绩是第一位的,他的错误是第二位的,他的错误在于违反了他自己正确的东西,是一个伟大的革命家、伟大的马克思主义者所犯的错误。在中国这样的社会历史条件下建设社会主义,没有先例,犹如攀登一座人迹未至的高山,一切攀登者都要披荆斩棘、开通道路。毛泽东同志晚年的错误有其主观因素和个人责任,还在于复杂的国内国际的社会历史原因,应该全面、历史、辩证地看待和分析。"

习近平强调指出:"对历史人物的评价,应该放在其所处时代和社会的历史条件下去分析,不能离开对历史条件、历史过程的全面认识和对历史规律的科学把握,不能忽略历史必然性和历史偶然性的关系。不能把历史顺境中的成功简单归功于个人,也不能把历史逆境中的挫折简单归咎于个人。不能用今天的时代条件、发展水平、认识水平去衡量和要求前人,不能苛求前人干出只有后人才能干出的业绩来。革命领袖是人不是神。尽管他们拥有很高的理论水平、丰富的斗争经验、卓越的领导才能,但这并不意味着他们的认识和行动可以不受时代条件限制。不能因为他们伟大就把他们像神那样顶礼膜拜,不容许提出并纠正他们的失误和错误;也不能因为他们有失误和错误就全盘否定,抹杀他们的历史功绩,陷入虚无主义的泥潭。前事不忘,后事之师。一个马克思主义政党对自己的错误所抱的态度,是衡量这个党是否真正履行对人民群众所负责任的一个最重要最可靠的尺度。我们党对自己包括领袖人物的失误和错误历来采取郑重的态度,一是敢于承认,二是正确分析,三是坚决纠正,从而使失误和错误连同党的成功经验一起成为宝贵的历史教材。"[1]

---

[1] 《十八大以来重要文献选编》(上),中央文献出版社2014年版,第692—693页。

第十章
反对"神化"与反对"丑化"

2023年12月26日，习近平总书记在纪念毛泽东同志诞辰130周年座谈会上发表重要讲话，高度评价了毛泽东的丰功伟绩。他指出："毛泽东同志是伟大的马克思主义者，伟大的无产阶级革命家、战略家、理论家，是马克思主义中国化的伟大开拓者、中国社会主义现代化建设事业的伟大奠基者，是近代以来中国伟大的爱国者和民族英雄，是党的第一代中央领导集体的核心，是领导中国人民彻底改变自己命运和国家面貌的一代伟人，是为世界被压迫民族的解放和人类进步事业作出重大贡献的伟大国际主义者。"习近平总书记在讲话中还集中概括了毛泽东的崇高精神风范。他指出："毛泽东同志把自己的一生献给党和人民，留下了永志后人的崇高精神风范。毛泽东同志展现出一个伟大革命领袖高瞻远瞩的政治远见、坚定不移的革命信念、勇于开拓的非凡魄力、炉火纯青的斗争艺术、杰出高超的领导才能、心系人民的赤子情怀、坦荡宽广的胸怀境界、艰苦奋斗的优良作风，赢得了全党全国各族人民的爱戴和敬仰，毛泽东同志的崇高精神风范永远是激励我们继续前进的强大动力。"①

毛泽东作为一个伟大的历史人物，属于中国，也属于世界。放在世界历史的范围来看，尽管不能说，让毛泽东思想的红旗插遍全世界，但毛泽东及毛泽东思想所影响的恐怕不只是中国人民，其对世界格局的影响已经无法逆转。正如美国前国务卿基辛格博士所说，"毛主席是改变世界事态进程的一位历史性人物，他对他的国家的现在和未来有着巨大的影响"。只有放在世界历史的进程来看，毛泽东的影响才会更加清楚。

1956年在中共中央讨论《论无产阶级专政的历史经验》那篇文章时，毛泽东念了一首杜甫的诗："王杨卢骆当时体，轻薄为文哂未休。尔曹身与名俱灭，不废江河万古流。"这首诗的意思是：王勃等人的文章是他们那个

---
① 习近平：《在纪念毛泽东同志诞辰130周年座谈会上的讲话》，《人民日报》2023年12月27日。

227

时代的体裁，现在一些人轻薄地批判耻笑他们，将来你们这些人身死名灭之后，王、杨、卢、骆的文章，却会像万古不废的江河永远流传下去。①毛泽东念这首诗是针对赫鲁晓夫反对斯大林的问题，当然对评价毛泽东及毛泽东思想对后世的影响也是适用的。随着时间的流逝，其有形价值及无形资产将益发凸显，毛泽东伟大的历史功绩将一代又一代永远流传下去。

---

① 黄克诚：《关于对毛主席评价和对毛泽东思想的态度问题》，《解放军报》1981年4月10日。

第十一章
时代观的转换与外交战略的调整
——怎样认识战争与和平？

共和国的时代观经历过重大调整。新中国成立后，"战争与革命"的时代思想在延续。随着形势的变化和认识的转变，"和平与发展"成为时代的主题。在外交上也实现了从"一条线"的战略到独立自主的和平外交政策的转变。

1. 世界将走向和平还是走向战争？

如何认识时代？列宁有一个经典的论断："时代所以称为时代，就是因为它包括所有的各种各样的现象和战争，这些现象和战争既有典型的也有不典型的、既有大的也有小的、既有先进国家所特有的也有落后国家所特有的。"① 可见，列宁是把时代同国际形势和革命运动联系起来，按世界发展状态和革命任务的阶段性变化来划分时代的。1917 年二月革命后，列宁提出了"无产阶级社会主义革命的时代"，后人简称为"战争与革命的时代"。相

---

① 《列宁全集》第 28 卷，人民出版社 1984 年版，第 127 页。

继爆发的两次世界大战和世界各地的无产阶级革命证实了列宁关于时代的论述。由此，这一观点在很长时间内主导了社会主义国家对当代战争与和平的看法。

第二次世界大战结束后，由于意识形态、社会制度的尖锐对立，美国和苏联由盟友变成了敌手，导致 20 世纪 50 年代国际政治格局的基本特征是两大阵营的对峙和斗争。

中国共产党从中国革命和世界革命的实际出发，对帝国主义的本质、人类社会的战争与和平、国际关系发展的特征等问题都作出了深刻的阐释。1950 年 6 月，毛泽东在党的七届三中全会上的书面报告中指出："帝国主义阵营的战争威胁依然存在，第三次世界大战的可能性依然存在。但是，制止战争危险，使第三次世界大战避免爆发的斗争力量发展得很快，全世界大多数人民的觉悟程度正在提高。只要全世界共产党能够继续团结一切可能的和平民主力量，并使之获得更大的发展，新的世界战争是能够制止的。"①

1952 年，当朝鲜战争处于僵持状态，中国国内及国外害怕由此引起世界大战的心理日益严重时，毛泽东认为，说马上要打第三次世界大战，是吓唬人的。我们要争取十年功夫建设工业，打下强国的基础。

朝鲜战争结束后，美国艾森豪威尔政府对中国继续推行遏制政策和封锁政策，支持法国的侵越战争，为防御共产主义的"扩张"又策划组织马尼拉条约组织，等等。此时，国际社会上空升起了一团令人恐惧的疑云，如何估计当时的国际形势，世界将走向和平还是走向战争？对于中国这样一个迫切需要和平稳定的环境以恢复建设的国家来说，也是一个亟待正确回答的问题。

毛泽东针对有人认为第三次世界大战会很快打起来，因而不敢发展沿海地区工业的看法，明确指出："现在，新的侵华战争和新世界大战，估

① 《毛泽东文集》第六卷，人民出版社 1999 年版，第 67 页。

计短期内打不起来，可能有十年或者更长一点的和平时期。"又说："认为原子弹已经在我们头上，几秒钟就要掉下来，这种形势估计是不合乎事实的"。①

结合当时国际上社会主义阵营的强大，反帝统一战线的形成等国际形势，毛泽东得出了世界大战有可以避免与不可避免两种可能性的结论，其中更多的是倾向于认为可以避免。从 20 世纪 50 年代至 60 年代初，毛泽东等领导人基本上持的是这种观点。

针对美国等西方国家对新中国的无端指责和遏制政策，为了保卫新中国的独立和主权不受侵犯，毛泽东强调，必须建设强大的国防。1953 年朝鲜战争结束，中国获得了相对安全稳定的外部环境条件，国内已基本肃清了国民党在大陆的残余势力，完成了国民经济恢复任务，开始进行有计划的经济建设。中国军队和国防建设也由战争环境转入了和平发展时期，转入建设轨道。面对国内外形势发生的这些重大变化，1956 年 3 月召开的中共中央军委扩大会议确定中华人民共和国的军事战略是积极防御。

同时，为了巩固新生政权，维护和平的国际环境。新中国把和平外交作为外交的基石，并在外交上采取了向以苏联为首的社会主义阵营"一边倒"的外交方略。

20 世纪 60 年代初期，中国针对"大跃进"运动带来的严重后果，拟把解决人民群众的吃、穿、用等最基本的需要，作为"三五"计划的中心。然而国际局势在这个时期也发生了急剧变化，中国的周边环境也变得更加扑朔迷离、令人不安。

从 20 世纪 50 年代末期开始，中苏关系出现破裂。1964 年勃列日涅夫上台后，苏联政府更是大举向中苏边境地区增派军队，中苏边境的冲突处于一触即发之势。

---

① 《毛泽东文集》第七卷，人民出版社 1999 年版，第 26 页。

中苏之间意识形态的分歧由相互争吵发展到公开论战。其论争的焦点之一主要就是"战争与和平"的问题。

苏共认为：在战争与和平问题上，中国违背了世界共产主义运动的共同方针。中国不相信有防止新的世界战争的可能性，对和平和社会主义力量估计不足，对帝国主义力量估计过高，实际上是忽视动员人民群众同战争危险进行斗争……既不相信和平共处的可能性，也不相信无产阶级在阶级斗争中的胜利。中国领导人在关于发展世界革命过程的条件和手段的问题上，采取了反列宁主义的立场。①

中共则指出：苏共保卫世界和平的道路，不是当代各种维护和平的力量联合起来，结成最广泛的统一战线，反对美帝国主义及其走狗，而是美苏两个核大国合作解决世界问题……在战争与和平问题上，我们同苏共领导人的分歧，是要不要反对帝国主义，要不要支持革命斗争，要不要动员全世界人民起来反对帝国主义的战争计划，要不要马克思列宁主义的不同路线的分歧。②

此后，两国关系全面恶化，并导致了边界的武装冲突，形成长达20年的敌对状态，对中国的社会发展和国际关系政策产生了巨大的影响。

中苏关系不断走向恶化，主要原因是既有国家利益上的矛盾又有意识形态方面的分歧。就中苏论战涉及的内容来说，中共反对大国主义，维护了独立自主，但是也有不少"左"的观点。正如邓小平在1989年5月16日会见戈尔巴乔夫时所说的："经过二十多年的实践，回头看，双方都讲了许多空话"。"这方面现在我们也不认为自己当时说的都是对的。"③

此时，美国在越南的侵略战争严重升级。1964年夏天"东京湾事件"后，美国公然轰炸越南北方。从1960年到1964年，美国和我国周边不少国家和

---

① 《关于国际共产主义运动总路线的论战》，人民出版社1965年版，第582页。
② 《关于国际共产主义运动总路线的论战》，人民出版社1965年版，第263页。
③ 《邓小平文选》第三卷，人民出版社1993年版，第291、294页。

地区签订条约，结成反华同盟，对我国形成了"半月形"包围圈。可以说，是美国又把中国逼到了战争的边缘。

在东南沿海，美国一直支持台湾蒋介石集团侵扰大陆。1962 年，台湾国民党当局对大陆东南沿海地区加紧武装袭扰活动，妄图在中国东南地区建立大规模进攻大陆的"游击战走廊"。

在西南方向，1962 年 10 月，中印边境地区在发生边界冲突后，双方互存戒备，战争状况并未解除。

在东北方向，美国驻兵南朝鲜和日本，对中国和远东和平构成威胁。一时间，东西南北都有威胁，国际反动势力形成反华大合唱。

一系列严峻的事实，使得毛泽东不能不把国家安全放在一个非常重要的地位加以考虑，不能不高度重视国防建设和备战工作。毛泽东等对战争与和平形势的判断也开始改变，加上党在指导思想上的"左"倾，逐步形成了世界大战不可避免的看法，20 世纪 60 年代中后期，这种重视的程度日益提高。1965 年 9 月至 10 月，毛泽东主持召开以加强战备为主题的中共中央工作会议，确立了"以国防建设为第一，加强三线建设，逐步改变工业布局"的"三五"计划的基本方针。至此，原以解决"吃、穿、用"的经济建设为中心开始转变为全国范围的反对美、苏两个超级大国霸权主义的大备战。[①]

20 世纪 60 年代末至 70 年代初美苏争霸的国际形势出现了苏攻美守的局面。与此同时，自 1968 年起，中苏边境冲突规模明显增大。1968 年 1 月，大批苏联边防军人越过乌苏里江主航道中心线，侵入中国七里沁岛地区，用装甲车轧死、撞死、撞伤中国渔民多人。1969 年 3 月，苏联军队入侵中国领土珍宝岛地区，造成严重流血事件。1969 年 6 月和 8 月，新疆裕民县塔斯提地区和新疆铁列克提地区又发生了中苏武装冲突，战争气氛更加浓厚。

特别是 1968 年 7 月以苏联为首的华约部队对捷克斯洛伐克的大规模的

---

① 姚有志、陈宇：《毛泽东大战略》，解放军出版社 2009 年版，第 268 页。

突然袭击，使得中国领导人感受到中国更直接、更严重的战争威胁来自苏联，全国性的战备工作随之进入高潮。

1969 年 3 月珍宝岛事件发生后，中国立即作出了最强烈的反应。1969 年 3 月 4 日，《人民日报》发表《打倒新沙皇》的社论。3 月 5 日，毛泽东在一次会议上指出："要准备打仗。"4 月，党的九大通过的政治报告中再次指出："……绝不可以忽视美帝、苏修发动大规模侵略战争的危险性。我们要做充分准备，准备他们大打，准备他们早打，准备他们打常规战争，也准备他们打核大战。"

8 月 28 日，中共中央发布了加强战备的命令。以此为标志，全国的战备工作进入了高潮，并由主要是思想动员进入具体实施，由主要是部队的工作变成了全民的紧张行动。

当时，在中国的最高决策层内，在战备与作战的一些主要问题上，认识比较一致。但是在战争的危险性、紧迫性问题上，当时中央内部实际上存在着两种不同意见。一种是以林彪为首的，以黄永胜、吴法宪、叶群、李作鹏、邱会作等人为主要成员的军委办事组的意见。他们过高估计了战争爆发的可能性，认为苏联发动大规模入侵的可能性极大，战争危险迫在眉睫。另一种是以陈毅牵头，有叶剑英、徐向前、聂荣臻参加的国际形势研究小组的意见。他们认为，珍宝岛事件的发生，并不意味着对方马上就要开始向中国大举进攻，原因是没有准备好；而且，不论是从美国还是从苏联来看，它们目前争夺的重点仍然是在欧洲……在可以预想的时期内，苏联不敢挑起反华大战，反而有可能改变对我国的战争边缘政策，进行和谈。有鉴于此，既要做好战争准备，又要采取灵活的策略，用谈判方式进行斗争，积极开展外交活动，为"革命制止战争"创造更加有利的条件。

事实证明，国际形势研究小组对国际形势的分析是符合当时的客观实际的，所提出的战略方针也是正确的。1969 年 9 月 11 日，应苏联方面的要求，周恩来在北京机场会见了苏联部长会议主席柯西金。双方讨论了两国关系中的紧迫问题，特别是边界问题。苏联方面表达了缓和边界形势的愿望。双方商定，同年 10 月在北京开始中苏边界谈判。

中苏边界谈判以后，两国关系有所缓和，立即爆发战争的迹象逐渐减少。从 1970 年起，随着国际形势趋于缓和的变化，中国领导人对战争与和平问题的认识发生了一些相应的变化，"备战备荒为人民"的口号在一些文件中更多地被代之以"抓革命，促生产，促工作，促战备"，全国的战备工作也逐渐趋于平稳发展。

根据国际形势的变化，中国在 1972 年内不失时机地打开了中美、中日关系的大门。鉴于苏联的威胁，毛泽东在 1973 年 2 月 17 日会见美国总统国家安全事务助理基辛格时明确提出了超越意识形态的"一条线、一大片"的战略意图，维护了国家安全。1974 年毛泽东又一次超越社会性质而以生产力发展水平、一个国家的综合国力划分形成了关于"三个世界"的理论。这个理论为我国联合世界上发展中国家，争取第二世界的国家，反对第一世界的国家的侵略政策，反对霸权主义，维护世界和平提供了正确的指导方针。[①]

当然，毛泽东的国际政治思想也明显地带有那个时代的历史局限性，以意识形态和阶级斗争的观点分析国际形势，难免带来困惑，特别是对核武器和"核时代"的认识不足，在一定程度上影响了对世界发展趋势的正确把握。

2 . 新的时代观的形成

20 世纪 80 年代前后，邓小平根据对世界形势和我国周边环境的分析，改变了原来认为战争的危险很迫近的看法，提出了"和平与发展是当代世界

---

① 李瑷：《毛泽东与邓小平》，中共党史出版社 2008 年版，第 438 页。

的两大问题"的科学论断。这为中国把握国际形势，调整对外政策提供了科学的理论依据。

1977年12月，邓小平在中共中央军委全体会议上提出，虽然战争危险不可避免，但"可以争取延缓战争的爆发"，根据是"苏联的全球战略部署还没有准备好。美国在东南亚失败后，全球战略目前是防守的，打世界大战也没有准备好"①。

1980年1月16日，在中共中央召开的一次重要的干部会议上，邓小平作了题为《目前的形势和任务》的报告。他说："我们有信心，如果反霸权主义斗争搞得好，可以延缓战争的爆发，争取更长一点时间的和平。这是可能的，我们也正是这样努力的。不仅世界人民，我们自己也确确实实需要一个和平的环境。"②后来，国际形势发生了变化。美苏关系开始缓和，整个世界局势出现了由紧张转为缓和的总趋势。由此，战争与和平问题的认识也更清楚了。

在1985年6月的中共中央军委扩大会议上，邓小平明确指出："过去我们的观点一直是战争不可避免，而且迫在眉睫"，"这几年我们仔细地观察了形势"，认为"世界战争的危险还是存在的，但是世界和平力量的增长超过战争力量的增长"，"由此得出结论，在较长时间内不发生大规模的世界战争是有可能的，维护世界和平是有希望的"。③

邓小平这一系列论述不仅纠正了中国过去在战争问题上的分析和判断的失误，更重要的是在新的国际形势下，使中国在战争与和平这个根本问题上的认识有了极大突破，提出了"世界大战可以推迟"，"如果功夫做得好，大战可以避免"的正确判断，从而实现了由"战争与革命"到"和平与发展"的重大转变。1987年10月，党的十三大报告明确提出了和平与发展是当今世界的两大主题。报告指出：我们根据国际形势和我国现代化建设的需

---

① 《邓小平文选》第二卷，人民出版社1994年版，第77页。
② 《邓小平文选》第二卷，人民出版社1994年版，第241页。
③ 《邓小平文选》第三卷，人民出版社1993年版，第126—127页。

要，围绕和平与发展两大主题，调整外交格局和党的对外关系，发展了独立自主、反对霸权主义、维护世界和平的对外政策。

20 世纪 80 年代末 90 年代初，国内发生政治风波，国际发生苏东剧变，少数西方国家对中国实行"制裁"，霸权主义和强权政治不断升级。面对国际国内对世界形势变化的议论纷纷，邓小平对时代的主题问题进行了再思考，并及时指出："……看起来，我们过去对国际问题的许多提法，还是站得住的。现在旧的格局在改变中，但实际上并没有结束，新的格局还没有形成。和平与发展两大问题，和平问题没有得到解决，发展问题更加严重。"①

邓小平坚持认为，国际格局虽然正在发生大的转换，但和平与发展依然是当今世界的两大战略性、全球性的问题，霸权主义和强权政治依然是世界和平与发展的主要威胁。他不赞成把国际形势看成一片漆黑。因为世界上矛盾多得很，大得很，可利用的矛盾存在着，有利的条件存在着，机遇存在着，问题是要善于把握。为此，他提出了"冷静观察，稳住阵脚，沉着应付"的战略方针。

邓小平关于和平与发展成为当今时代的主题的认识是有充分依据的。从和平趋势的内在需要看，两次世界大战的浩劫给人类留下了巨大的灾难和沉痛的教训，和平发展成为世界潮流，民心所向；世界经济的发展加深了各国利益的相互依赖，冷战结束后的多极化进程使世界各种主要力量彼此制衡，成为制约战争的一个重要因素；广大发展中国家力量的发展对世界和平与发展也起着不可低估的作用，通过和平方式解决国际争端越来越受到国际社会的重视。同时，中国社会主义现代化建设需要一个和平安定的国际环境。

在这样的背景下，和平与发展不仅是世界上各种类型的国家的现实需要，而且有了现实可能，从而成为当今世界的潮流和时代主题。不仅社会主义国家需要发展，广大发展中国家需要发展，而且发达资本主义国家也需要

---

① 《邓小平文选》第三卷，人民出版社 1993 年版，第 354 页。

发展，因此，"东西问题"和"南北问题"成为当代世界全球性的战略问题。①

邓小平对国际形势的这些敏锐而深刻的观察和判断，指导中国共产党在国内国际风云变幻的形势中经受住了考验，把握住了机遇，推进了中国改革开放的事业。党的十四大、十五大继续确认"和平与发展仍然是当今世界两大主题"。

科索沃事件和中国驻南斯拉夫使馆被炸以后，国际形势又出现新的变化。以江泽民同志为核心的第三代中央领导集体，一方面指出天下很不太平，霸权主义和强权政治比起过去来具有更大的进攻性、侵略性、扩张性和冒险性，必须保持高度警惕；另一方面又指出时代发展的大趋势没有变，党的十五大报告认为"在相当长的时期内，避免新的世界大战是可能的，争取一个良好的国际和平环境和周边环境是可以实现的"，这个判断仍然是站得住的。

进入新世纪，党的十六大报告指出："和平和发展仍是当今时代的主题，世界多极化和经济全球化趋势的发展，给世界的和平和发展带来了机遇和有利条件。新的世界大战在可预见的时期内打不起来，争取较长时期的和平国际环境和良好周边环境是可以实现的。"党的十七大报告再次指出，和平与发展仍然是时代主题。进一步明确"求和平、谋发展、促合作已经成为不可阻挡的时代潮流"。党的十八大报告重申，当今世界发生深刻变化，和平与发展仍然是世界主题。同时，世界仍然很不安宁。

习近平总书记在党的十九大报告中指出："世界正处于大发展大变革大调整时期，和平与发展仍然是时代主题。世界多极化、经济全球化、社会信息化、文化多样化深入发展，全球治理体系和国际秩序变革加速推进，各国相互联系和依存日益加深，国际力量对比更趋平衡，和平发展大势不可逆转。同时，世界面临的不稳定性不确定性突出，世界经济增长动能不足，贫富分

---

① 张静如、王炳林：《十一届三中全会以来中国共产党思想史》，青岛出版社2008年版，第190页。

化日益严重，地区热点问题此起彼伏，恐怖主义、网络安全、重大传染性疾病、气候变化等非传统安全威胁持续蔓延，人类面临许多共同挑战。我们生活的世界充满希望，也充满挑战。我们不能因现实复杂而放弃梦想，不能因理想遥远而放弃追求。没有哪个国家能够独自应对人类面临的各种挑战，也没有哪个国家能够退回到自我封闭的孤岛。我们呼吁，各国人民同心协力，构建人类命运共同体，建设持久和平、普遍安全、共同繁荣、开放包容、清洁美丽的世界。要相互尊重、平等协商，坚决摒弃冷战思维和强权政治，走对话而不对抗、结伴而不结盟的国与国交往新路。要坚持以对话解决争端、以协商化解分歧，统筹应对传统和非传统安全威胁，反对一切形式的恐怖主义。要同舟共济，促进贸易和投资自由化便利化，推动经济全球化朝着更加开放、包容、普惠、平衡、共赢的方向发展。要尊重世界文明多样性，以文明交流超越文明隔阂、文明互鉴超越文明冲突、文明共存超越文明优越。要坚持环境友好，合作应对气候变化，保护好人类赖以生存的地球家园。"①

习近平总书记在党的二十大报告中指出："当前，世界之变、时代之变、历史之变正以前所未有的方式展开。一方面，和平、发展、合作、共赢的历史潮流不可阻挡，人心所向、大势所趋决定了人类前途终归光明。另一方面，恃强凌弱、巧取豪夺、零和博弈等霸权霸道霸凌行径危害深重，和平赤字、发展赤字、安全赤字、治理赤字加重，人类社会面临前所未有的挑战。世界又一次站在历史的十字路口，何去何从取决于各国人民的抉择。中国始终坚持维护世界和平、促进共同发展的外交政策宗旨，致力于推动构建人类命运共同体。"②

---

① 习近平：《全面建成小康社会　夺取新时代中国特色社会主义伟大胜利——在中国共产党第十九次全国代表大会上的报告》，人民出版社 2017 年版，第 57—58 页。

② 习近平：《高举中国特色社会主义伟大旗帜　为全面建设社会主义现代化国家而团结奋斗——在中国共产党第二十次全国代表大会上的报告》，人民出版社 2022 年版，第 60 页。

从这些战略调整判断不难看出，中国对和平的信念更加明确，对中国发展维护和平的决心更加坚定。维护和平，促进合作，推动发展，已经成为中国国家大战略的重要支柱。

3．外交战略的转变

新中国废除了帝国主义国家依据不平等条约在中国享有的一切特权，从根本上改变了旧中国"跪倒在地上办外交"的局面。针对美国等国封锁、遏制新中国的情况，以毛泽东为主要代表的中国共产党人提出了"另起炉灶""打扫干净屋子再请客""一边倒"的外交方针，积极争取苏联和其他社会主义国家对中国国内建设和外交工作的支持、援助。20世纪60年代后期，中苏两党关系中断、国家关系恶化，苏联全球性进攻战略态势对中国形成越来越大的军事压力。1969年，苏联制造了珍宝岛等一系列武装冲突事件。1971年春，中国开启"乒乓外交"的序幕，中美关系趋向缓和，在世界上引起了连锁反应。1971年10月25日，第26届联合国大会以压倒多数通过2758号决议，决定恢复中华人民共和国在联合国的一切合法权利。1972年2月，美国总统尼克松访华。9月，日本首相田中角荣访华。在新的国际形势下，中国同西方国家出现了一个建交高潮。此外，中国同第三世界国家建交的数目大大增加，同东欧各社会主义国家的关系也有了一定程度的改善。随着中国对外关系新格局逐渐形成，毛泽东对如何应对苏联威胁的战略思考日渐成熟。1973年2月17日，毛泽东在会见美国总统特使基辛格时提出了"一条线"构想。他说："我说要搞一条横线，就是纬度，美国、日本、中国、巴基斯坦、伊朗、土耳其、欧洲。"这实际上提出了联合抗苏的国际反霸统一战线的战略构想。1974年1月5日，毛泽东在会见日本外务大臣大平正芳时进一步提出了"一大片"构想，即指"一条线"周围的国家。其目的要团结这"一条线"和"一大片"中包括美国、日本在内的国际上一切可以利用的力量，共同对付苏联的扩张势头。从"一条线"到"一大片"的战略扩展，决定了中国外交战略将走向全球地理格局的整体化分布。

毛泽东当年提出"一条线"的外交战略，是为了使中国摆脱腹背受敌、孤立无援的状态，是为遏制苏联的霸权扩张。这一战略在当时对缓和中国在国家安全问题上所面临的极度紧张形势起了重要的作用。

但是，20世纪80年代以来，国际形势发生了重大变化。美苏之间的争夺转入了均衡僵持阶段。在这种情况下，继续实行"一条线"战略，不仅已无必要，而且对中国不利。因为占世界人口四分之一的中国，在反对霸权主义、维护世界和平的斗争中，已经发展成为独立于美苏之外的一支重要力量，中国如果同美苏任何一国结盟或建立战略关系，都会影响世界战略力量的平衡，不利于世界形势的稳定。

为能使中国进行现代化建设有一个良好的国际环境，从建立正常的对外关系的需要出发，邓小平改变了"一条线"的战略，代之以更为实际、更为灵活、更具原则性的战略方针，即独立自主的和平外交政策方针。

1982年9月，邓小平在党的十二大开幕词中明确提出："中国的事情要按照中国的情况来办。独立自主，自力更生，无论过去、现在和将来，都是我们的立足点。中国人民珍惜同其他国家和人民的友谊和合作，更加珍惜自己经过长期奋斗而得来的独立自主权利。任何外国不要指望中国做他们和附庸，不要指望中国会吞下损害我国利益的苦果。"①

中共十二大正式对中国20世纪70年代坚持的"一条线"外交战略作了调整，郑重申明中国坚持独立自主的对外政策，以和平共处五项原则为指导发展同各国的关系。这一新的独立自主外交战略的基本内容就是：第一，不结盟、不对抗、不针对第三国。第二，在国际事务中，中国是根据事情本身

---

① 《邓小平文选》第三卷，人民出版社1993年版，第3页。

的是非曲直和中国人民及世界人民的根本利益来决定自己的立场。第三，在和平共处五项原则的基础上，同世界一切国家包括结盟国家和不结盟国家建立和发展各方面的关系。

1983年11月29日，邓小平在会见加拿大总理特鲁多时指出，针对当前的国际形势，独立自主的外交政策更有利于争取和平。1985年6月4日，邓小平在中共中央军委扩大会议上的讲话中更为明确地指出了中国对外政策的这一重要转变，他说："过去有一段时间，针对苏联霸权主义的威胁，我们搞了'一条线'的战略……现在我们改变了这个战略，这是一个重大的转变。世界上都在说苏、美、中'大三角'。我们不讲这个话，我们对自己力量的估计是清楚的，但是我们也相信中国在国际事务里面是有足够分量的。我们奉行独立自主的正确的外交路线和对外政策，高举反对霸权主义、维护世界和平的旗帜，坚定地站在和平力量一边，谁搞霸权主义就反对谁，谁搞战争就反对谁。所以，中国的发展是和平力量的发展，是制约战争力量的发展。现在树立我们是一个和平力量、制约战争力量的形象十分重要，我们实际上也要担当这个角色。"他还指出："我们中国不打别人的牌，也不允许任何人打中国牌，我们说到做到。"①

中国的对外政策是独立自主的，是真正的不结盟，坚决反对一切形式的霸权主义和强权政治。在国际事务中，一切从中国人民和世界人民的根本利益出发，根据事情本身的是非曲直，说公道话，办公道事，以是否有利于维护世界和平、发展各国友好关系、促进世界经济繁荣为标准，决定自己的立场和政策。

邓小平对"一条线"战略的调整，使得"真正不结盟"原则得以确立。这一战略调整不仅巩固了中国在国际上的地位，在世界上为自己树立了一个爱好和平、制约战争的良好形象，有利于维护世界的和平与稳定，而且丰富

---

① 《邓小平文选》第三卷，人民出版社1993年版，第128页。

发展了独立自主的外交原则，推动了独立自主和平外交路线的形成，使中国的独立自主的外交政策演变为独立自主的和平外交政策。

4．"两个转变"，意义重大

1985 年 6 月 4 日，邓小平在中央军委扩大会议上更加清楚地阐述了中国外交方针的两大战略转变。他说，第一个转变，是对战争与和平问题的认识。这几年我们仔细地观察了形势，认为世界战争的危险还是存在的，但是世界和平力量的增长超过战争力量的增长，在较长时间内不发生大规模的世界战争是有可能的，维护世界和平是有希望的。第二个转变，是我们的对外政策。过去一段时间，针对苏联霸权主义的威胁，我们搞了"一条线"战略，现在我们改变了这个战略，这是一个重大的转变。

这两个重大转变，对于中国的内政、外交都具有重大意义。

第一，时代主题的新判断为科学地制定经济社会发展战略提供了重要依据，能够使我们集中精力搞建设。我们过去基于革命与战争的时代判断，一方面，没有把经济建设提到应有的地位，考虑早打、大打、打核战争；另一方面，在经济发展战略上过于考虑战争因素，经济比例和布局都有错位。这些严重影响了经济社会的正常发展。改革开放后基于国际局势的新变化，提出和平与发展是时代主题，扭转了战争不可避免而且迫在眉睫的老观念，可以集中精力搞建设，从而制定了现代化建设"三步走"的长远规划，建立了沿海经济特区和实行对外开放政策。正如邓小平所说："没有这个判断，一天诚惶诚恐的，怎么能够安心地搞建设？更不可能搞全面改革，也不能确定我们建军的正确原则和方向。"也正是依据世界大战在较长时间内打不起来的重要判断，中国政府才作出了裁军一百万的重大决策。此后的实践也证明，百万大裁军不仅是新时期中国军队建设的重要战略决策，还为中国在国际上赢得了广泛的良好反响。

第二，外交战略的调整提升了中国的国际地位，使中国真正成为国际舞台上一支独立自主的力量。这次外交战略调整，不同于之前中国外交战略由"一边倒"到"反帝反修"、再到"一条线""一大片"的调整，而是新中国成立以来中国外交战略发展史上的一次具有里程碑意义的重大调整，它是中国外交战略思想、战略目标及战略途径的全面调整，使中国独立自主的和平外交政策的特点更加鲜明。独立自主外交战略克服了"一边倒"及"一条线"这类结盟或准结盟战略所存在的一些弊端，使中国能够切实坚持独立自主的原则，提升了中国的国际地位，捍卫国家的根本利益，也为中国经济建设创造了相对有利的环境。

第三，时代主题的新判断和外交战略的调整，使我国外交得到全方位发展，形成了有利于中国改革开放和现代化建设的外部环境。到 1989 年，中国的建交国总数达到 137 个。在与周边国家的关系方面，中国在发展同朝鲜、巴基斯坦等国传统友好关系的同时，重视妥善处理与一些邻国的历史遗留问题，注意严格区分党际关系和国家关系，与相关国家的关系有了明显改善和发展。在国际和地区事务中，中国积极参与以联合国为中心的多边外交活动，广泛参加各种国际多边条约和国际公约，在促进世界和平与发展方面发挥了重要作用，扩大了中国的国际影响。中国强调自己是发展中国家的一员，努力加强同发展中国家的关系，致力于推动南北对话、南南合作。

处理中美、中苏关系，是这一时期中国外交的主要方面之一。尽管因售台武器等问题中美关系曾受到严峻考验，但总的来说，20 世纪 80 年代中美两国双边关系保持稳定发展，两国领导人互访增加，经贸、科技、文教等方面的合作不断扩大，文化交流逐年增加。到 1988 年，中美贸易总额达到 100.4 亿美元，美国已成为中国的第三大贸易伙伴，占当年中国对外贸易总额的 10％。中美关系发展最引人注目的是两国在高技术、军事领域里前所未有的合作与发展。1983 年 6 月 21 日，美国政府宣布放宽对华技术出口的新规定，把中国列入了与美国友好的非盟国一类。1983 年 9 月以后，中美两国军事领导人多次进行互访。中美两军在兵种、军事指挥和后勤等领域的交流也逐步展开。其中特别是在 1986 年 11 月，美国第七舰队司令莱昂斯上将率 3 艘军舰访问了青岛，这是 1949 年以来美国舰队第一次访问中国，在国际上引起了强烈的反响。

同时，中苏关系也逐步缓和，并实现了两国关系正常化。1982 年 3 月 24 日，苏联最高领导人勃列日涅夫特意选择在离中国不远的塔什干公开发表讲话，向中方发出了改善关系的重要信号。

邓小平立刻注意到勃列日涅夫讲话所传递的信息。他马上打电话到外交部，指示立即对这一讲话作出反应。外交部为此召开的第一次新闻发布会是一次没有座位的新闻发布会。外交部的声明指出，在中苏两国关系和国际事务中，我们重视的是苏联的实际行动。这简短的声明，第二天发表在《人民日报》头版的中间位置，表明消息虽短但很重要。声明在国际上立即引起了广泛注意，西方五大通讯社和其他一些媒体纷纷报道，并发表评论。有外电指出，这一谨慎而含蓄的声明，预示着对抗了 20 多年的中苏关系，有可能发生变化，并使世界局势为之改观。

4 月 16 日，邓小平又请当时在中国访问的罗马尼亚领导人给勃列日涅夫捎口信，提出苏方应先做一两件事看看。他还强调说："从柬埔寨、阿富汗事情上做起可以，从中苏边界或蒙古撤军也可以。"

这一年夏天，邓小平还请陈云、李先念等中央领导同志到家里进一步商讨对策。他提出：要采取一个大的行动，向苏方传递信息，争取中苏关系能有一个大的改善。但是这种改善必须是有原则的，条件是苏方应首先做点事才行。他所说的"做点事"就是"三个撤军"。几位中央领导同志一致赞成邓小平的意见。1982 年 11 月 10 日，勃列日涅夫因病突然去世。邓小平当机立断，决定派国务委员兼外交部长黄华作为中国政府的特使赴莫斯科参加吊唁活动。11 月 14 日中午，黄华飞抵莫斯科。这是中国领导人将近 20 年来首次踏上苏联的国土。这场"葬礼外交",对中苏关系的改善起到了重大推动作用,表明两国之间的"政治气候"从"乌云密布"开始转"阴"再转"晴"。

从1982年10月,中苏两国就消除影响中苏关系正常化的三大障碍问题进行了12轮的政治磋商。与此同时,两国之间的一些重要往来也逐步恢复。1984年底,苏联部长会议第一副主席阿尔希波夫正式访问中国,双方签订了一些经济技术合作的协定。1985年7月,中国副总理姚依林访问苏联,双方签订了贸易协定和经济技术合作协定。

1989年2月,经过双方的努力,阻碍中苏关系正常化的三大障碍基本得到解决,同年5月,两国关系正式实现正常化。苏联作为一个对国际局势有着关键性影响力的超级大国,同时又是中国的邻国,中苏关系的改善使苏联对中国北部安全的威胁逐步减轻,这就极大地改善了中国的安全环境。

中美关系的发展促进了中国与美国结盟的西方国家如日本、西欧国家关系的进一步发展。中国与它们特别是日本经贸关系的发展,对于缓解中国改革开放初期资金、技术需求上的压力起到了一定程度的促进作用。随着中苏关系的改善,中国与苏联的盟国及友好国家的关系也得到了改善,特别是与苏联亚洲盟友如蒙古、老挝及越南关系的逐步改善,使中国与周边国家的关系开始呈现良好的发展态势。此后,中国全方位外交取得的成就开始与日俱增,中国加强同各国人民的友好往来,扩大同世界各国利益交汇点,既为我国改革开放营造了良好国际环境,也为促进人类和平发展的崇高事业作出了积极贡献。

党的十八大以来,以习近平同志为核心的党中央深刻把握新时代中国和世界发展大势,全面推进中国特色大国外交,形成全方位、多层次、立体化的外交布局。中国提出共建"一带一路"倡议,推进构建新型国际关系,倡导构建人类命运共同体,促进全球治理体系变革,在国际上的影响力和感召力显著提高,中国与世界的互动关系发生了历史性演变,为中国的发展营造了良好外部条件,为世界和平与发展作出了新的重大贡献。

第十二章
春潮与寒流
——经济特区的探索之路

"1979 年，那是一个春天。有一位老人，在中国的南海边，画了一个圈……"每当这段优美、流畅的旋律从心中流出，人们便会深情地想起邓小平那句铿锵有力的话语："杀出一条血路来！"

正是这句话，决定了经济特区的奇迹，对外开放的大幕徐徐拉开。

"1992 年，又是一个春天。有一位老人在中国的南海边写下诗篇，天地间荡起滚滚春潮，征途上扬起浩浩风帆……"坚定、睿智的邓小平再次来到特区，由此刮起了中国特色社会主义市场经济的旋风，政治上空前的震动力，经济上强烈的号召力，又一次拉响了中国改革开放快速推进的汽笛。

1."杀出一条血路来"

建立经济特区，是党中央根据世界经济的发展形势和我国现代化建设的需要而确定的一项重大措施，是我国实行对外开放、同世界各国进行经济合作和技术交流的战略方针的重要组成部分。

回顾中国改革开放 40 年的历史进程，经济特区以其特有的优势走到了改革开放的前沿阵地，以敢闯敢试的精神为中国的改革开放开辟了一条成功的道路，是一部杀出一条"血路"的历史，是开辟中国特色社会主义道路的探索史。经济特区的特殊定位，不止一次引发了姓"社"还是姓"资"的争论，也正是在这些争论中，经济特区成长壮大起来，成为中国改革开放的"试验田"，引领中国的改革开放走向辉煌。

1977 年 11 月，邓小平来到南方，这是他复出后首次出京视察，地点选在广东省。当广东省委领导汇报一些边境地区的农民逃港问题十分突出时，邓小平说："生产生活搞好了，还可以解决逃港问题"，"逃港，主要是生活不好，差距太大"。他还说："看来最大的问题是政策问题。政策对不对头，是个关键。"邓小平明确指出："你们的问题相当集中，比较明确，要写个报告给中央，把问题分析一下，什么是自己要解决的，什么是需要外省和中央解决的，看来中心的问题还是政策问题。"这次视察，可以说为后来创办经济特区埋下了伏笔。

中国命运的转折，起始于 1978 年 12 月召开的党的十一届三中全会。全党工作的中心由"以阶级斗争为纲"转向经济建设，由僵化半僵化转向全面改革，从封闭半封闭转向对外开放。中国这头雄狮醒来了，这头雄狮要迈向世界了。

敏感的大洋彼岸的美国人判定中国要打开国门了。1979 年 1 月 1 日出版的美国《时代》周刊，将邓小平评为 1978 年"年度人物"（MAN OF THE YEAR），理由是邓小平把中国的大门向世界打开了，让中国走向世界，同时让世界走进中国。

对外开放这项基本国策确定后，如何具体实施这项基本国策，从哪里起步，就成为党和国家及各地领导人思考的重要问题。在人们的思想还受着束缚的情况下，寻找对外开放的切入点和突破口，是非常不易的。

1979 年 4 月，时任广东省委第一书记的习仲勋、第二书记的杨尚昆向邓小平汇报，希望中央下放权力，允许广东在毗邻港澳的沿海划出一些地方，单独进行管理，设置类似海外的出口加工区和贸易合作区，以吸引外商前来投资办企业。听了汇报后，邓小平深深地吸了一口烟。深圳，这块地方到底叫什么好呢？出口加工区、贸易区、工业区？都不能算是准确的。不一会儿，他把手里的香烟往烟灰缸里一顿，果断地说："深圳，就叫特区吧！"习仲勋听了说："特区，好！"也许是与老战友在一起的缘故，邓小平接着补充说："对！办一个特区，过去陕甘宁边区就是特区嘛！"当谈到配套建设资金时，邓小平说："中央没有钱，你们自己去搞，杀出一条血路来！"

广东人想先行一步，但没有想到要办"特区"，邓小平想到了。

"杀出一条血路来"，大胆的设想和倡议，一句载入中国改革开放史册的话，立即引起了积极而强烈的反响，其实际意义就是破除传统经济模式，破除陈旧的思想观念，就是要敢为天下先。

中央工作会议后不久，广东、福建两省省委分别于1979年6月写出关于对外经济活动实行特殊政策和灵活措施的报告，呈报中央。

1979年7月15日，中共中央、国务院批转两省的报告，批准在深圳、珠海两市试办出口特区。

1980年5月，中共中央和国务院发出41号文件，明确指出要"积极稳妥搞好特区建设"，并将"出口特区"改为"经济特区"。

1980年8月26日，在全国人大五届十五次会议上，正式批准了《中华人民共和国广东省经济特区条例》，决定在广东省的深圳、珠海、汕头三市和福建省厦门设置经济特区。这一天，也成为深圳经济特区成立日。

经济特区这个名称，成为当时中国社会及主流媒体关注的焦点。特区的性质及特点也以简洁的话语表述出来。经济特区，即指在我国广东省的深圳、珠海、汕头和福建的厦门四个地区内划出一定的范围，在对外经济活动中采取更加开放的特殊政策，用减免关税等优惠措施，吸引外资、引进先进技术和企业管理方法，以加速实现我国的社会主义现代化。经济特区的设置是借鉴外国开辟"出口加工区""自由贸易区"等形式和经验而提出来的。

与香港一河之隔的深圳，成为经济特区的典型。从正式宣告经济特区诞生之日起，就开始了它风风火火、沸沸扬扬的日子。一支支建设大军从祖国四面八方开到深圳河畔，一群群年轻的打工仔、打工妹从各地涌来。

深圳，这个边陲小镇，一下子沸腾起来了。这里，到处响着推土机、挖掘机、起重机的隆隆声，到处可见步履匆匆的行人，市长和打工仔一同住进低矮、潮热的工棚，一同起早贪黑在工地上，一同出大力、流大汗。

没有钱，深圳人四处奔走，靠借贷、"滚雪球"支撑起一座座大厦，铺设一条条马路。"五通一平"的基础设施初具规模后，外商纷至沓来，"合作""合资""独资"企业与日俱增。经过几年建设，一座新兴的现代化城市的雏形已经形成。深圳被称为"一夜之间繁荣起来的城市"。

从此，经济特区的建设加快了步伐。1983 年 10 月，中央批准在海南实行经济特区的某些政策，1984 年 4 月，中共中央、国务院决定进一步开放沿海 14 个城市。1985 年 2 月，中央决定扩大开放的规模，设立长江三角洲、珠江三角洲和厦漳泉三角区域内的经济开放地区。逐步形成了经济特区、沿海开放城市、经济技术开发区、沿海经济开发区等不同开放程度的多种形式。经济特区起到了"试验田"的作用。但改革开放之初经济特区的建立和发展，却不是一帆风顺的。

2．有些"秋风瑟瑟"的味道

历史，每前进一步都伴着阵痛。创办经济特区，是一种前无古人的试验，是中国对外开放的重大决策和突破。在经典著作中没有现成的答案，现实的社会实践中也没有既定的模式可供借鉴。由于经济特区是在我国长期闭关自守、经济落后、传统计划经济观念还根深蒂固的背景下起步的，特区的任何一项举措和创新几乎都引起各种不同的非议和争论。

在推土机、挖掘机、起重机的隆隆声中，深圳经济特区很快成了舆论的"风暴眼"——

当时许多人还不理解引进外资究竟意味着什么，担心特区会不会变成租界，是不是殖民地？有人甚至调侃道：当年，帝国主义夹着尾巴逃跑了，今天，资本家又夹着皮包回来了；有人忧心如焚："特区不就是过去的租界吗？"……

一时间，山雨欲来风满楼！此时，人们这才深刻地体会到邓小平"杀出一条血路来"的分量。

深圳人的心头压上了沉甸甸的石块，全国人的心头升起了一个大大的问号。

此类争议也引起了中央的注意，1981年7月，中共中央、国务院批转的《广东、福建两省和经济特区工作会议纪要》明确指出："这些疑问是没有根据的。我国特区是经济特区，不是政治特区。特区内全面行使我国家主权，这和由不平等条约产生的租界、殖民地在性质上根本不同。"

这样的表述已经非常清楚地表明了特区与租界的不同，但疑虑和争论并没有到此结束。总有些人无法理解二者的不同，继续以各种形式提出质疑。

1982年，上海的《文汇报》发表一篇短文《旧中国租界的由来》，被很多报纸转载，显然是在影射特区把土地有偿提供给外商使用有变成旧中国"租界"之嫌。担心对外开放政策会导致中国丧失国家主权；担心外资经济会对我国的民族工业造成冲击；担心外国资本主义进入中国会造成一个新的买办阶级。

同年4月，该报又在"读史札记"栏刊登以《痛哉！租地章程》为题的文章，提醒人们"稍有点年纪的人，都不会忘记，旧上海的繁华地区，几乎都是独立于中国主权之外的'国中之国——帝国主义的租界'"。"外国侵略者通过历次《租地章程》大肆掠夺中国领土和主权的惨痛事实，暴露出中国封建制度及其官僚主义在同国际资本主义打交道过程中的极端腐朽和无比昏庸。对于已经站起来的中国人民来说，它则是不可忘记的一页。"

这类文字，表面上似乎是提醒人们不要忘记历史，不要使特区沦为租界，实质上是不赞成甚至反对试办经济特区思潮的折射。之所以会有这些纠缠不清的疑问，主要原因是长期以来，计划经济之下的社会主义理论和模式在人们心底留下太深的烙印，帝国主义欺凌旧中国的印象太令人刻骨铭心，长期以来我们对外部资本主义世界了解得太少了。这些因素加在一起，使一些人无法割断引进外资、引进技术来特区开发与旧中国"租界"的联系。

关于特区的议论纷至沓来。有的人说"特区是搞香港化，搞资本主义"。有的人说"特区姓资不姓社"。有的人怀疑："这还算是社会主义吗？"有的人说："深圳经济特区，只剩下一面还飘扬着的五星红旗是红色的了……"

有一个流传很广的传闻：有的老干部参观深圳后放声痛哭，认为他们打下的社会主义江山正在变色。

有人认为，特区的政权虽然是在中国共产党领导下的无产阶级专政的国家手里，但特区的经济大部分是中外合资企业和外商独资企业。前者属于国家资本主义，后者属于私人资本主义。在理论上，既然是经济基础决定上层建筑，那么，特区的政权是否还属于社会主义的性质呢？还有人担心特区是在"复辟资本主义"，因为不论中外合资企业或外商独资企业，都存在着剩余价值的剥削。

中国举办经济特区，已引起世界各国人士的极大关注。特别是深圳特区短短几年所取得的巨大成就，更是举世瞩目。但是，国外朋友几乎不约而同地提出这样一个问题：你们特区不是和我们一样在搞资本主义吗？显然，在他们的心目中，中国特区是一块资本主义的"飞地"，特区建设的成就应当归功于资本主义。有的到过深圳特区的朋友甚至说，到了那里好像置身于资本主义国家。

还有人担心，建立经济特区，允许港商和外资进来，意识形态会不会被人家同化？

有人指责"时间就是金钱"这一风行特区的口号,充满了铜臭味,与社会主义格格不入。

由此可见,创建特区遭受到多大的误解,开拓的工作是多么艰辛。曾经为特区建设立下汗马功劳的国务院原副总理谷牧描述了当时的情景。他说,对特区,多有非议之词。有的人说,"特区是国际资产阶级的飞地","香港市场是水货之源""走私的主要通道",甚至比拟为"旧中国上海的租界",如此等等。所有这些,给特区的创办工作增加了困难,建设发展步履维艰。我是分管经济特区和对外开放的,深感压力不小。特别是1982年上半年,很有些"秋风瑟瑟"的味道。①

这样的误解、非议、责难,持续了很长一段时间,而在开头几年尤其厉害。正如《经济日报》一位记者所说:"广东改革开放十年,全国议论十年","香一年,臭一年,香香臭臭又一年"。

如何消除对创建特区的种种误解、非议和责难?当时担任广东省委第一书记的任仲夷以自己的认识和理解为特区正名,指出:"有的同志怀疑办特区会有损主权,会变成殖民地,我们要肯定回答不会。办特区是对主权的运用,是行使主权的表现。""搞特区不是走资本主义道路,不会损害社会主义,而是大大地有利于社会主义。""我们建设特区,不单单是为国家挣几个外汇,更重要的是取得建设特区的经验,取得改革体制、搞好经济工作,实行计划调节与市场调节相结合,以及应当如何领导经济工作等一系列经验。建设特区是一件新的事情,广东接受特区的任务,是很艰巨很光荣的,是中央对我们的信任。特区建设好了,对全国有很大的贡献,对全国有很大的意义。"

对于存在的问题,是通过深化改革来加以解决还是以此否定特区,便成为议论的焦点。1982年2月末,针对这些问题,中央书记处在北京召开了广东福建两省座谈会。针对人们对沿海经济特区未来发展前途的忧虑,胡

---

① 谷牧:《小平领导我们抓开放》,《百年潮》1998年第1期。

乔木在座谈会上解释说，那些外国租界本来不是条约明文规定的，而是糊里糊涂地上了外国人的当，愈陷愈深，最后成了"国中之国"。陈云在文件上批示：此件发全国各省市。对于经济特区，要警惕这类问题。

而对于今天的人们来说，更难以想象的是1980年秋，有人给时任广东省委第一书记的习仲勋提出了一道难题：要设立深圳特区，应在周边圈立一道铁丝网，把深圳与毗邻的地区隔离开来。很显然，这些人是担心国门一旦打开之后，资本主义的东西会如洪水猛兽一样涌进来，因此，才产生用铁丝网将深圳与周边地区隔离开来的想法。1986年，深圳特区外围建起了全长90.2公里的铁丝网。这道铁丝网就是香港人和深圳人所说的"二线关"（深圳与香港之间为"一线关"）。事实上，"二线关"设置之后，真正保护内地不受冲击的作用被弱化了，而对特区的安全与稳定却发挥了积极作用。

3. 邓小平首次到特区

对深圳特区几年来的发展，是肯定还是否定，深圳特区实行的一系列改革开放政策是对了还是错了，特区还要不要办下去？深圳的"拓荒牛"们急需得到明确答案。

从1979年经济特区的筹办开始，经济特区的每一步发展，一直牵动着邓小平的心。他一直关注着深圳这棵改革开放幼苗的成长和发展，对有关经济特区的各种各样议论也有所耳闻。一晃几年过去，深圳特区究竟是什么样子？成功不成功？对特区的种种指责、怀疑对不对？百闻不如一见，邓小平决定实地看一看，实地调研一次，看看自己倡议兴办的特区究竟如何。深圳人关注特区的命运，中国改革开放的总设计师邓小平更关注特区的命运。

1984年1月24日至29日，中国改革开放的总设计师邓小平考察了改革开放的最前沿——深圳、珠海两个经济特区。

当邓小平登上 22 层高的深圳国际商业大厦天台、环顾四周时，他高兴地笑了："深圳已经搞起来了嘛!"

在上步工业区，邓小平一行参观了深圳市首家从事电脑引进开发、推广服务的电脑公司，详细听取了电脑技术和软件开发的情况介绍，观看了人和电子计算机下象棋的表演。

1 月 26 日下午，邓小平结束深圳的视察，乘坐海军炮艇朝着珠海经济特区驶去。邓小平满意地离开了深圳。这"满意"是人们从他的笑脸上感觉到的。

到了珠海，看到珠海的城市发展和建设之后，邓小平非常满意。邓小平还在中山温泉宾馆会见港澳知名人士霍英东、马万祺。邓小平说："特区是我提倡搞的，不晓得成功不成功?"霍英东说："这政策是对头的。"邓小平接着说："看来这路走对了。"

邓小平在珠海经济特区视察时，应约为珠海题词："珠海经济特区好"。深圳市领导听说邓小平视察珠海后到广州过春节。深圳负责人来到广州，希望邓小平能够为深圳题词。邓小平经过深思熟虑，在广州为深圳经济特区题词："深圳的发展和经验证明，我们建立经济特区的政策是正确的。"[①]这对深圳经济特区建设无疑是巨大的鼓舞。

邓小平在广州过春节后，又来到厦门经济特区视察。厦门特区起步的方式是湖里工业区开发与全市配套工程同时进行。福建省负责人认为，既然搞特区，又是对外开放，就一定要飞出去，所以下决心先建飞机场。1981年，厦门机场建设使用科威特阿拉伯基金会优惠贷款。1982 年 1 月动工，一年零八个月完工，1983 年 10 月正式通航，创造了国内机场建设史上的高速度。后来又成立厦门航空公司，为全国首家地方航空公司。东渡港一期工程是全国港口 10 个重点工程之一，设计能力为年货物吞吐量 260 万吨，

---

① 《邓小平文选》第三卷，人民出版社 1993 年版，第 51 页。

1983 年全部建成。了解这些情况后，邓小平对厦门经济特区的工作给予肯定，并为厦门题词："把经济特区办得更快些更好些"。这 3 个题词表明，邓小平是充分肯定经济特区的决策和实践的，并对其进一步发展提出了明确要求。谷牧认为，邓小平南方视察，给那些有关兴办特区的是是非非的议论基本上画上了句号。

回到北京后不久，邓小平谈到视察深圳、珠海等特区之后的感受，肯定了特区建设的成就，指出："特区是个窗口，是技术的窗口，管理的窗口，知识的窗口，也是对外政策的窗口。"① 邓小平特别强调指出，我们建立特区，实行开放政策，有个指导思想要明确，就是不是收，而是放。他指出："除现在的特区外，可以考虑再开放几个港口城市，如大连、青岛。这些地方不叫特区，但可以实行特区的某些政策。我们还要开发海南岛，如果能把海南岛的经济迅速发展起来，那就是很大的胜利。"②

1984 年三四月份，为了贯彻落实邓小平提出的实行对外开放政策是收而不是放的意见，中央书记处、国务院召开会议，专门讨论开放 14 个沿海港口城市，作为我国实行对外开放的一个新的重要步骤。

1984 年是思想大解放的一年，对经济特区的认识也上了一个新台阶。以《人民日报》为主的主流媒体也发表大量文章，要求人们破除旧的"左"的观念。有一篇评论员文章指出：认为公有制程度越高越好，国家统得越多越好，认为吃"大锅饭"是社会主义制度优越性的体现，共同富裕就是不允许冒尖，乃至把发展生产当作发展资本主义，把农民经商看成不务正业等，这些错误观念如不彻底改变，纵使自己主观上拥护党的十一届三中全会路线和党的十二大纲领，实际工作中却很可能给党的总路线总任务设置障碍，增加阻力。

---

① 《邓小平文选》第三卷，人民出版社 1993 年版，第 51 页。
② 《邓小平文选》第三卷，人民出版社 1993 年版，第 52 页。

4."洋浦模式"再掀风波

在经济特区政策实施近 9 年后,1989 年又发生了围绕海南省"洋浦模式"而发生的"洋浦风波"。1988 年 4 月,党中央决定在海南建省,并成为中国最大的经济特区。海南省政府根据本省的实际情况,参考国际通行的商业惯例,提出了引进外资,由外商成片开发,设立洋浦经济开发区的大胆设想。

1988 年 6 月,海南省政府与熊谷组(香港)有限公司达成初步协议。协议确定,海南省在洋浦半岛上划出 30 平方公里的土地作为开发区,其土地使用权一次性出让给熊谷组(香港)有限公司,期限为 70 年;区内一切基础设施建设及招商全部由外商负责。毫无疑问,像洋浦这样大面积的土地使用权出让,并且由外商投资成片开发,其面积之大,期限之长,灵活度之高,无疑是新中国成立以来对外开放的最高程度的举措。这一消息在《人民日报》及其海外版披露后,立刻引起国内外舆论的广泛传播。海外舆论把洋浦的这一开发模式看成是中国政府改革开放的又一重大突破。当时的《瞭望》杂志撰文说,"洋浦模式"作为一条全新的思路,不仅使洋浦发展跃上新高度,也使中国的对外开放跃上新高度。

然而,这种模式遭到了有些人的公开指责,公开指称"洋浦模式"是将大片国土送给外国人的新"国耻","何异引狼入室",斥之为"出卖主权""丧权辱国",甚至将"土地大面积承包给外商"与殖民时代丧权辱国的"租界"联系起来,将两者画上等号,以致酿成"洋浦风波"。

不久,"洋浦风波"迅速波及全国,并且在日本、美国与中国香港、中国澳门等国家和地区引起强烈的反响。一石激起千层浪。一些地方甚至有学生上街游行,打出"声讨海南卖国"的标语,高喊"还我海南""严惩卖国贼"。

在海南干部群众困惑为难、国内外舆论沸沸扬扬、外商望而却步之际,面对这种指责和"声讨",海南省主要领导人一方面就洋浦开发问题发表讲话，说明实情，澄清误解；另一方面上书党中央、国务院，指出一些人对洋浦开发的指责"完全是离开时间、地点、条件看对外开放政策"。

就在国内外舆论沸沸扬扬之际，1989年4月28日，邓小平审阅中共海南省委《关于海南省设立洋浦经济开发区的汇报》，并作出批示："我最近了解情况后，认为海南省委的决策是正确的，机会难得，不宜拖延，但须向党外不同意者说清楚。手续要迅速周全。"①

在随后的两年间，党和国家领导人多次到洋浦视察，并一再声明党中央、国务院支持海南引进外资开发洋浦。江泽民在视察时明确指出：引进外资成片开发，纯属商业行为，不存在损害中国主权问题。这场风波最终得以平息。

由于存在争论，海南关于洋浦开发的报告被搁置起来。虽然1990年5月19日国务院颁布《外商投资开发经营成片土地暂行管理办法》，使外商投资开发经营成片土地有了法律依据。但直到1992年3月9日，国务院正式批准海南省吸收外商投资开发洋浦地区30平方公里土地建设"洋浦经济开发区"，才使"洋浦模式"得以确立。从开始到此时，洋浦在质疑声中整整耽误了4年时间。

从深圳特区最早的各种非议，到十年后关于海南"洋浦模式"的争论，实质上是怀疑建立经济特区的政策和改革开放的发展思路。

5．"你们这里是很好的社会主义"

1989年政治风波之后，又一股更大的充满火药味的质疑声扑面而来，一场关于意识形态的争论也愈演愈烈，姓"社"姓"资"又成为质疑改革开

---

① 《邓小平文选》第三卷，人民出版社1993年版，第407页。

放的焦点。1991年2月15日至3月22日，上海《解放日报》先后发表三篇署名为"皇甫平"的评论，文中提出要继续解放思想，敢冒风险，大胆改革，不要再囿于姓"社"姓"资"的诘难。

评论一出立刻掀起轩然大波。《改革开放可以不问姓"社"姓"资"吗?》《重提姓"社"姓"资"》《问一问姓"社"姓"资"》《为何不能问一问姓"社"还是姓"资"》，不光是对特区的某些政策的质疑，更是从政治、经济、文化、意识形态等各个方面对改革开放的质疑。有的文章说，"不问姓社姓资"，必然会把改革开放引向资本主义道路而断送社会主义事业。有的文章指出："对于那种不许问'姓社姓资'的观点，人们也不妨问一问它代表的思想倾向，究竟是姓'社'还是姓'资'?"有的文章指出："一切不愿重做奴隶的中国人，在改革开放大道上前进时，有责任也有权利问一问姓'社'姓'资'，时刻提防，不要偏离改革的方向。"

这一时期的"左"的思潮，其背景是政治风波之后，东欧发生剧变，世界上第一个社会主义国家苏联也发生剧变，苏联共产党解散，苏联解体。面对这个局面，国内有些人鼓吹，苏东剧变是"改革"引起的。他们认为，改革开放必然会导致中国社会主义滑向资本主义，甚至认为"和平演变"的主要危险来自经济领域，改革开放就是引进和发展资本主义。因此，他们对每一项改革措施都要问一问姓"社"还是姓"资"。

经济特区的发展在当时受到的"左"的冲击和影响是很大的。经济特区被指责为"和平演变"的温床，股份制改革试点被指责为瓦解公有制经济，引进外资被指责为甘愿做外国资产阶级的附庸。比如，有人认为深圳引进外资、搞"三资"企业、推行股份制，是走资本主义道路，说什么"资本主义已从南方的一个城市向全国蔓延"。还有人极力夸大深圳在我国改革开放探索中出现的负面东西，全面否定特区建设的丰硕成果。

即使在这样严峻的背景下，1990年初春，邓小平仍以一个战略家的眼光，提出了开发浦东的全局构想。4月18日，国务院总理李鹏代表党中央、国务院正式向海内外宣布开发开放浦东。

建立经济特区是我国改革开放的一个重大战略举措，是为全国的改革开放探索道路。在严峻的形势下，经济特区还能继续搞下去吗？对外开放还会继续贯彻吗？面对当时掀起的姓"社"姓"资"的争论，面对否定改革开放的思潮，邓小平决定视察南方……

1992年，又一个春天，邓小平以88岁高龄不辞劳苦视察南方，足迹遍及武昌、深圳、珠海、上海等地。他说："八年过去了，这次来看，深圳、珠海特区以及其他一些地方，发展得这么快，我没有想到。看了以后，信心增加了。"[①] 他反复强调基本路线要管一百年，社会主义也可以搞市场经济。他说，不坚持社会主义，不改革开放，不发展经济，不改善人民生活，只能是死路一条。

他还严厉批评那些患有外资恐惧症的错误言论。他说："改革开放迈不开步子，不敢闯，说来说去就是怕资本主义的东西多了，走了资本主义道路。要害是姓'资'还是姓'社'的问题。判断的标准，应该主要看是否有利于发展社会主义的生产力，是否有利于增强社会主义国家的综合国力，是否有利于提高人民的生活水平。对办特区，从一开始就有不同意见，担心是不是搞资本主义。深圳的建设成就，明确回答了那些有这样担心的人。特区姓'社'不姓'资'。"[②] 从而，突破了困扰经济特区发展的思想枷锁。

在谈到"三资"企业时，邓小平说："有的人认为，多一份外资，就多一份资本主义。'三资'企业多了，就是资本主义的东西多了，就是发展了资本主义。这些人连基本常识都没有。"[③]

当深圳市委主要领导向邓小平介绍了深圳进行的土地有偿使用、发展股份制、建立证券市场以及公务员制度和廉政建设等许多改革和做法时，邓

---

① 《邓小平文选》第三卷，人民出版社1993年版，第370页。

② 《邓小平文选》第三卷，人民出版社1993年版，第372页。

③ 《邓小平文选》第三卷，人民出版社1993年版，第373页。

小平指出："证券、股市，这些东西究竟好不好，有没有危险，是不是资本主义独有的东西，社会主义能不能用？允许看，但要坚决地试。看对了，搞一两年对了，放开；错了，纠正，关了就是了。关，也可以快关，也可以慢关，也可以留一点尾巴。怕什么，坚持这种态度就不要紧，就不会犯大错误。"①

整整八年，当邓小平第二次来珠海视察时，这里已成为一座充满现代气息的花园式海滨城市。邓小平在珠海不停地观看，不停地倾听，不停地思考，兴奋地说："这样搞很漂亮，有自己的特点。"

在内联企业江海电子股份有限公司考察时，公司副总经理丁钦元向邓小平汇报"江海"七年的发展历程。听了介绍，邓小平高兴地对丁钦元说，你讲得很好。特别是不要满足现在的状况。要日日新，月月新，年年新。不断创造新的东西出来，才有竞争力。你们做的是高度的爱国主义，是对社会主义的贡献，感谢你们全体职工。邓小平在丁钦元的陪同下，慢慢地从生产线旁边走过，边走边认真听着他对每道工序的介绍。丁钦元告诉邓小平，车间里的工人绝大部分都是打工妹、打工仔。但在"江海"他们享有和其他职工一样的平等权利。为了让他们不仅在政治上而且在经济上意识到自己是企业的主人，江海公司每年从他们中间评出 20% 的优秀分子，给予"荣誉股票"和"金牌职工"的奖励。获"荣誉股票"的职工不仅每年可以参与企业红利分配，而且到退休后仍可享受待遇；"金牌职工"则既发金牌，又发证书，如果犯了错误后还可以收回"金牌"。开展"荣誉股票"和"金牌职工"评选活动，不仅增强了企业的凝聚力，而且还推动了企业的精神文明建设。邓小平对江海公司的这种探索十分赞赏。他充分肯定地说："不是有人说姓'资'姓'社'吗？你们这个厂就是姓'社'。"说着，邓小平转过身来对珠海市委书记、市长梁广大说："你们这里是很好的社会主义。"

① 《邓小平文选》第三卷，人民出版社 1993 年版，第 373 页。

邓小平不仅对珠海特区的建设成就给予了高度评价，同时也彻底扫除了珠海干部群众心头难言的忧虑。

同样，邓小平也时刻关注着浦东的发展。1992 年视察浦东时他明确指出："到本世纪末，你们上海浦东及广东深圳要回答一个问题，你们搞的姓'社'不姓'资'，而且你们两个地方都要做标兵。一个方面要讲综合国力，第二方面就是精神文明。"

中国改革开放的总设计师邓小平的南方谈话，响彻中华大地。

"计划多一点还是市场多一点，不是社会主义与资本主义的本质区别。计划经济不等于社会主义，资本主义也有计划；市场经济不等于资本主义，社会主义也有市场。计划和市场都是经济手段。社会主义的本质，是解放生产力，发展生产力，消灭剥削，消除两极分化，最终达到共同富裕。"①

"对改革开放，一开始就有不同意见，这是正常的。不搞争论，是我的一个发明。不争论，是为了争取时间干。右可以葬送社会主义，'左'也可以葬送社会主义。"②

1992 年 3 月 26 日，长篇通讯《东方风来满眼春——邓小平同志在深圳纪实》在《深圳特区报》刊发，第二天，全国各大报纸在头版头条转发。南方谈话，成为中国改革开放历史上的又一个解放思想的宣言书，一时间，解放思想、加快改革步伐，成为共同的声音，姓"社"姓"资"之争论也逐渐平息，一个时期以来犹豫、彷徨的局面彻底改变，直接推动了改革开放的进程，推动了新一轮对外开放的热潮。

1992 年 10 月，党的十四大召开，在大会报告中，江泽民对邓小平的南方谈话给予高度评价，并且指出："兴办深圳、珠海、汕头、厦门四个经济特区，是对外开放的重大步骤，是利用外国资金、技术、管理经验来发展社

---

① 《邓小平文选》第三卷，人民出版社 1993 年版，第 373 页。

② 中共中央文献研究室编：《邓小平年谱（1975—1997）》（下），中央文献出版社2004 年版，第 1343 页。

会主义经济的崭新试验，取得了很大成就。实践证明，经济特区姓'社'不姓'资'。"①

进入新世纪，中国加入世界贸易组织，对外开放又迎来了新的发展机遇。2006 年是中国的改革攻坚年，6 月 6 日，国务院发布《推进天津滨海新区开发开放有关问题的意见》。天津滨海新区规划面积 2270 平方公里，是香港的两倍、浦东的三倍，人们将它与 20 世纪 80 年代的深圳、90 年代的浦东相提并论。2006 年第 27 期《领导决策信息》刊登的一篇《中国综合配套改革新版图》被新华社、人民网等国内网络媒体转载，文章提到，"在新一轮改革的版图之上，上海浦东新区、深圳市和天津滨海新区正在成为我国综合改革的'三驾马车'"。

2018 年 4 月的海南，蓝天丽日，椰风海韵，到处展现出勃勃生机。4 月 13 日，习近平总书记在庆祝海南建省办经济特区 30 周年大会上发表重要讲话，充分肯定了海南经济特区发展的辉煌成就，认为海南经济特区是我国经济特区的一个生动缩影，海南经济特区取得的成就是改革开放以来我国实现历史性变革、取得历史性成就的一个生动缩影。海南等经济特区的成功实践，充分证明了党的十一届三中全会以来形成的党的基本理论、基本路线、基本方略是完全正确的，中国特色社会主义道路是实现社会主义现代化、创造人民美好生活的必由之路；充分证明了党中央关于兴办经济特区的战略决策是完全正确的，在决胜全面建成小康社会、夺取新时代中国特色社会主义伟大胜利的征程上，经济特区不仅要继续办下去，而且要办得更好、办出水平。习近平总书记对海南今后的发展提出了明确要求：海南广大干部群众要抓住机遇、再接再厉，全面贯彻党的十九大精神，以新时代中国特色社会主义思想为指导，坚持稳中求进工作总基调，增强"四个意识"，坚定"四个自信"，坚持新发展理念，统筹推进"五位一体"总体布局和协调推进"四

---

① 《江泽民文选》第一卷，人民出版社 2006 年版，第 215 页。

个全面"战略布局，以供给侧结构性改革为主线，建设自由贸易试验区和中国特色自由贸易港，发挥自身优势，大胆探索创新，着力打造全面深化改革开放试验区、国家生态文明试验区、国际旅游消费中心、国家重大战略服务保障区，争创新时代中国特色社会主义生动范例，让海南成为展示中国风范、中国气派、中国形象的亮丽名片。

时光飞逝，南海边的一个圈，已扩展到神州大地的天南地北。经济特区奋力前行的足迹已经深深地镌刻在改革开放的历史画卷上，成为鼓舞人们深化改革、走向世界的宝贵精神财富。

第十三章

姓"社"还是姓"资"

——关于市场经济体制的选择与论争

坚守计划经济体制还是选择市场经济体制，无疑是改革开放以来争论最激烈的话题。

在传统观念中，计划经济才是纯粹的社会主义经济运行方式，是姓"社"的；而以商品生产和交换为基础的市场经济则是资本主义经济的运行规则，是姓"资"的。

围绕社会主义市场经济体制的确立，关于姓"社"还是姓"资"的争论一直没有停止过。回顾那段思想碰撞的历史，对人的启发是深刻的。

1. 商品经济：犹抱琵琶半遮面

马克思、恩格斯在论证资本主义必然为共产主义所取代时，曾对未来的社会主义和共产主义做过一些原则设想。他们认为，随着资本主义私有制的消灭，社会主义公有制的建立，商品货币关系将退出历史舞台，社会生产的无政府状态将被有计划的自觉生产所取代。"在一个集体的、以共同占有生产资料为基础的社会里，生产者并不交换自己的产品；耗费在产品生产上的劳动也不表现为这些产品的价值……和资本主义社会相反，个人劳动直接的作为总劳动的构成部分存在着。"①

在马克思、恩格斯的著作中，没有使用过"商品经济"或"市场经济"的概念，也没有"计划经济"的提法，是列宁首次使用"计划经济"的概念，并把它和社会主义制度联系起来。1906年，列宁写道："只要还存在着市场经济，只要还保持着货币权利和资本力量，世界上任何法律都无法消灭不平等和剥削，只有建立起大规模的社会化的计划经济……才可能消灭一切剥削。"②列宁曾明确地把市场经济与资本主义私有制和剥削联系在一起，把计划经济与社会主义公有制联系在一起。从此，市场经济和计划经济作为两个对立的概念便传承下来。

在斯大林时代，经过苏联社会主义计划经济体制的实践，并由于这一体制在特定条件下发挥过积极的历史作用，使得"社会主义就是计划经济"这一观念逐步形成且根深蒂固。

在西方，从1902年意大利经济学家帕累托提出用中央计划作为资源配置方式之后，国际学术界围绕"计划"和"市场"的争论与探讨持续了近一百年，但在实践中，西方国家在20世纪30年代经济大危机后，实际上是把"计划"用作国家干预的一种手段，从那时候起，"看得见的手"与"看不见的手"相结合已经成为世界经济体制优化的普遍趋势。

新中国学习苏联"老大哥"，建立起了高度集中的计划经济体制，从而使我国在较短的时间里就建立了工业化体系，并让国民经济基本上处于一个增长的态势。但是，随着经济的发展，计划经济的弊端也日益暴露，经济效益日渐低下，与发达国家之间的差距越拉越大。"文化大革命"结束后，选择什么样的发展道路，成为摆在全党和全中国人面前的又一历史难题。

---

① 《马克思恩格斯全集》第19卷，人民出版社1963年版，第20页。
② 《列宁全集》第13卷，人民出版社1987年版，第124页。

第十三章
姓"社"还是姓"资"

在 1978 年 7 月至 9 月间召开的关于怎样加快现代化建设的国务院务虚会上，许多经济学家批评了消灭商品货币的"左"的观点，提出应更多地发挥价值规律的作用。当时国务院副总理李先念在会议总结中提出了"计划经济与市场经济相结合"①的提法。党的十一届三中全会指出要根据新的基础条件和经验，对指令性计划经济体制着手予以改革，也就是"坚决实行按经济规律办事，重视价值规律的作用"②。

在党的十一届三中全会后不久，陈云在 1979 年 3 月 8 日曾写过一个提纲，题为《计划与市场问题》。在这个提纲中，陈云提出："整个社会主义时期必须有两种经济：(1) 计划经济部分（有计划按比例的部分）；(2) 市场调节部分（即不作计划，只根据市场供求的变化进行生产，即带有盲目性调节的部分）。"③几乎与此同时，3 月 9 日四川省召开一次理论讨论会，有人提出"计划经济和市场经济这两个概念不是绝对对立的，是可以结合的"④，但会上发生了争论。同期，中国社科院的经济学家于祖尧首先写了关于市场经济的文章《试论社会主义市场经济》，虽招致诘难，却没有引起广泛关注。

另外，由经济学家薛暮桥等人起草的《关于经济体制改革的初步意见》的说明中讲道："在我们起草这个文件的时候，深深感到所谓经济体制的改革，是要解决在中国这块土地上，应当建立什么形式的社会主义经济的问题，这是社会主义建设的根本方针。""现在我们提出我国现阶段的社会主义经济是生产资料公有制占优势、多种经济成分并存的商品经济，是对 30 年来占统治地位的教条主义思想的挑战。这种认识究竟对不对，应当广泛讨

---

① 颂国柱：《朱佳木谈：十一届三中全会与改革开放的关系》，《中华新闻报》2009 年 1 月 7 日。

② 《中国共产党第十一届中央委员会第三次全体会议公报》，《人民日报》1978 年 12 月 24 日。

③ 《陈云文选（1956—1985）》，人民出版社 1986 年版，第 221 页。

④ 参见《人民日报》1979 年 3 月 13 日。

论"，"这个《初步意见》和我的说明得到胡耀邦同志的赞扬"。① 可以说，《初步意见》是中国进行市场取向改革的第一个纲领性文件，也是在重要文献中最早提出社会主义商品经济概念的文件。

据经济学家吴敬琏回忆：1981 年 4 月，在党的十二大报告的起草过程中，当时一位处于领导地位的理论家散发了参加起草工作的 5 位同志给他的一封信。信中说："在我国，尽管还存在着商品生产和商品交换，但是绝不能把我们的经济概括为商品经济。如果做这样的概括，那就会把社会主义条件下人们之间共同占有、联合劳动的关系，说成是商品等价物交换的关系；就会认定支配我们经济活动的，主要是价值规律，而不是社会主义的基本经济规律和有计划发展规律。这样就势必模糊有计划发展的社会主义经济和无政府状态的资本主义经济之间的界限，模糊社会主义经济和资本主义经济的本质区别。"②

可以说，正是在这种思想的影响下，报刊上开始批判"社会主义商品经济论"。从《薛暮桥回忆录》中可以看到，他还因此作了检讨。就连《邓小平文选（1975—1982）》在 1983 年出版时，也将《目前的形势和任务》一文中"计划调节和市场调节相结合"的提法，改为"在计划经济指导下发挥市场调节的辅助作用"。直到 1994 年再版改为《邓小平文选》（第二卷）时才改回原样，并在注释中加以说明。

1981 年 6 月，中共中央《历史决议》提出，"必须实行计划经济，同时发挥市场调节的辅助作用"③。之后，陈云就"计划经济为主，市场调节为辅"的问题多次发表谈话。1982 年春节，陈云邀请姚依林、宋平等人到他家中座谈，正式提出"计划经济为主，市场调节为辅"这一公式。1 月 29 日，著名经济学家孙冶方约请经济理论界刘国光、桂世镛、吴敬琏、王珏、徐雪

---

① 薛暮桥：《薛暮桥回忆录》，天津人民出版社 1996 年版，第 357 页。
② 参见《新华文摘》1988 年第 6 期。
③ 《关于建国以来党的若干历史问题的决议》，人民出版社 1981 年版，第 65 页。

寒、李人俊等同志座谈陈云春节期间关于"计划经济为主，市场调节为辅"问题的重要讲话，大家表示赞成。①

1982年，党的十二大报告明确提出，正确贯彻"计划经济为主，市场调节为辅"的原则，是经济体制改革中的一个根本问题。随后，这一原则被写入1982年宪法。虽然，此时还在强调"计划经济为主"，但从思想解放的过程来看，这个原则的提出也起到了一定的历史作用。相对于那种完全排斥市场调节的僵化的计划经济观念，确认"市场调节"，在认识上是一大进步，也可以说是向市场经济转变的开始。但是，理论界批判"社会主义商品经济论"的声音一直延续到党的十二届三中全会的前夕。

党的十二届三中全会准备讨论通过的《关于经济体制改革的决定》在1984年6月份就起草了。最初用一个多月搞出了一个提纲，7月底在北戴河向胡耀邦汇报时，他对提纲很不满意，并为此重新调整了起草班子，改由林润青负责，充实了郑必坚、龚育之等。这时，中国社会科学院的几位著名经济学家受命写了一篇为商品经济翻案的文章，意在试探反应。

赵紫阳也在9月9日给邓小平等中央政治局常委写了题为《关于经济体制改革中三个问题的意见》的信，三个问题是："计划体制""价格改革"和"国家领导经济的职能"。信中提出，"计划第一，价值规律第二，这一表述并不确切，今后不宜沿用"。"社会主义经济是以公有制为基础的有计划的商品经济。计划要通过价值规律来实现，要运用价值规律为计划服务。"②这样，党的十二届三中全会《决定》的起草工作就在新的方针指导下进行了。

在中央领导人的支持和一些经济学家的共同努力下，在提交党的十二届三中全会审议通过的《关于经济体制改革的决定》中使用了"商品经济"的提法。但由于受传统意识的影响和束缚，在《决定》中不仅保留了"社

---

① 参见《人民日报》1982年2月22日。
② 薛暮桥：《薛暮桥回忆录》，天津人民出版社1996年版，第396页。

会主义计划经济"这一概念，而且在"商品经济"前面加上了"有计划的"限定词。但是，《决定》突破了长期以来把计划经济同商品经济对立起来的传统观念，明确提出"社会主义计划经济必须自觉依据和运用价值规律，是在公有制基础上的有计划的商品经济"。确认社会主义商品经济的新观念，使我们党的认识前进了一大步，使得向社会主义市场经济的转变更进了一步。①

其时，全国上下已经有很多人意识到，建立市场经济体制才是经济体制改革的方向，但是，作为禁区，仍然没有谁敢突破理论层面，在实践中去跨越"雷池"。即使想提市场经济，也是"犹抱琵琶半遮面"，欲说还休。

1987年，党的十三大报告指出，计划与市场应该是内在统一的，计划工作要建立在商品交换和价值规律的基础上，计划和市场的作用范围都是覆盖全社会的。报告还首次提出了"国家调节市场，市场引导企业"的新的经济运行模式。此时，离正式提出建立社会主义市场经济体制，只差一层纸了。那么，这层纸能捅破吗？又该由谁来捅破这层纸呢？

2．市场取向：山雨欲来风满楼

历史的车轮进入到了1988年，整个20世纪80年代的改革进展如火如荼，几十年没有很好解决的吃饭问题，几年之间就解决了，举世为之惊叹。可是，经过了1988年的经济风波，这些成就却开始受到怀疑。当时有人说，农民的积极性根本就不是社会主义的。如此看来，尽管粮食丰收了，但这些粮食是什么性质的，还需要研究。还有人说，个体户和私营企业主全都是

---

① 陈述：《冲撞——思想解放备忘录》，广西人民出版社1998年版，第288—289页。

靠偷税漏税才成为"暴发户"的，这些人越得势就越会让我们的国家改变颜色。看得出来，这些问题，表面上是在谈论经济，实则却包含着一个政治的玄机，即对过去十年的改革，当作何种评价。有人对改革产生怀疑，有人则坚持要继续改革。时任广东省委书记林若说："治理整顿不能因噎废食"，他的搭档、时任广东省省长叶选平，也用同样的口吻说："我们没有理由放弃改革开放。"①

显然，对党的十一届三中全会以来的路线，仍然有人感到不理解，有抵触甚至反对意见。那么，对于曾经被贴上资本主义标签的"市场经济"，人们就更是畏之如虎、讳莫如深了。因此，即使邓小平几次提出"市场经济"问题，在中央和地方的响应者依然寥寥。而强调维护计划经济统治地位的声音占据着理论主导。

实际上，从1979年到1990年，邓小平先后十次在讲话中或明或暗地指出，社会主义可以搞市场经济，其中，有六次是直接提出的——

第一次：1979年11月26日，邓小平会见美国和加拿大客人时说："说市场经济只存在于资本主义社会，只有资本主义的市场经济，这肯定是不正确的"，"社会主义也可以搞市场经济"。②经龚育之考证，这是党的领导层中以肯定的语气讲我国可以搞市场经济的最早的声音。

第二次：1980年1月16日，邓小平在《目前的形势和任务》的讲话中，在讲到寻求一条适合中国实际的发展经济的道路时，提出"计划调节和市场调节相结合"③。

第三次：1982年10月14日，邓小平在同国家计委负责同志的谈话中，指出我们的经济体制"缺点在于市场运用得不好，对经济搞得不活"。邓小平提出一个问题，他说："计划与市场的关系问题如果解决得好，对经济发

---

① 参见凌志军：《呼喊——当今中国的5种声音》，广州出版社1999年版。
② 《邓小平文选》第二卷，人民出版社1994年版，第236页。
③ 《邓小平文选》第二卷，人民出版社1994年版，第247页。

展就很有利，解决不好，就会糟。"①

第四次：1985 年 10 月 23 日，邓小平在同美国企业家代表团的谈话中说："社会主义和市场经济之间不存在根本矛盾。""只搞计划经济会束缚生产力的发展，把计划经济和市场经济结合起来，就更能解放生产力，加速经济发展。"②

第五次：在准备党的十三大的过程中，1987 年 2 月 6 日，邓小平与中央负责同志谈话时说："为什么谈市场就说是资本主义，只有计划才是社会主义呢？计划和市场都是方法嘛。只要对发展生产力有好处，就可以利用。"③

第六次：1990 年 12 月 24 日，邓小平说："我们必须从理论上搞懂，资本主义与社会主义的区分不在于是计划还是市场这样的问题。社会主义也有市场经济，资本主义也有计划控制。"④

邓小平关于市场经济的这些阐述，具有高屋建瓴的政治远见，但是在 1992 年之前，却一直没有能够成为全党、全民的共识。更为令人遗憾的是，1989 年政治风波之后，国内批判市场经济的声音此起彼伏，声势一浪高过一浪，形成了万炮齐轰的局面。一些人把市场经济和计划经济的选择同社会主义基本制度的存亡联系起来，提出姓"社"还是姓"资"的问题。针对对市场经济越来越多的责难，1989 年 9 月，邓小平说，十三大报告中的那两句话"国家调节市场，市场引导企业"，没有看出问题。他一再警告说，"十三大制定的路线不能改变，谁改变谁垮台"⑤。

然而，树欲静而风不止。

1990 年 2 月 22 日，《人民日报》发表了一篇长文《关于反对资产阶级

---

① 《邓小平文选》第三卷，人民出版社 1993 年版，第 17 页。

② 《邓小平文选》第三卷，人民出版社 1993 年版，第 148 页。

③ 《邓小平文选》第三卷，人民出版社 1993 年版，第 203 页。

④ 《邓小平文选》第三卷，人民出版社 1993 年版，第 364 页。

⑤ 《邓小平文选》第三卷，人民出版社 1993 年版，第 324 页。

自由化》。文章千言万语，其实最重要的话只有一句：今日中国那些搞资产阶级自由化的人，"有没有经济上的根源"？文章暗示读者，中国正在出现的"中产阶级"、私营企业和个体户，就是资产阶级自由化的经济根源。文中还列举了不少事实来说明自己并非危言耸听。文章还对市场化改革提出质问。

《当代思潮》1990 年第 1 期发表《用四项基本原则指导和规范改革开放》一文。文章说："私营经济和个体经济……如果任其自由发展，就会冲击社会主义经济"；并指出，有的人正是想通过发展私营经济，"妄图把我国的社会主义制度通过改革开放，和平演变为资本主义制度"。

就在报纸杂志硝烟弥漫的同时，党的高层甚至在中南海里召开的一次专家座谈会上也充满了唇枪舌剑。

经济学家吴敬琏在一篇文章中说："1990 年 7 月 5 日，中共中央政治局常委邀请一些经济学家座谈经济形势和对策，出席会议的有薛暮桥、刘国光、苏星、吴树青、有林、袁木、许毅、吴敬琏等十多人。座谈会一开始，就在改革应当'计划取向'还是'市场取向'这个问题上发生了激烈争论……争得很厉害。当时主张市场经济的有三个人，薛暮桥、刘国光和我；薛暮桥当时很激动，后来他还专门写了一个书面报告给中央，阐述他的观点。"[1] 此后，一些报刊相继发表了不少关于姓"社"姓"资"问题的文章。

思想上的混乱必然带来生产上的停滞和经济上的下滑，当时，我国国民经济发展速度一直在 5% 上下徘徊，出现了较大的滑坡势头，包括一度兴旺的特区，也出现了一些萎靡不振的景象。

关键时刻，邓小平发表了重要意见。1990 年 3 月 3 日，他直截了当地表示了他的不满。"百分之四、百分之五的速度，一两年没问题，如果长期这样，在世界上特别是同东亚、东南亚国家和地区比，这叫滑坡了。"

---

① 张卓元、黄范章：《20 年经济改革回顾与展望》，中国计划出版社 1998 年版，第 15 页。

他说："人民现在为什么拥护我们？就是这十年有发展，发展很明显。假设我们有五年不发展，或者是低速度发展，例如百分之四、百分之五，甚至百分之二、百分之三，会发生什么影响？这不是经济问题，实际上是个政治问题。"① 这个讲话，充分表明了他对当时国内局势的忧虑。

1990 年 12 月 24 日，邓小平针对国内姓"社"姓"资"、反对市场经济的争论，发表了在世界社会主义史上都会留下印迹的突破性意见。他说："我们必须从理论上搞懂，资本主义与社会主义的区分不在于是计划还是市场这样的问题。社会主义也有市场经济，资本主义也有计划控制……不要以为搞点市场经济就是资本主义道路，没有那么回事。计划和市场都得要。不搞市场，连世界上的信息都不知道，是自甘落后。"②

1991 年初，邓小平一家到上海过春节。他看到市区面貌一派陈旧，就感叹："上海开发晚了，要努力干啊。"并对随行的上海市领导说："改革开放还要讲"，"不要以为，一说计划经济就是社会主义，一说市场经济就是资本主义，不是那么回事，两者都是手段，市场也可以为社会主义服务"。"希望上海人思想更解放一点，胆更大一点，步子更快一点。"他还鼓动说："什么事情总要有人试第一个，才能开拓新路。"③ 言下之意，是期待上海在解放思想方面走在前头，在市场经济的改革实验中敢闯敢干。

邓小平在上海市的一番讲话，对上海人无疑是巨大的鼓舞和鞭策。很快，上海《解放日报》发表了署名"皇甫平"的四篇文章，分别是《做改革开放的"带头羊"》《改革开放要有新思路》《扩大开放的意识要更强些》、《改革开放需要大批德才兼备的干部》。

2 月 15 日，正是农历羊年的正月初一，第一篇文章《做改革开放的"带头羊"》以犀利的语言冲破全国对改革开放欲言又止的压抑，以极大的激情

---

① 《邓小平文选》第三卷，人民出版社 1993 年版，第 354 页。
② 《邓小平文选》第三卷，人民出版社 1993 年版，第 364 页。
③ 《邓小平文选》第三卷，人民出版社 1993 年版，第 366—367 页。

鲜明地歌唱改革，鼓动改革。甚至说："何以解忧，唯有改革。"

在随后的三篇文章中写道："改革开放要有新思路"，还警告世人不要"陷入某种'新的思想僵滞'"，"有些同志总是习惯于把计划经济等同于社会主义经济，把市场经济等同于资本主义，认为在市场调节背后必然隐藏着资本主义的幽灵"，"随着改革的进一步深化，越来越多的同志开始懂得：计划和市场只是资源配置的两种手段和形式，而不是划分社会主义和资本主义的标志，资本主义有计划，社会主义有市场。这种科学认识的获得，正是我们在社会主义商品经济问题上又一次更大的思想解放"。"如果我们仍然囿于'姓社还是姓资'的诘难，那就只能坐失良机。"

皇甫平的文章对邓小平在上海的讲话精神进行了科学的解读，但却成为更激烈斗争的导火索。很快，他的文章成为"靶子"，招致了猛烈的批判。

对皇甫平最初的攻击发生在 1991 年 4 月 20 日，当天出版的《当代思潮》发表文章《改革开放可以不问姓"社"姓"资"吗?》。作者把皇甫平的那句话与自由化联系起来说："在自由化思潮严重泛滥的日子里，曾有过一个时髦口号，叫做不问姓'社'姓'资'。""结果呢? 有人确实把改革开放引向了资本主义化的邪路。"诸如经济上的"私有化"和"市场化"，政治上的"多党制"和"议会制"，意识形态上的"多元化的思潮"，"曾把社会主义改革开放事业推上绝路"。在列举了一系列不问姓"社"姓"资"的恶果之后，作者说："不问姓'社'姓'资'，必然会把改革开放引向资本主义道路而断送社会主义事业。"

《真理的追求》1991 年第 7 期发表《重提姓"社"与姓"资"》。文章说："改革要不要问姓'社'姓'资'，就是改革要不要坚持四项基本原则的通俗表达。"

类似的文章一时间铺天盖地，如一记记重磅炸弹投向皇甫平。它们的中心观点，就是改革开放必须要分清姓"社"还是姓"资"，就是要否定市场经济；否则就是"借改革之名，行走资本主义道路之实"。

特别是 1991 年 12 月 10 日，《关于树立社会主义改革观的七个问题》一文在《当代思潮》发表后，对改革等提出了全面的质疑和挑战。

该文说："在改革中怎么能不问姓'社'姓'资'呢？不问姓'社'姓'资'，就意味着可以不姓'社'、可以改掉社会主义而走资本主义的道路。显然，这种改革观，实质上是'改道'观、'改向'观。"文中还说："是否有利于生产力发展并非检验改革的唯一标准，如果把它当做唯一标准，就会得出错误的结论。"

正是这篇文章将这次论战推向了高潮。

与此同时，为了守住计划经济体制阵地，有人竟呼吁"以阶级斗争为纲"，开展"两条道路的斗争"，以击败"资产阶级自由化"所主张的市场经济。其言论甚至达到了危言耸听的地步！

1991 年 6 月 5 日，《人民日报》发表长篇文章《坚持人民民主专政，反对和防止"和平演变"》。该文说：全党和全国人民现在有"双重任务——阶级斗争和全面建设"。这就把阶级斗争和经济建设并列，将一个中心变成了两个中心。而且提出"只有正确估量和进行阶级斗争，才能保证现代化建设事业的社会主义性质和方向，并促进社会生产力的发展"。

1992 年 1 月 5 日，北京一家杂志刊登了《反和平演变三论》的长文。文章说："谁战胜谁的问题还没有解决，阶级矛盾还存在，资产阶级和无产阶级的矛盾、斗争还存在，各派政治力量的斗争还存在，无产阶级要按照自己的面貌来改造世界，资产阶级也要按照自己的面貌改造世界，资产阶级的思想、小资产阶级的思想还要顽强地表现自己……我们要进行反对和平演变的斗争，要防止资本主义在中国的复辟。"这里所说的防止资本主义复辟的主要内容之一，就是抵制市场经济。该文还警告说："资产阶级自由化和反资产阶级自由化斗争的焦点、中心，还是一个政权问题。"

看了这些文章，经历过"文化大革命"的人们不由得心惊胆战。人们焦虑地思考着：今后改革的路该怎么走？

3 . 市场经济：千树万树梨花开

"左"倾思潮的泛滥，也说明1991年初邓小平在上海的忠告，并没有产生应有的效果。

关键时刻，邓小平再次出山。1992年1月18日至2月21日，88岁高龄的邓小平毅然地再一次到武昌、深圳、珠海、上海等地视察。虽已是耄耋之年，但邓小平精神矍铄，身体健康。选择新年伊始视察南方，无疑是经过深思熟虑的。他边走边看，并用最简单明了、朴实无华但又铿锵有力的话语，冲破姓"社"还是姓"资"的阴霾，表达了继续沿着改革开放道路前进的希望。选择市场经济，无疑是这次谈话的重要内容。

邓小平以他多年积累的政治经验和洞若观火的目光，一语中的，击中了"左"倾思想的要害——"现在，有右的东西影响我们，也有'左'的东西影响我们。根深蒂固的还是'左'的东西。有些理论家、政治家，拿大帽子吓唬人的，不是右，而是'左'。'左'带有革命的色彩，好像越'左'越革命。'左'的东西在我们党的历史上可怕呀！一个好好的东西，一下子被它搞掉了。右可以葬送社会主义，'左'也可以葬送社会主义。中国要警惕右，但主要是防止'左'……把改革开放说成是引进和发展资本主义，认为和平演变的主要危险来自经济领域，这些就是'左'。"①

邓小平说话直截了当："改革开放迈不开步子，不敢闯，说来说去就是怕资本主义的东西多了，走了资本主义道路。要害是姓'资'还是姓'社'的问题。判断的标准，应该主要看是否有利于发展社会主义社会的生产力，是否有利于增强社会主义国家的综合国力，是否有利于提高人民的生活水平"，"有的人认为，多一份外资就多一份资本主义，'三资'企业多了，就

---

① 《邓小平文选》第三卷，人民出版社1993年版，第375页。

是资本主义的东西多了，就是发展了资本主义。这些人连常识都没有"。①

"改革开放胆子要大一些，敢于试验，不能像小脚女人一样。看准了的，就大胆地试，大胆地闯。深圳的重要经验就是敢闯。没有一点闯的精神，没有一点'冒'的精神，没有一股气呀、劲呀，就走不出一条好路，走不出一条新路，就干不出新的事业。不冒风险办什么事情都有百分之百的把握，万无一失，谁敢说这样的话？一开始就自以为是，认为百分之百正确，没那回事，我就从来没有那么认为"②。

"资本主义的东西我们引过来，它的姓就变了，变成姓'社'了"；"我们不少干部，至今姓'社'姓'资'这个观念还没有解决好，要再开放一点"。③

邓小平以超常的魄力，迎头解决了纷纷扰扰的争论，为中国确定了新的经济体制——市场经济。如果说，在此之前谈到市场经济都是酝酿和热身的话，南方谈话可以说是画龙点睛，一锤定音。邓小平说："计划多一点还是市场多一点，不是社会主义与资本主义的本质区别。计划经济不等于社会主义，资本主义也有计划；市场经济不等于资本主义，社会主义也有市场。计划和市场都是经济手段。"④

2月28日，邓小平的南方谈话作为中央二号文件发到县团级。

3月9日，中央召开政治局扩大会议，学习邓小平讲话精神，就改革开放的重大问题作出部署，并发表会议公报。会议认为，计划和市场都是经济手段，要善于应用这些手段，加快商品经济发展。要警惕右，但主要是防止"左"。要抓住当前有利时机，加快改革开放的步伐，集中精力把经济建设搞上去。

"忽如一夜春风来，千树万树梨花开。"邓小平的南方谈话，不仅让姓

① 《邓小平文选》第三卷，人民出版社1993年版，第372—373页。
② 《邓小平文选》第三卷，人民出版社1993年版，第372页。
③ 凌志军：《呼喊——当今中国的5种声音》，广州出版社1999年版，第167页。
④ 《邓小平文选》第三卷，人民出版社1993年版，第373页。

"社"姓"资"的争论销声匿迹，而且把人们的注意力从批判"和平演变"和关注姓"社"姓"资"转到了经济建设上来，更为重要的是从根本上冲破了姓"社"姓"资"的枷锁，解放了广大干部和群众的思想。邓小平的南方谈话，成为中国改革开放以来第二次思想解放的宣言书！

不久，邓小平的辉煌思想成为党的十四大的主旋律。

经过艰难的十易其稿，"市场经济"被堂堂正正地载入了党的十四大报告。1992 年 10 月 12 日，党的十四大胜利召开，面对全中国和全世界，会议郑重宣告：我国经济体制改革的目标是建立社会主义市场经济。至此，我国经济体制改革的目标得以完全确立。把社会主义基本制度和市场经济结合起来，成为中国共产党的又一个伟大创举！

至此，一场旷日持久的大争论画上了句号。市场经济在中国改革开放的探索中，从敌人转变为客人，又从客人转变为主人，并在中国这个大舞台上演绎出了跌宕起伏、悲喜交织的时代故事，最生动地记录了中国特色社会主义道路的探索历程。

党的十四大以后，思想解放和加快发展的热情更加高涨，我国掀起了建设社会主义市场经济的高潮。1993 年全国人大八届一次会议上，"社会主义市场经济体制"被写进宪法修正案的第七条中，以法律的形式确定下来。

党的十四大提出我国经济体制改革的目标是建立社会主义市场经济体制，提出要使市场在国家宏观调控下对资源配置起基础性作用。这一重大理论突破，对我国改革开放和经济社会发展发挥了极为重要的作用。这也说明，理论创新对实践创新具有重大先导作用，全面深化改革必须以理论创新为先导。

经过几十年实践，我国社会主义市场经济体制已经初步建立，但仍存在不少问题，主要是市场秩序不规范，以不正当手段谋取经济利益的现象广泛存在；生产要素市场发展滞后，要素闲置和大量有效需求得不到满足并存；市场规则不统一，部门保护主义和地方保护主义大量存在；市场竞争不充分，阻碍优胜劣汰和结构调整；等等。这些问题不解决好，完善的社会主义市场经济体制是难以形成的。

党的十四大以来，对政府和市场关系，中国共产党一直在根据实践拓展和认识深化寻找新的科学定位。党的十五大提出"使市场在国家宏观调控下对资源配置起基础性作用"，党的十六大提出"在更大程度上发挥市场在资源配置中的基础性作用"，党的十七大提出"从制度上更好发挥市场在资源配置中的基础性作用"，党的十八大提出"更大程度更广范围发挥市场在资源配置中的基础性作用"。

经济体制改革仍然是全面深化改革的重点，经济体制改革的核心问题仍然是处理好政府和市场关系。经过反复讨论和研究，2013年11月召开的党的十八届三中全会确定，把市场在资源配置中的"基础性作用"修改为"决定性作用"，强调要使市场在资源配置中起决定性作用和更好发挥政府作用。这是这次全会《决定》提出的一个重大理论观点。进一步处理好政府和市场关系，实际上就是要处理好在资源配置中市场起决定性作用还是政府起决定性作用这个问题。经济发展就是要提高资源尤其是稀缺资源的配置效率，以尽可能少的资源投入生产尽可能多的产品、获得尽可能大的效益。理论和实践都证明，市场配置资源是最有效率的形式。市场决定资源配置是市场经济的一般规律，市场经济本质上就是市场决定资源配置的经济。健全社会主义市场经济体制必须遵循这条规律，着力解决市场体系不完善、政府干预过多和监管不到位问题。作出"使市场在资源配置中起决定性作用"的定位，有利于在全党全社会树立关于政府和市场关系的正确观念，有利于转变经济发展方式，有利于转变政府职能，有利于抑制消极腐败现象。

党的十八大以来，以习近平同志为核心的党中央带领全党全国各族人民以巨大的政治勇气全面深化改革，打响改革攻坚战，加强改革顶层设计，敢于突进深水区，敢于啃硬骨头，敢于涉险滩，敢于面对新矛盾新挑战，冲破思想观念束缚，突破利益固化藩篱，坚决破除各方面体制机制弊端，各领域基础性制度框架基本建立，许多领域实现历史性变革、系统性重塑、整体性重构，新一轮党和国家机构改革全面完成，中国特色社会主义制度更加成熟更加定型，国家治理体系和治理能力现代化水平明显提高。习近平总书记在党的二十大报告中明确指出："我们提出并贯彻新发展理念，着力推进高质量发展，推动构建新发展格局，实施供给侧结构性改革，制定一系列具有全局性意义的区域重大战略，我国经济实力实现历史性跃升。国内生产总值从五十四万亿元增长到一百一十四万亿元，我国经济总量占世界经济的比重达百分之十八点五，提高七点二个百分点，稳居世界第二位；人均国内生产总值从三万九千八百元增加到八万一千元。谷物总产量稳居世界首位，十四亿多人的粮食安全、能源安全得到有效保障。城镇化率提高十一点六个百分点，达到百分之六十四点七。制造业规模、外汇储备稳居世界第一。建成世界最大的高速铁路网、高速公路网，机场港口、水利、能源、信息等基础设施建设取得重大成就。我们加快推进科技自立自强，全社会研发经费支出从一万亿元增加到二万八千亿元，居世界第二位，研发人员总量居世界首位。基础研究和原始创新不断加强，一些关键核心技术实现突破，战略性新兴产业发展壮大，载人航天、探月探火、深海深地探测、超级计算机、卫星导航、量子信息、核电技术、新能源技术、大飞机制造、生物医药等取得重大成果，进入创新型国家行列。"[①]

事实胜于雄辩，中国经济发展之规模、速度，已经向世人证明：中国走社会主义市场经济道路的决策，是完全正确的。它不仅促进了中国经济的持续增长，也对世界的经济发展产生着重大影响。可以说，这是中国最基本、最重要也是最成功的改革。

---

① 习近平：《高举中国特色社会主义伟大旗帜 为全面建设社会主义现代化国家而团结奋斗——在中国共产党第二十次全国代表大会上的报告》，人民出版社2022年版，第8页。

第十四章
姓"公"还是姓"私"
——关于股份制性质的讨论

20 世纪 70 年代末，为解决知青返城就业，有学者提出了股份制兴办企业，但思想观念的束缚使得回声寥寥。

实践的步伐却在不断地推动着我们把国企改革的试点转向股份制；同时，在农村也催生了股份合作制。

我国改革开放以来特别是发展社会主义市场经济以来，股份制企业开始在经济生活中出现并且有了一定发展。但是，如何看待股份制与社会主义的关系，至今仍然存在着不同的认识。有些人总是觉得搞股份制就是搞私有制，存在种种疑虑，从而影响了发展社会主义市场经济的进程。

回首我国对股份制的探索历程，可谓是艰难曲折，跌宕起伏，充满艰辛。

1. 股份制与知识青年返城就业及国企改革试点

1978 年 10 月，中央决定停止知识青年上山下乡运动，要求妥善解决知青的回城和就业问题。1700 万回城青年再加上 320 万没有就业的留城青年，总数达到 2000 多万，大体上相当于当时中国城镇人口的十分之一。这就为城市的就业问题带来了巨大的压力。为此，中央书记处研究室和国家劳动总局联合召开会议寻求解决办法。会上，厉以宁提出可以号召大家集资，兴办一些企业，企业也可以通过发行股票扩大经营，以此来解决就业问题。厉以宁第一次提出以"股份制"来筹集资金、发展企业，从而解决回城知青的就业问题，后来被戏称为"厉股份"。

所谓股份制，就是通过发行股票，筹集资金，建立股份公司进行生产经营的企业资本组织形式。由于股份制在筹集和扩大资本上的特殊作用，从开始出现，经过几百年的发展，到 19 世纪后半期已广泛流行于资本主义各国，股份制因而成为现代企业的一种重要资本组织形式。因为股份制是社会化大生产的直接产物，并首先孕育和产生于资本主义社会，所以，就给人们造成了一种错觉，以为股份制是资本主义社会的一种特有的经济特征，只能同私有制联系在一起。

在当时的政治语境下，以"股份制"来改造国有企业，牵涉到是否走资本主义道路的问题，所以，厉以宁的构想并没被采纳。时任国务院副总理的万里在"全国劳动就业工作会议"结束后，曾告诉北京市可以用股份制解决北京知识青年的就业问题，北京市委第一书记的回答也是"我们考虑考虑"。但过了几个月，他的态度变成了"不用了"，因为"我们通过银行贷款都已经解决了"①。

到了 1984 年前后，事情出现了诸多变化。先是世界银行的中国经济考察团向中国政府提交了一份调查报告，这份报告提出，国有企业改革需要解决的根本问题在于建立国家和企业间的恰当关系，为此可以将国有企业的财产划分为股份，分散给若干不同的公有机构，如政府、银行、养老基金、保险公司、其他企业等持有，以此将国有企业改造成为公司制企业。这份在当

---

① 马国川：《厉以宁：被耽搁的股份制》，《经济观察报》2008 年 5 月 2 日。

时显得过于激进的改革报告虽然没有被中国政府采纳，但是却提供了一种全新的国际化改革思路。

1984 年召开的党的十二届三中全会通过了《中共中央关于经济体制改革的决定》，提出要突破把计划经济同商品经济对立起来的传统观念，明确提出"有计划的商品经济"的概念。同时提出把改革的重点从农村转向城市，而城市改革的重点就是国有企业。

国有企业开始了改革的探索：从搞扩大企业自主权和放权让利，到利改税，到各种形式的经济承包制和租赁制，再到转换企业经营机制。这些改革措施虽取得了一定的成绩，但又都是在原有框架内进行的，没有改变原有的资产关系，没有触动产权。因而没有取得应有的成效，不仅政企没有分开，而且企业的经济效益仍然低下。在这种情况下，股份制改革引起了许多国有企业的重视，并且开展了试验。[①]

在种种铺垫实现之后，一直在摸索进行体制改造的北京天桥百货商场，迈出了珍贵的第一步。

与当时中国进行的形形色色的改革一样，北京天桥百货公司的企业股份制探索也同样是"摸着石头过河"，各方争论从来没有停止过。时任北京市体改委主任的李俊华曾经说过："你们的股份制将面临政治、政策、经营三大风险，要顶住。"当时的国家体改委和北京市体改委，对于天桥百货的设计方案争议分歧最大的就是股权的划分，即是不是一定要涉及国家股、企业股和职工股，这些股权又如何体现国有的性质？天桥方面的意见是，在国有股和个人股中间应当有企业股。当时，这也是很多试图改革的企业都曾遇到过的问题，媒体也进行过公开讨论，但最后也未形成成熟的思路。

天桥百货最初的公司章程是参考国外条文，辅以对新中国成立前股份

---

① 邹东涛、欧阳日辉：《中国所有制改革 30 年》，社会科学文献出版社 2008 年版，第 437 页。

制"一鳞半爪"的印象闷头写成的。在股票发行之前，天桥方面根本没有公开过企业的财务报表，股票价格究竟如何确定也无人出面解释。

天桥百货股份有限公司去工商局"报户口"的时候遇到了更大的困难。据说崇文区工商局整整讨论了三天，一直纠缠于"企业性质"这一栏究竟怎么填：说国营吧，明明把股票卖给个人了；说集体吧，又不像；说个体吧，也不是那么回事。最后工商局主管局长要求"实事求是"，把企业性质写成"全民、集体、个体合营"。

天桥百货的改革后来曾被专家们称为"急就章"，这主要是因为在当时的中国，股份制还显得过于陌生。著名经济学家吴敬琏后来就曾说，他参与了高层对股份制改革的讨论，但当时参与讨论的人都不太清楚"公司"是怎么回事，"我自己就不是弄得太清楚，只是在《资本论》上看见过，讲到股份制到底具体是怎么回事时是模模糊糊的"。在这种大背景下，天桥百货的股份制改革出现一些甚至让后人觉得可笑的问题也就不足为奇了。

1984年7月25日，北京天桥百货股份有限公司终于成立，决定一期公开发行股票300万元，由工商银行代理分期发行。虽然改革最艰难的第一步已经迈出，但作为市场经济产物的股份制公司，依然很难在当时的中国真正地如鱼得水。①

20世纪80年代初期，一些企业突破地区、部门和所有制的界限，相继组建各种形式的联合体。在企业之间的横向联合中，逐步从单纯的生产技术协作发展到以资金、技术、设备等的投资入股。还有一些企业，以股份的形式集资开发项目或组建新的企业。此时，组建股份制企业的规模有了较大的发展。

1983年7月25日，宝安县联合投资公司在《深圳特区报》上刊登招股启事。

---

① 新京报社记者：《日志中国》，中国民主法制出版社2008年版，第320—321页。

1984 年 11 月，由上海电声总厂发起成立的上海飞乐音响公司，向社会公开发行股票，成为新中国成立后第一家较规范的股份制有限公司。

1986 年 9 月，中国工商银行上海信托投资公司静安证券部挂牌进行股票的柜台交易，成为新中国首次进行的股票市场交易。1987 年以后，各地股份制企业的试点迅速增多。1989 年我国经济进入治理整顿阶段，股份制企业组建和试点工作的重点转为完善和提高。到 1992 年，全国股份制试点企业发展到 3700 家。

1992 年 12 月 1 日和 12 月 19 日，深圳、上海证券交易所分别正式举行开业典礼。深圳与上海的几家股份制企业已经开始了资本市场的扩张，先后发行了股票。以"深发展"为首的深圳"老五股"和以"真空电子"为首的上海"老八股"，一时间受到了人们疯狂的追捧。中国的资本市场，开始形成了自己的"双市格局"。股票、股份制，就这样进入了人们的生活。

虽然形成了"双市格局"，主流报纸上理论方面还对股份制不予肯定，怀疑和反对的声音不绝于耳。甚至有人批判厉以宁是"明修国企改革的栈道，暗度私有化的陈仓"。但是，厉以宁则坚持自己的理论，他所提倡的"股份制"，已经逐渐成为中国经济一个流行的思潮。

2. 股份合作制：我国农民的又一创造

其实，股份制在农村早已自发地出现萌芽。党的十一届三中全会后，在温州、台州、阜阳、淄博等地，出现了一种新的经济组织形式。农民群众与基层干部大胆尝试，将股份制引入合作制，以股份的形式融合不同所有者的各种生产要素，从而把股份制的"资合性"和合作制的"人合性"紧密结合起来，建立起兼有股份制和合作制性质的企业。这种新型的企业组织形式能有效地聚集资金、技术、设备、土地、劳力等多种生产要素，壮大企业规模，增强企业市场竞争能力，成为集体经济特别是乡镇企业的一种选择方式。这是群众的创造，也是对原来那种资产不同劳动者联系的集体经济的改造。不少地方迅速把股份合作制引入农业、林业、牧业、渔业、工业、商业、建筑业、运输业、饮食服务业等领域，同时开始由农村向城市扩展。

就在浙江温州等地方进行新型企业制度试点的同时，中央对这一创举给予了密切关注。1985 年中央 1 号文件中，第一次明确提倡"股份制合作"，为股份合作制的发展提供了政策依据。就这样，股份合作制在许多地方逐渐兴起，成为我国农民继家庭联产承包责任制和乡镇企业异军突起之后的第三个伟大创造。[①]

我国农村一些社办企业的这种为扩大生产能力，自发采用集资入股、股份合作、股金分红的办法，使企业规模越搞越大，企业经营充满活力。农民通过各种生产要素入股，形成了农村股份合作制企业，这就是股份制的雏形。当然，它还很不完善，后来又出现了乡镇企业的股份制改造。

3. "四不像"经济组织形式的迅速发展

1992 年邓小平南方谈话以后，我国经济进入高速发展的快车道。

党的十四大报告正式确定了社会主义市场经济体制的改革目标，股份制也由此走入正轨。股份制、股份合作制，或者叫作"四不像"的经济组织形式也迅速发展起来。在很多地方，20 世纪 80 年代以个人私营企业为主要部分的经济，到 90 年代中期，已经是股份合作制的天下。

在浙江省温州市，其非国有的工商企业的税收，已经占政府全部税收

---

① 邹东涛、欧阳日辉：《中国所有制改革 30 年》，社会科学文献出版 2008 年版，第 373 页。

的80%以上。不仅如此，在这里，股份制这种形式还在更大的领域拓展。道路、桥梁、学校、水电等，大都是官民并举、公私混合兴建起来的。

在福建省泉州市，被当地人叫作"混合经济"的那一部分企业，已经占全市企业的90%，其缴纳的税金在政府财政收入中占了85%以上。全市37家国有工业企业全部同外资合资，此后综合经济效益指标一跃而上，无一亏损。时任泉州市市长何立峰说，"非公有"和"公有"不仅不是对立的，而且非公有经济成分可以促进公有制经济的发展。这些话还在《人民日报》上刊登出来，成为"解放思想"的新认识广为传扬。

在山东省诸城市，20世纪90年代初，面对市属150家独立核算的国有企业103家亏损，全市市属国有企业资产负债率80%以上、每年光支付利息就达1.5亿元的严峻形势，市长陈光积极利用股份制对该市的国有企业和集体企业进行改造。到1994年7月，全市288家乡镇以上的企业，有272家实现改制。诸城工业的严重亏损局面从此成为过去，其GDP连续多年年均增速20%。陈光也因一口气卖光了该市272家国有企业而获得"陈卖光"的绰号。

1997年5月6日，国家经济体制改革委员会副主任张皓若等在国务院新闻办举办的记者招待会上说，许多省市有50%以上的国有小企业进行了改革。股份合作制企业的出现使许多改制后的企业普遍提高了经济效益。国有企业的突破性进展是股份制改革试点蓬勃发展。到1996年底，全国以国有企业为主改建或新建的股份有限公司9200家，股本金6000亿元，共向社会筹集资金1500亿元。上市公司530家，其中373家国家控股，集体企业控股83家，国家集体控股的占总数的85%。

新华社发布了国家体改委发展城市股份合作制的指导意见，其中指出要"尊重群众的实践，尊重群众的意愿，尊重群众的选择"，还鼓动大家"解放思想，大胆探索"。

在四面八方风起云涌的企业转制潮流中，大多数地区自行其是，转制的形式也是多种多样，包括股份制、合作制、股份合作制，以及拍卖、租赁、承包等等。很多新生的企业亦"股"亦"合"亦"私"，没有人能够说清它们到底属于什么，它们不像任何一种既有的所有制形式，是"四不像"。①

4. 搞股份制就是搞私有化？

　　围绕股份制性质的争论从来没有停止过。有人认为，搞股份制就是搞私有化。对此，1992 年初邓小平在南方谈话中明确指出："证券、股市，这些东西究竟好不好，有没有危险，是不是资本主义独有的东西，社会主义能不能用？允许看，但要坚决地试。"② 邓小平还提出了"三个有利于"标准，批判了根深蒂固的"左"的东西。邓小平南方谈话打破了固守"股份制是资本主义的，推行股份制就是搞私有化"的僵局。

　　在党的十四大报告中，江泽民指出："股份制有利于促进政企分开，转换企业经营机制和积累社会资金，要积极试点，总结经验，抓紧制定和落实有关法规，使之有序地健康发展。"为了指导股份制试点的工作，国家对于股份制试点的法规和配套规章不断完备，并陆续公布了《股份制企业试点办法》《股份制有限公司规范意见》等 14 个配套文件。但是这还解不开某些人的思想认识疙瘩。

　　1993 年 11 月，在党的十四届三中全会的《决定》中，第一次明确提出国有大中型企业实行公司制，建立现代企业制度；一般小型国有企业，有的可以实行承包经营、租赁经营，有的可以改组为股份合作制，也可以出售给

---

　　① 马立诚、凌志军：《交锋——当代中国三次思想解放实录》，湖北人民出版社 2008 年版，第 283—284 页。

　　② 《邓小平文选》第三卷，人民出版社 1993 年版，第 373 页。

集体或个人，多个投资主体的国有企业可依法改组为有限责任公司或股份有限公司等。1993年12月29日，八届全国人大常委会第五次会议正式通过了《中华人民共和国公司法》。

但是在这之后的几年中，关于股份制不同认识的争论不但没有停止，甚至还强化了，升级了。有的人把股份制与非公有制经济合并在一起，看作影响"国家安全"的重大政治问题。

面对这些"四不像"的经济组织形式，思想理论界在1995—1997年初曾先后有过四份"万言书"，分别从国家安全、反"和平演变"、坚持公有制的主体地位、反对资产阶级自由化等方面，对私有化及其价值取向进行了全面围攻，围绕"公""私"之争，开展了思想理论上的争论。

1996年秋，身为中共中央候补委员、广东省委常委、深圳市委书记的厉有为到中央党校参加省部级干部进修班学习。结合当时的经济改革和国企改革与所有制的困惑，他经过学习思考完成了一篇引起争议的文章——《关于所有制若干问题的思考》。厉有为在文中提出，生产资料的占有形态和计划经济体制不适应现代化社会主义生产力发展的要求导致了当前国企巨额亏损；实践证明，公有经济与私有经济不但有排斥的一面，而且有共存和融合的一面；除了公有制和私有制之外，可以建立多数劳动者占有多数生产资料的社会所有制，并应该以邓小平理论为指导进行经济政治体制改革。

这篇作为党校内部学习交流的文章，却引起了一场始料不及的大风波。1997年初，一篇批判厉有为的打印文章，在北京各界广为散发并附有厉有为的《关于所有制若干问题的思考》的文章，说此文是一篇"及时而难得的反面教材"。

此后，1997年2月10日，中国历史唯物主义学会编辑发行的《历史唯物主义通讯》第28期发表了进一步批判厉有为的文章：《厉有为意欲何为？——首都理论界人士批判厉有为同志所谓的"一些新认识"》。据说这篇文章的观点是来自中央党校、中国社会科学院、中国人民大学等知名院校20多位专家学者的观点。他们认为，厉有为的文章"有严重的理论错误和极有害的政治主张"。其批判要点集中在以下四个问题：

第一，厉有为说马克思所说的社会主义是"资本主义之后的社会主义"，而我国搞的"现实的社会主义"是"资本主义之前的社会主义"。这就从根本上否定了现实社会主义制度的历史必然性和优越性。这是厉有为为了毁掉我国的全民所有制，搞私有化而编造的理论根据。

第二，厉有为的文章抹杀了当今社会主义国家与资本主义国家在经济基础上的本质区别，宣扬"趋同论"。

第三，厉有为的文章提出了一个多数人占有多数生产资料的私人股份化的方案。这就是要通过搞非国有化、化公为私，配置和养肥一个新的资产阶级。

第四，厉有为的文章公开要求改变我国的性质。厉有为所代表的是那些已经拥有私产和企图拥有大量私产与私人股权的一些人。

这些"与会的专家学者"建议并要求：像厉有为同志这样的思想和政治素质的共产党员，不够共产党员的条件，不适宜担任任何一级党政组织之重要职务。

同时，厉有为的观点也得到不少人的支持，有理论界的，也有新闻界的。广东省社科院还召开专门会议支持他的观点。就在这一年4月，江泽民在中南海与厉有为谈话。江泽民和厉有为讨论这篇文章，表示出对所有制问题非常感兴趣。临别时，江泽民对厉有为说："你回去安心当你的书记。"[1]1997年9月11日，党的十五大召开的前一天，国务院发展研究中心的《中国经济时报》发表了对厉有为的专访。这是厉有为在遭到批判之后，第一次公开

---

① 宋元晖：《见证——中国改革开放三十年口述史》，广东教育出版2008年版，第41—42页。

回答对手。①

与此相应，诸城以股份制改制为主要形式的做法，牵涉对国有资产的出售，招致各种质疑和非议，被认为是搞私有制，时任市委书记陈光被称为"陈卖光"。1995 年，两位学者来到诸城调研，并写文章说诸城的改革是搞私有化，导致国有资产流失，走了资本主义道路。1996 年春，国家体改委、经贸委等 9 个部门组成联合调查组，对诸城经验进行了调查。尽管经过深入企业与干部和工人座谈后，调查组宣布调查结论：方向正确，措施有力，效果显著，群众满意。但是北京一些"左"的杂志仍指责陈光是"私有化的先锋""败家子""歪曲党中央精神""复制资本主义的带头羊"。2001 年 2 月，北京的《中流》杂志还在批判陈光"毁灭社会主义"。

对于温州的经济发展变化，《人民日报》发表了一名记者访问温州的见闻，对温州的股份合作制大加赞扬，还说温州的改革是"群众的生机勃勃的社会主义改造"。但是由此却也引来了更多的不同意见，最为激烈的意见是指斥这篇文章有"方向性的问题"，即政治方向问题，《人民日报》不该来肯定它。

面对我国企业组织形式的多样化，投资主体的多元化，所有制形式也越来越多样化，混合所有制形式发展很快。在新形势下如何认识股份制与公有制的关系，加深对公有制含义和公有制实现形式的理解，这不仅关系到如何总结和对待改革开放的成果，而且关系到今后改革发展方向，关系到公有制经济理论能否在实践的基础上取得突破和发展。

有一些学者提出，对于大中型国有企业，要探索国有制的不同表现形式。少数公益性、自然垄断性较强的企业，可以由国家直接经营，但也要政企职责分开；绝大多数竞争性的大中型企业，国家只保留"最终所有权"，由企业法人自由经营。要找到体现政企职责分开和两权适当分离的要求的具

---

① 马立诚：《交锋三十年——改革开放四次大争论亲历记》，江苏人民出版社 2008 年版，第 186—187 页。

体组织形式。国际经验表明股份制可以成为这种形式。①还有学者认为，股份制是企业的一种经营形式、财产组织形式，它本身并不反映有什么属性，股份制的性质取决于投资者的性质。②

当改革继续向前到了20世纪90年代中期，我国一些大中型国有企业所进行的改革已进入了攻坚阶段，触及了所有制的核心问题。同时，个体、私营、外资等非公有制经济也在迅速发展，对此人们的思想认识并不一致。有的人认为，原有的公有制很难适应市场经济的形式，主张加大改革力度，要以建设现代企业制度为目标，大力推进包括股份制在内的多种公有制实现形式，来改造国有企业。有的人则针对股份制试点工作中产生的一些问题提出质疑——有的企业法人以法人代表名义购买法人股股票，或分给个人，或集中起来每年给大家分红利，这实际上是"化公为私"，是股份制成为走向私有化的桥梁；而企业向职工发行股票，也是变相"化公为私"。总之，国有资产在股份化过程中流失严重，令人痛心。③

那么，股份制到底姓"公"还是姓"私"？国有企业进行股份制改革或变成合作企业后，还算不算公有制企业？改革会不会导致私有化？经过理论界不断讨论，大致有三种不同意见。

第一种观点认为股份制是私有制，或至少是走向自由化的桥梁，其理由是股份制将把国有资产量化给个人，国有企业股权多元化改造后的法人股和个人股实质上都是化公为私，并为国有资产流失提供更多机会，最终财富必将集中于少数人手中。

---

① 刘国光：《刘国光经济文选（1991—1992）》，经济管理出版社1993年版，第140页。

② 厉以宁：《中国经济改革与股份制》，北京大学出版社、香港文化教育出版社1992年版，第12页。

③ 陶大镛：《对股份制和现代企业制度的一种思考》，见高鸿业主编：《西方经济学与我国经济体制改革》，中国社会科学出版社1994年版，第4—6页。

第二种观点则认为股份制是公有制，其理由是：能把资本转化为社会资本，把生产资料的私人直接占有转化为股民联合制占有；实行以公有制为主导的联合与合作；企业的资金一部分是公有制财产，一部分是企业职工（或居民）以按劳分配为主所得的收入；都按社会主义原则进行经营管理；实行以按劳分配为主、按股分红为辅的分配方式。故而是公有制性质的经济。

第三种观点则认为股份制既不属于"私"也不属于"公"，它是一种新的企业财产的组织形式，能融"公""私"为一体。股份合作制经济既有集体股权，又有私人股权，既有按劳分配的因素，又有按资分配的因素，是一种介于集体所有制和私人所有制之间的中性经济成分。

一些学者认为，从各家观点分歧中可见，对股份制性质产生不同认识的一个出发点，是将股份制直接等同于所有制。为了绕开这个障碍，还有一些学者试图通过公有制实现形式的角度来看待股份制的问题，但对于公有制实现形式这个概念，本身也有着不同的理解。董辅礽认为，共有所有制是公有制的一种实现形式，如合作社所有制、公众持股的股份公司的财产、投资基金、养老基金等。[1]

有学者认为，新的公有制形式，例如公共投资基金、职工持股制、社区的公有经济组织等都属于这种形式。此外，利用社会保险基金进行的投资，也有新的公有制的性质。[2]另外一些学者提出质疑，指出公众不能混同于公有。股份制不是所有制的制度实现形式，而只是所有制的经营实现形式。实现股份制并不会消除资本主义生产关系的基础，即资本与雇佣劳动的对立，私有制并不会因此而变成公有制。[3]

1997年5月29日，江泽民在省部级干部进修班的毕业典礼上发表重要

① 董辅礽：《公有制与公有制的实现形式》，《经济日报》1997年9月29日。

② 厉以宁：《国有企业的产权改革问题》，《厉以宁九十年代文选》，北京大学出版社1998年版，第87页。

③ 赵智奎：《改革开放30年思想史》，人民出版社2008年版，第572—573页。

讲话。在会场里，除了一批毕业学员外，还有中央机关、国务院各部委办负责人和各地党政主要负责人。讲话全文 2 万字，新华社公开发表的新闻，摘要了其中 4000 字。按照已经公开的部分，江泽民讲了四个问题：一是关于邓小平建设有中国特色社会主义理论；二是关于社会主义初级阶段；三是关于经济发展和经济体制改革；四是关于党的建设。由于邓小平刚刚去世三个多月，国内外不少人都说，这个讲话是党中央领导人第一次系统地阐述新的治国理论。

关于股份制问题，江泽民在讲话中指出，要努力寻找能够极大促进生产力发展的公有制形式，一切反映社会化生产规律的经营方式和组织形式都可以大胆利用。这实际上是在回答姓"公"姓"私"的争论。江泽民提到要"排除各种干扰"，其中当然包含了"要警惕右"的意思，但从他的全部论述可以得知，主要是在防止"左"。可见，上述讲话传达了强烈的思想解放的气息，新的思想解放的潮流由此涌动起来了。①

从整体上来看，干扰的因素在减少，但有些人仍然在所有制问题上进行争论。1997 年 6 月 20 日，即"五·二九"讲话一个月之后，《当代思潮》第 45 期发表《全面准确地理解和贯彻"以公有制为主体、多种经济成分共同发展"的战略方针》一文。文章说，必须明确，非公有制经济只是公有制经济的"必要补充"。非公有制经济发展不能超过这个"度"；否则，就会威胁公有制经济的主体地位。

《真理的追求》1997 年 6 月号发表《关于"坚持公有制主体地位"理论讨论会综述》一文。文中说道："用'国家控股制'代替生产资料公有制是以改造社会主义生产资料公有制为名，行否定公有制之实。"

7 月 29 日，《中国经济时报》发表了《求是》杂志总编辑、中央党校副

---

① 钟生：《解放——改革开放以来思想大论战》，人民出版社 2008 年版，第 102 页。

校长邢贲思与该报记者的对话。邢贲思有一段话说得很激烈："从过去一年里到今年上半年，我们都可以看到'左'的人士就是冲着现行的方针政策，就是冲着邓小平理论。他们利用改革开放以来出现的一些问题，任意夸大，煽动舆论，制造是非。所以，不回答这样或那样的责难，就会在对待马克思主义态度问题上发生动摇。"邢贲思再次强调，邓小平同志说，中国要警惕右，但主要是防止"左"。这个讲话至今还有十分重要的意义。

邢贲思发表如此激烈的言论，说明人们不再回避一些重要的思想交锋了。

8月12日《中国经济时报》发表时任中宣部理论局副局长李君如接受该报记者何江涛采访的谈话。文章标题赫然是：《第三次思想解放：冲破姓"公"姓"私"的思想疑惑》。李君如说，目前社会上的种种困惑，来自"左"和右两个方面，但主要是"左"的观念引起的。江泽民"五·二九"讲话，克服了姓"公"姓"私"问题给我们造成的困惑，这是党的十一届三中全会以来我国的第三次思想解放。

1997年9月，党的十五大隆重召开。江泽民在报告中指出："股份制是现代企业的一种资本组织形式，有利于所有权和经营权的分离，有利于提高企业和资本的运作效率，资本主义可以用，社会主义也可以用。不能笼统地说股份制是公有还是私有，关键看控股权掌握在谁手中。"这是对股份制属性问题的科学回答，也是对此前关于股份制姓"公"姓"私"争论的理论澄清与总结。这也在思想上提高了对所有制姓"公"姓"私"的认识，冲破了所有制"越纯越好"和"越统越多"的理论禁区，从而使得人们在调整所有制结构和探索公有制的多种有效实现形式两方面能够不断探索。这是我党坚持解放思想、实事求是的思想路线，坚持"三个有利于"原则和生产力标准，思想认识不断解放的结果。因此，党的十五大报告把人民群众的注意力由对姓"公"姓"私"学理式的争论，转到了建设中国特色社会主义宏伟事业上来，促进了当代中国的又一次思想解放。

党的十六届三中全会通过的《中共中央关于完善社会主义市场经济体制若干问题的决定》进一步指出:"要适应经济市场化不断发展的趋势,进一步增强公有制经济的活力,大力发展国有资本、集体资本和非公有资本等参股的混合所有制经济,实现投资主体的多元化,使股份制成为公有制的主要实现形式。"这是我国对股份制理论与实践认识的重大进展,是一个质的突破。

此后,股份制改革仍然在党的十五大报告确立的基本指导思想下继续发展和完善。党的十七大报告中提出:深化国有企业公司制股份制改革,健全现代企业制度;优化国有经济布局与结构,增强国有经济实力、控制力、影响力;加快建立国有资产经营预算制度,完善国有资产管理体制与制度。

经过多年的发展,股份制逐渐成为我国公司所有制的主要形式。1997—2001 年间,我国股份制企业从 7.2 万家发展到近 30 万家,从业人员从 643.7 万人增加到 2746.6 万人,全年实现营业收入从 8311 亿元增加到 56733 亿元。截至 2001 年底,全国 4371 家重点企业中 3322 家企业实行了公司制改造,改造面为 76%。[1]

截至 2007 年,中央企业及其下属子企业的公司制股份制改制面由 2002 年的 30.4%提高到 64.2%。一批大型国有企业在境内外资本市场上市,在 A 股市场的 1500 多家上市公司中,含有国有股份制的上市公司有 1100 多家,在香港、纽约、新加坡等国际资本市场上市的中央企业控股的上市公司达 78 户。[2]同时,国有企业法人治理结构逐步完善,股东会、董事会、监事会、经理层各负其责、协调运转、有效制衡的机制正在形成。

客观地讲,中国国有企业,尤其是大中型央企的稳定良好局面出现于

---

① 邢明发、刘英:《国家统计局:现代企业制度框架基本形成》,《经济日报》2002 年 10 月 10 日。

② 李荣融:《宏大的工程 宝贵的经验——记国有企业改革发展 30 年》,《求是》2008 年第 16 期。

党的十五大之后。2006 年，中央企业总资产 12.2 万亿元，利润总额 7682 亿元。2007 年美国《财富》杂志全球 500 强中，中国有 30 家，其中 16 家是中央企业。这些都表明，国有企业经过多年的改革，不但走出了困境，而且已经成为具有较强盈利能力和竞争力的市场主体了。①

真理越"争"越清楚。股份制姓"公"姓"私"属性问题的争论，使得人们更加清楚地认识到"左"的思想观点及其对进行中国特色社会主义建设的影响，同时也使人们更深刻地理解了股份制。争论的结果是正确的思想得到了解放。建设中国特色社会主义，应根据解放生产力和发展生产力的要求，着眼于如何坚持和完善社会主义基本经济制度，着眼于如何发挥公有制经济的作用；应重点研究国有经济的战略布局和控制力以及公有制经济的保值、增值问题，各种所有制经济在市场竞争中发挥各自的优势、相互促进、共同发展等问题。实践证明，股份制在经济生活中发挥了越来越突出的作用，成为搞活国有企业的重要途径。今后应适应经济市场化不断发展的趋势，努力使股份制成为公有制的主要实现形式。

---

① 黄泽华：《中国股份制改革三十年回眸》，《中国报道》2008 年第 7 期。

第十五章

身份之争

——允许私营企业主入党的前前后后

据《时代潮》2002年第21期报道，山东省临沂环保炉具厂厂长、私营企业主李云广，对江泽民在庆祝建党八十周年大会上的一句话可以倒背如流："不能简单地把有没有财产、有多少财产当做判断人们政治上先进与落后的标准，而主要应该看他们的思想政治状况和现实表现，看他们的财产是怎么得来的以及对财产怎么支配和使用，看他们以自己的劳动对建设有中国特色社会主义事业所作的贡献。"

李云广激动地说："今年（2002）年初当得知经过临沂师范学院党委的严格考核，自己被批准为中共预备党员时，我热泪盈眶，为之奋斗了30年的梦想终于实现了！"

私营企业主能不能加入中国共产党？这个问题经历了太多的曲折，长期以来都受到各方面的纷纷议论。

1. 党员可以成为富农吗？

1950年，党的高层内发生过一场关于富农党员能否雇工问题的争论。

起因是当时东北出现了一些富裕起来的农村党员雇长工的现象，东北局就此问题向中央请示，时任中央人民政府副主席的刘少奇于 1950 年 1 月 23 日签发了中央组织部答复东北局的信。

信中说："党员雇工与否、参加变工与否，应有完全的自由，党组织不得强制，其党籍亦不得因此停止或开除……在今天农村个体经济基础上，农村资本主义的一定限度的发展是不可避免的，一部分党员向富农发展并不是可怕的事情，党员变成富农怎么办的提法，是过早的，因此也是错误的。"①

当晚，刘少奇在同中央组织部长安子文谈话时指出："党员成为富农其党籍怎么办？这个问题提得过早了。有剥削也还是可以做社会主义者的，圣西门是一个资本家，但他也是一个社会主义者，虽然当时是空想的。现在是私有制社会。党员生产发家了，要将财产交公，也交不出去，将来在实行集体（化）时，将自己的财产交公，这种富农党员也是好党员。因此，即使东北将来有 1 万富农党员也不可怕，因为过几年，东北可能会有 100 万党员，这 1 万人若都不好，被开除了也不要紧，认为（当）党员便不能有剥削，是一种教条主义。"②

一石激起千层浪。刘少奇的这席话在党内高层引发了争议。高岗认为，党员雇工剥削人是违背党的原则的，应采取说服、教育的方法去解决；张闻天提出，对于那些具有从农民党员向富农转化趋向的同志，要给以事先的警告，使其转变；如不可能，允许自由退党或开除其党籍。毛泽东坚决反对富农党员问题，对刘少奇的这个谈话非常不满。于是，1952 年 6 月 9 日，中共中央下发了关于处理农村中富农成分的党员的党籍问题的新规定。

规定指出："关于处理农村中富农成分的党员的党籍问题，一九四九年

---

① 薄一波：《若干重大决策与事件的回顾》，中共中央党校出版社 1991 年版，第 197—198 页。

② 薄一波：《若干重大决策与事件的回顾》，中共中央党校出版社 1991 年版，第 197—198 页。

七月中央组织部复东北局组织部的电中'暂保留其党籍'的规定，今天已不适用，应即作废。""在处理农村中富农成分（不论是旧富农或新式富农）党员的党籍时，首先应说明：目前党和人民政府的政策，是允许社会上富农经济的存在和发展的，但共产党员则不准剥削他人（不论是封建剥削或资本主义剥削），不准许党员去作富农，也不准许党员去作资本家、地主或高利贷者，今后农村发展生产的方向是逐渐走向农业集体化。所以要作一个共产党员就必须取消他的剥削他人的生产方式，积极地参加互助合作运动。""如果他不愿意放弃他的剥削行为，继续进行富农的或其他方式的剥削，则无条件地开除其党籍。"①

在这个规定下发一年半之后，刘少奇在 1954 年 2 月召开的党的七届四中全会上作了检查，至此，富农党员问题的争论才算基本结束。但到了"文化大革命"时期，在那个"唯成分论"疯狂的年代里，红卫兵们又"旧账"重提，把它作为刘少奇"罪状"之一进行批判。

今天，当我们回过头来重新审视这场争论时，坦率地说，刘少奇的谈话精神是正确的。

首先，根据 1949 年出台的《中国人民政治协商会议共同纲领》规定，我国当时处于新民主主义社会的发展阶段，其最大的特色就是允许私有经济存在并大力发展。因此，对于敏感又难以把握的党员雇工剥削问题，刘少奇认为"（党员）应有完全的自由，党组织不得强制，其党籍亦不得因此停止或开除"。其实，刘少奇的这种认识也是有政策依据的。在关于处理农村中富农成分的党员的党籍问题上，1949 年 7 月中央组织部复东北局组织部的电中就有"暂保留其党籍"的规定。

其次，党内富农党员毕竟只是少数，他们只要接受党的教育和监督，听党的话，在党的大熔炉中不断锤炼，完全可以成为好党员。即使一些富

---

① 《建国以来重要文献选编》第三册，中央文献出版社 1992 年版，第 203—204 页。

农表现不好，腐化变质了，也完全可以按照刘少奇同志说的办："若都不好，被开除也不要紧。"

再次，刘少奇的这种认识是对"唯成分论"错误的抵制。可惜的是，这种认识在当时的党内不但得不到广泛认同，反而受到种种责难。"文化大革命"期间，在"左"的错误思想指导下，"唯成分论"达到了登峰造极的程度，给党的事业造成了极大的破坏。曾经的富农党员、党内一批难得的经济能人被作为"新生的资产阶级分子"遭受批斗，导致大量人才被埋没；大批出身于剥削阶级家庭的优秀人才被拒之党外，难有出头之日；一部分主张发展经济、具有远见卓识的党内高级干部被当作"资产阶级当权派"而惨遭迫害，蒙受冤屈。

历史是公正的。刘少奇关于富农党员的思想是一笔宝贵的精神财富，为解决新时期私营企业主入党问题提供了有益的借鉴。

2．如何看待私营经济中的剥削现象？

否极泰来。1978 年，党的十一届三中全会给非公有制经济的重生送来了春的气息，在"文化大革命"中遭"绝种"的私营经济开始了艰辛而漫长的重生之旅。

私营经济重生的基础是个体经济的合法存在与发展。党的十一届三中全会后，党和政府对个体经济的认识不断深化：从 1978 年允许个体经济试验，到 1982 年党的十二大认定个体经济是社会主义经济的必要的、有益的补充。在政策方面从禁止个体经济存在，到鼓励和扶植其发展；从"不准雇工"，到雇工"最多不超过七个"。尤为可贵的是，个体经济所有者的社会地位也逐步得以提升，从阶级异己者到劳动者，再到中共党员。

1981 年 10 月 17 日通过的中共中央、国务院《关于广开门路，搞活经济，解决城镇就业问题的若干决定》指出："个体劳动者，是我国社会主义的劳动者"，"对于他们的社会和政治地位，应与国营、集体企业职工一视同仁。其中的先进分子，符合党员、团员条件的，同样可以按照党章、团章规定，吸收入党入团"。

这些认识和政策推动了个体经济的繁荣发展。当个体经济发展到一定规模时，就变成了私营经济。同时，党在个体经济认识上的深化，也为党突破私营经济认识禁区打下了坚实的基础。对私营经济政策逐步放宽：从20世纪80年代初中央领导集体的"等一等、看一看"，到1983年"不提倡、不公开宣传、不急于取缔"，再到1987年党的十三大上私营经济合法地位的取得。党的十三大之后，私营经济迎来了第一个发展高潮，据统计，到1988年年底，"实际的私营企业，计有20多万家"。[1]

在私营经济获得恢复和发展的同时，经济上富裕起来的私营企业主，也渴望能够像个体户一样取得平等的社会政治地位，一些企业主便大胆地提交了入党申请书。其中，最有代表性的是来自沈阳市的两位私营企业主：刘希贵和徐基珠。

作为辽宁省第一代富豪的代表性人物，刘希贵原本是沈阳市东陵区桃仙乡的一个农民。改革开放后，他靠卖血养猪起家，后又转做运输致富，被称为"卖血养猪的'刘百万'"。勤劳致富后，刘希贵通过匿名捐款、资助学校、筹建养老院、承办少年足球队、为乡亲办实事等方式回报社会，为百姓大众奉献仁爱之心，赢得了百姓的尊重。但当刘希贵向村党支部提出入党申请时，却给村党支部出了个大难题，这可是个前所未有的新事物。后经层层请示，一直报到中央组织部，可也没得到任何明确答复，最终不了了之。

无独有偶。沈阳市沈车金属材料厂厂长徐基珠也是一位优秀的私营企

---

[1] 马立诚：《大突破：新中国私营经济风云录》，中华工商联合出版社2006年版，第187页。

业主,可当他在 1988 年向村支部申请入党时,却因其私营企业主的身份被拒之门外,尽管村党支部大会一致认为他确实已经符合入党条件。

两人申请入党的特殊经历,被写成一篇题为《百万富翁的入党风波》的文章,刊登在《半月谈(内部版)》1989 年第 6 期。结果在社会各界引起了强烈的反响。

当时,基于人们认识水平所限,大家在对私营企业主剥削者身份的认同上,几乎是没有异议的。因此,争论的焦点并非私营企业主是否是剥削者的问题,而是现阶段剥削现象存在的合理性和必要性,并由此去推断私营企业主该不该入党的问题。

人们以《半月谈(内部版)》为主阵地,主要通过文章、书信的方式展开激烈的争论。广西钦州市委讲师团陆伟在他的《中国特色社会主义党建理论的重大突破和创新》一文中,对这些文章和书信所反映出的意见进行了总结,指出当时人们争论的两种主要代表性观点。

一种代表性观点是:在我国,私营经济是社会主义初级阶段必然存在的一种经济形式,它与资本主义经济有着质的区别。现阶段,剥削现象和私营经济的存在一样都是不可避免的。作为私营经济所有者的私营企业主,理应取得相应的政治权利,入党就是情理之中的事。其依据主要有三:

其一,从现阶段私营经济的规模和作用来看,私营企业无论从经济实力上看还是从人数上看,分量都不轻。在公有制为主体、多种所有制经济共同发展的格局下,非公有制企业在活跃城乡经济、满足社会多方面需要、增加就业、促进国民经济发展等方面发挥着重要作用。因此,私营经济的存在具有合理性和必然性。

其二,从我国现阶段的分配制度来看,我国实行的是以按劳分配为主体、其他多种分配方式为补充的分配方式。在这种分配制度下,一切劳动收入或非劳动收入,只要是合法的,都受到保护。党的十三大报告中就明确规定,允许合法的非劳动收入的存在。可见,私营企业主合法的雇工剥削所得，也是合法的。获得合法的非劳动收入的私营企业主加入党组织，与党章不相违背。

其三，从现在国家鼓励和发展私营企业的目的来看，国家大力发展私营经济，归根到底是为大多数群众谋利益，使群众更拥护党。说挣钱多的人入党会改变党的性质，这个道理讲不通。因为，共产党人要消灭剥削，这是手段，而不是目的，最终目的是要使人民富裕起来。具体衡量一个人是否达到了党员的标准，是否在自觉地为实现党的最终目标而奋斗，不能离开党在现阶段的奋斗目标和基本路线、基本政策，不能离开个人所从事的实际工作去做抽象的判定。不能用挣钱的多少作为允许或不允许入党的标准，而要看他是否符合党员的条件。因此，只要私营企业主符合入党的条件，就可以吸纳入党。而他财产数量的多少，不能成为拒之于门外的理由。

另一种代表性的观点是：在社会主义条件下，私营经济本质还是资本主义经济，私营企业主作为剥削者的性质并没有改变，因此，私营企业主不具备入党条件。其依据主要有二：

其一，从我国现阶段私营企业的性质来看，它与一般资本主义企业本质属性一样，生产资料归私营业主所有，凭借生产资料与雇佣劳动相结合，达到资本不断增殖的目的。私营企业主作为生产资料私人占有者，与广大员工存在着雇佣关系，按照党章规定不能吸收他们入党。[1]

其二，从私营企业主的政治属性来看，党的十三大报告指出：私营经济存在雇佣劳动的经济成分，正是这种雇佣劳动关系的存在，不可避免地产生剥削和被剥削。因此，私营企业主已超出社会主义劳动者范围。而共产党员是由无产阶级先进分子所组成，加入这个组织必须保证党组织的先进性和党员队伍的纯洁性。这些企业主在现阶段可能做出一些"有益"的事，但看问

---

① 杨进保：《近期关于私营企业主入党问题的观点综述》，《红旗文稿》2001 年第 6 期。

题要看本质，他们在本质上还是剥削者。为此，私营企业主不能入党。

当争论正在激烈进行时，1989 年发生了一场影响巨大的政治风波。时局的变化直接影响到了对私营企业主入党问题的认识和判断。于是，中共中央对私营企业主入党问题做了明确的答复。1989 年 8 月 28 日，中共中央发布了《关于加强党的建设的通知》，指出："私营企业主同工人之间实际上存在着剥削与被剥削的关系，不能吸收私营企业主入党。""党是工人阶级的先锋队，不是全民党，在党的性质上不能有任何含糊。"至此，关于私营企业主入党问题的争论便暂时终结。

用现在的眼光看，当时中央作出这个决定也是无奈之举。从时局看，1989 年的中国处于多事之秋，内忧外患不断，中央采取稳定压倒一切的方针，从全局出发，求稳为主，即使在个别问题的做法上有点过激也是可以理解的。再者，从当时我党对私营经济认知的程度看，由于传统思想蒂固根深，主观认识局限性大，客观实践不足等因素影响，对私营经济的认识尚处于初级阶段，这一点也是无法超越的客观实在。

可贵的是，中国共产党是一个具有"解放思想、实事求是"优良传统的党，在与时俱进的理论创新中，不断修正和完善自身的路线、方针和政策。随着我党对私营经济实践活动的不断推进，认识也逐渐清晰和明朗起来。

3. 私营企业主的身份之争

1992 年 10 月召开的党的十四大实现了私营经济理论上的突破：私营经济被纳入到我国所有制结构的模式中。我国的经济所有制结构是以公有制为主体，个体经济、私营经济、外资经济为补充、多种经济成分长期共同发展。这一表述进一步稳固了私营经济的合法地位，私营经济不再是朝不保夕的简单"配角"，而渐渐有了"自家人"的感觉。

但真正把私营经济变成"自家人"的还是 1997 年党的十五大。党的十五大把包括私营经济在内的非公有制经济认为是"我国社会主义市场经济的重要组成部分",不再只是"补充"。至此,私营经济在遭受了多年的歧视和不公之后,终于摆脱了长期以来的尴尬,成为"我国社会主义市场经济的重要组成部分",完成了从"另册"到"自家人"的转变。

对于私营企业主来说,再没有比"自家人"的地位更令他们欢欣鼓舞的了。私营企业主从此可以理直气壮经营、挺起腰杆做人了,"一国营、二集体、不三不四干个体"的日子彻底过去了,私营经济终于有了属于自己的春天。党的十五大后,私营经济进入了一个发展的黄金期。据统计,从 1998 年起连续多年,"私营企业的数量、注册资本金、产值和消费品零售额均以两位数的增长速度高速增长,成为各种经济成分中最具活力、发展最快的"[①],成为国家经济社会发展中一支举足轻重的力量。

随着私营经济如日中天的发展壮大,私营企业主的地位也不断得以提升,他们中的许多人在当地政协、人大担任职务,受到了社会的尊重,也有少数私营企业主在当地党政部门的支持下加入中国共产党,并担任地方政府领导职务。比如,"在河北,1998 年有 114 位非公有制经济人士担任了乡镇政府的领导职务,1 人当上了副县长。3 人担任了县外贸局、企业局局长。广西玉林市,有一位私营企业主担任了县长……其他省、市、区也都有这种情况。"[②]

革新与争议历来都是一对孪生兄弟。在少数私营企业主入党的同时,相关的争议也接踵而至。

这一轮争论主要发生在 2000 年至 2002 年间,波及全国范围,涉及私营

---

① 王瑞璞:《中国民营经济发展与企业家的社会责任》,人民出版社 2006 年版,第 120 页。

② 李青:《中国共产党对资本主义和非公有制经济的认识与政策》,中共党史出版社 2004 年版,第 309—310 页。

企业主入党的诸多内容。这次争论的焦点不再是剥削现象存在的合理性问题，因为经过多年的实践之后，其合理性和必要性已经逐渐被人们所认可。此轮争论的焦点是私营企业主是剥削者还是劳动者之争，并由此作出私营企业主能否入党的判断。总结起来，代表性的观点主要有两种。

一种代表性的观点认为，私营企业主是剥削者而非劳动者，不具备入党的条件。相关论述主要有：

有人指出，无论是历史还是现实都无法改变私营企业主的雇主身份，这一身份决定了雇主与工人之间存在着剥削关系这一事实。只要存在剥削关系，私营企业主就不是普通劳动者中的一员，就不能入党。因为中国共产党始终是普通劳动者中的一员，是工人阶级的有共产主义觉悟的先锋战士。[①]

有人认为，无论原始积累时期的资本主义经济、现代西方国家的垄断资本主义经济，还是中国现在的私营经济，不管它们之间有多少差别，它们的剥削方式有什么变化，它们都姓"资"，都是建立在资本家剥削剩余劳动的基础上的资本主义经济，只要它们存在一天，这个本质就不可能改变。[②]

有人认为，今日我国的私营企业主，就是资本家。如果允许私营企业主入党，也就是允许他们在党内继续其剥削行为，吸收私营企业主入党将会带来严重后果，党内不能容许有私营企业主群体的代表。[③]

有人认为，企业主的收入中的确有一部分是劳动收入，但是这一部分在他的收入中所占的比例只是很小一部分，而绝大部分不是劳动收入，而是占有工人剩余价值的收入，这就不能说他是劳动者。实际上在这种情况下他已经不是劳动者而是剥削者。尽管他的收入中有一部分是劳动收入（他参加管理应得的报酬），但是在其巨额收入中所占的比例小，所以它在企业主是否具有劳动者属性的问题上不能起决定作用，对其起决定作用的只能是在其

---

① 黄秋华：《不能吸收私营企业主加入共产党》，《真理的追求》2000年第12期。

② 周景华：《蔡老板们向工人阶级挑战》，《真理的追求》2001年第1期。

③ 项启源：《工人阶级的政党岂能吸收资本家?》，《真理的追求》2001年第1期。

收入中占很大比例的部分，即他占有的工人的剩余价值所得的收入，也就是剥削收入。所以，私营业主不能被定义为劳动者。[1]

另一种观点认为，私营企业主是劳动者而非剥削者，具备入党的条件。其相关论述主要有：

有人认为，私营企业主也是劳动者，从他们的身份来源看，绝大多数人来自于人民群众，而不是过去的民族资本家。近几年来，由于党政事业单位精简、压缩，许多国有企业破产、关、停、并、转，职工大量下岗，在目前的私营企业主中，这些下岗干部、下岗职工占了相当部分。[2]

有人认为，私营企业主是劳动者，和过去的剥削者有着本质上的不同。因为，从资本积累看，私营企业主的资本主要源于他们劳动的所得；从生产过程看，私营企业主普遍参加劳动，不但普遍参加劳动，而且参加的通常还是复杂劳动；从分配途径看，私营企业主按多种生产要素参与分配。此外，即使是和资本主义社会里的资本家相像的那部分被称为剥削的所得，在社会主义分配中也要受到各种制约。[3]

有人认为，现阶段，我国的个体、私营企业不是马克思当年所分析的资本主义私有制经济，而是社会主义条件下的民有经济的一种现实形式，不能简单地把它等同于资本主义国家私有制。因此，中国的个体、私营企业主的真正身份是具体的"民"或者称为劳动者、建设者。个体、私营企业主在日常的经济活动中存在着经常性的劳动行为，他们用作生活资料进行消费的那一部分是有限的，这一有限的生活资料的耗费，完全可以在他们的劳动行

---

[1]　转引自孟鑫：《劳动、剥削和私营企业主入党》，《中国特色社会主义研究》2002 年第 1 期。

[2]　李抚生：《关于对私营企业主入党问题的思考》，《山西社会主义学院学报》2001 年第 4 期。

[3]　王长江：《如何认识我国现阶段的私营企业主入党问题》，《中国党政干部论坛》2002 年第 1 期。

为中创造出来。他们是在我们的社会中实现了生活资料和生产资料兼具的资产劳动者和有产劳动者而已，我们不能把具有劳动行为的人只是因为他们拥有较多量的生产资料（其来源符合法律要求），便把他们和资本主义社会中的资本家同等对待。①

有人认为，私营企业是指生产资料归私人所有并且拥有一定资本和雇工的企业。私营企业的资本所有者就是私营企业主。私营企业主的阶级属性是否定为剥削阶级分子，不是看他们是否有剥削行为，而是看其剥削所得收入占其总收入比例多少。如果其剥削所得收入占总收入超过25%，则成为剥削阶级分子，否则应划为劳动人民。就一般情况而言，目前我国私营企业主大部分其剥削收入占总收入不超过25%，或者超过25%而其收入又私有公用的，不能把他们列为剥削阶级分子，应属于劳动分子范畴。他们中的先进分子入党，并不影响中国共产党为中国工人阶级先锋队的属性。②

有人认为，私营企业作为社会主义制度下的企业组织形式，应该说不管它姓"公"姓"私"，其结果都是为"公"所用的。不止一个拥有亿元资产的非公有制企业家讲述着这样一些朴素的道理："我的企业资产是社会主义国家综合国力的一部分，我上缴的税收是社会主义国家财政收入的一部分，我解决了国有企业下岗职工的就业问题、贫困地区流动人口的就业问题，谋的是人民的利益，这不叫干社会主义，难道我过去吃饭靠救济、挣了一点钱吃光花光就是干社会主义，就是人民中的先进分子，而像我现在每天呕心沥血工作十几个小时，拼命为社会创造财富就是干资本主义，就成了人民的异己分子？哪有这样的道理！"实事求是地说，是我们党的有关支持鼓励非公有制经济发展的方针政策"造就"了私营企业主这个群体。以公有制为主体、多种所有制共同发展的经济结构，决定了私营企业主群体是我国社

---

① 转引自孟鑫：《劳动、剥削和私营企业主入党》，《中国特色社会主义研究》2002年第1期。

② 陈金松：《私营企业主入党问题刍议》，《哈尔滨市委党校学报》2002年第2期。

会结构的重要组成部分。从整体上看，这个群体是响应党的"允许一部分人先富起来"号召的人，是身体力行党的富民政策的人，是"人民"中的一部分，属于社会主义劳动者，也应当是我们党实现社会主义初级阶段基本纲领的依靠力量。①

争论的结果究竟如何呢？

在私营企业主是劳动者还是剥削者的问题上，江泽民在 2001 年 7 月 1 日庆祝中国共产党成立八十周年大会上的讲话中，明确肯定了私营企业主是中国特色社会主义事业的建设者。他指出："改革开放以来，我国的社会阶层构成发生了新的变化，出现了民营科技企业的创业者和技术人员、受聘于外资企业的管理技术人员、个体户、私营企业主、中介组织的从业人员、自由职业人员等社会阶层。而且，许多人在不同所有制、不同行业、不同地域之间流动频繁，人们的职业、身份经常变动。这种变化还会继续下去。在党的路线方针政策指引下，这些新的社会阶层中的广大人员，通过诚实劳动和工作，通过合法经营，为发展社会主义社会的生产力和其他事业作出了贡献。他们与工人、农民、知识分子、干部和解放军指战员团结在一起，他们也是有中国特色社会主义事业的建设者。""不能简单地把有没有财产，有多少财产当做判断人们政治上先进与落后的标准，而主要应该看他们的思想政治状况和现实表现，看他们的财产是怎么得来的以及对财产怎么支配和使用，看他们以自己的劳动对建设有中国特色社会主义事业所作的贡献。""应该把承认党的纲领和章程、自觉为党的路线和纲领而奋斗、经过长期考验、符合党员条件的社会其他方面的优秀分子吸收到党内来。"②

据此，私营企业主的定性问题解决了，作为社会主义建设者的私营企

---

① 田卫东：《在私营企业主入党问题上不宜搞一刀切》，《中央社会主义学院学报》2001 年第 10 期。

② 江泽民：《在庆祝中国共产党成立八十周年大会上的讲话》，《人民日报》2001 年 7 月 2 日。

业主理应获得入党的政治权利。

2002 年，党的十六大进一步明确了私营企业主入党的问题。党的十六大报告指出："要把承认党的纲领和章程、自觉为党的路线和纲领而奋斗、经过长期考验、符合党员条件的其他社会阶层的先进分子收到党内来，增强党在全社会的影响力和凝聚力。适应新形势探索党员管理工作的新机制新方法。"同时，在党的十六大通过的新党章中，也明确写道："年满十八岁的中国工人、农民、知识分子和其他社会阶层的先进分子，承认党的纲领和章程，愿意参加一个组织并在其中积极工作、执行党的决议和按期交纳党费的，可以申请加入中国共产党。"

2002 年 11 月召开的党的十六大一致同意，在党章中明确规定，中国共产党是中国工人阶级先锋队，同时是中国人民和中华民族的先锋队，是中国特色社会主义事业的领导核心，代表中国先进生产力的发展要求，代表中国先进文化的前进方向，代表中国最广大人民的根本利益。"大会认为，这样表述党的性质，切合我们党的历史发展和现实状况，符合时代要求，有利于最广泛地调动广大党员的积极性、主动性和创造性，团结和带领广大人民群众共同建设中国特色社会主义。"①党的性质的新表述为私营企业主入党提供了根本的理论依据。把包括私营企业主在内的其他社会阶层中的先进分子纳入入党对象并写进党章，这是我们党历史上的第一次。这极大地鼓舞和振奋了私营企业主参与社会政治生活的积极性，圆了他们企盼了多年的梦。

4．私营企业主入党的利与弊

江泽民 2001 年"七一"讲话和党的十六大把私营企业主定性为社会主

---

① 《十六大以来重要文献选编》（上），中央文献出版社 2004 年版，第 45 页。

义建设者，成功地解决了长期困扰人们的关于私营企业主入党的理论难题，使私营企业主的社会政治地位得到了前所未有的提升，私营企业主入党问题就此步入历史拐点。据统计，2004 年，全国在新的社会阶层中共发展党员 1.1 万名，其中在私营企业中发展党员 894 名。① 单纯从数字上看，也许数值并不壮观，但就新社会阶层中党员的增长率而言，绝对是史无前例的高。

江泽民"七一"讲话和党的十六大报告，逐渐平息了人们关于私营企业主是剥削者还是劳动者的争论，但其他相关的争论并没有就此停息。有人继续对我国私营企业主入党政策的正确性和合理性提出质疑，于是一场以私营企业主入党的利与弊为焦点的论争继续展开。总结起来，代表性的观点主要有两种。

一种代表性的观点认为，私营企业主入党利大于弊，党的这一决策是正确、合理的。其主要论述有：

有人认为，有条件地把私营企业主中的优秀分子吸收到党内来的做法是非常正确的。从党的历史上看，我们党有过吸收非无产阶级分子入党并根据着重从思想上建党的原则把他们改造成工人阶级先锋战士的成功先例。从总体上看，私营企业主阶层是有中国特色社会主义事业的建设者，吸收他们中的优秀分子入党，更有利于党带领各界群众共同推进伟大而艰巨的建设有中国特色社会主义的事业。从个体上看，一些财产上的富有者也可以成为政治上的先进者。从实践的角度看，私营企业主中的少数优秀分子可以培养成革命分子。从政策的角度看，允许个体业主入党，而不允私营企业主入党，显得不尽科学，也有比较明显的矛盾之处。②

有人认为，对私营企业主群体中符合入党条件的优秀分子，应该吸收到党内。在党的历史上，我们在"吸收什么样人入党"曾有过这方面的经验教

---

① 《党员队伍生机盎然》，《人民日报》2005 年 5 月 24 日。

② 胡林辉：《正确认识和解决好私营企业主入党问题》，《科学社会主义》2001 年第 4 期。

训。革命战争时期，既有敌对分子、投机分子混入我们党内的情形，也有过"左"倾关门主义倾向。新中国成立后，又曾一度强调出身和成分，许多优秀人才被拒于党的大门之外。党的十一届三中全会后，发展党员不再单纯强调出身，大量的优秀人才被吸收到党内来，不断补充的新鲜血液使党的事业充满生机和活力，社会主义现代化事业获得了空前的大发展。当前，我国经济和社会发展又处于一个重要的时期，新的形势和任务对党的建设提出了新的要求。我们应当站在新的高度，用更宽阔的眼光来思考和观察党的建设。①

有人认为，私营企业主入党不会改变党的性质，判定党的性质的标准是其理论和纲领。判定党的性质是不是无产阶级政党，最主要的标准是看其理论和纲领是不是马克思主义的，而不是党员队伍中工人阶级党员所占比重的大小，不是党员的社会成分构成。②

有人认为，如果我们把私营企业主老是看作共产党的阶级异己力量，因而把他们长期关在党的门外，他们可能会有两种选择或行动：一是可能自建政治组织；二是可能在党内收买代理人。二者对党都是十分被动和不利的。迄今为止私营企业主尚未成为一支独立的政治力量，大多数人对政治的关心仅是一种自我保护的反应，也没有形成一种自觉完整的政治要求，故政治参与的力度较小。个体参与所能造成的影响和所能产生的压力相对于强大的政治系统来说微不足道，因而很难对政府行为形成大的推动。所以，私营企业主有序的政治参与不但不会改变党的执政地位，反而有利于增强党的执政基础，有利于继续保持党的先进性。③

---

① 田卫东：《在私营企业主入党问题上不宜搞一刀切》，《中央社会主义学院学报》2001年第10期。

② 樊爱霞：《关于私营企业主入党问题的思考》，《山西高等学校社会科学学报》2004年第5期。

③ 何光友：《私营企业主入党与党的先进性建设关系之我见》，《经济师》2006年第12期。

有人认为，如果私营企业主不能入党，这样便产生了下述无法面对而又必须面对的问题：其一，先为党员的企业主不愿退党并希望过组织生活，但因企业没有党组织，这些党员似乎徒有其名。其二，私营企业主党员大多是在党的富民政策鼓励下，通过诚实劳动和合法经营而致富的，他们没有品质问题也没有任何罪过，构不成被撤销党员资格的条件。其三，如果私营企业主不能同时是党员，就意味着共产党人不能通过诚实劳动和合法经营致富，这与党的基本路线是相违背的。这些问题，随着经济成分、组织形式、分配方式和利益关系日益多样化而变得越来越复杂，甚至于在很多行业和领域，没有党的组织，出现了党领导的"真空"地带。因此，在新的世纪，为了适应全面建设小康社会的需要，加强对私营经济的正确引导，在增强党的阶级基础的同时，必须扩大党的群众基础，在私营企业里建立党的组织，发展先进的私营企业主入党，就显得非常重要了。[①]

另一种代表性的观点认为，私营企业主入党弊大于利，党的这一决策具有很大的危险性。其主要论述有：

有人对私营企业主入党持否定态度，认为劳动和剥削是一种根本对立的矛盾，劳动阶级和剥削阶级是两个利益根本对立的阶级。私营企业主是靠剥削劳动者的剩余劳动而发展壮大的利益不同体，所以私营企业主不能入党。[②]

有人认为，从政治信仰的层面看，私营企业主入党的动机具有复杂性。这可以从相关私营企业主入党的调查资料的分析中得到说明。部分私营企业主入党动机是真诚的。他们感谢党的富民政策，回报社会，服务人民，为民族经济的振兴作出了重大贡献，他们有坚定的信念和追求。大部分私营企业主的入党动机是值得怀疑的。中共成都市委党校曾对成都市私营企业主入党

---

① 宋朝光：《对私营企业主入党问题的思考》，《河池师专学报》2003 年第 1 期。

② 安德怀：《私营企业主入党刍议》，《中共四川省委省级机关党校学报》2002 年第 3 期。

意愿进行调查，统计表明：愿意入党的私营企业主中有 76% 的人认为入党是为了"提高自身的综合素质"；在被问及对党员和党的基层组织的形象作何评价时，他们中居然有 60% 的人认为其形象一般。由此看来，他们当中的大部分人愿意加入他们认为"形象一般"的党组织，并认为这个"形象一般"的党组织"可以提高他们的综合素质"。这正反映了大部分私营企业主入党动机只可意会的心态。从前面对私营企业主入党依据的界定和对私营企业主入党原因的辨析，我们不难发现吸收私营企业主入党的原则规定与私营企业主入党动机的现状有明显的反差。这表明私营企业主入党对新时期执政党的建设提出了前所未有的新课题，必须引起高度重视。①

有人认为，正在成长中的私营企业主阶层对工人阶级的执政党和政府，目前表现出双重特征：一方面，政府控制着重要社会资源和重要社会部门，限制了该阶层的发财致富，他们心存不满，由于政府的某些政策上的安排，该阶层渴望参与政治的愿望得不到满足。另一方面，由于政府控制着重要的资源，他们要想发财致富，又不得不靠关系，依靠政府。形成了"用金钱交换权力，让权力给予资源"②的想法。从私营企业主自身谈起，拥有经济地位的同时谋求政治地位属于原始初级的政治参与心态。私营企业主希望通过拥有政治地位，提高企业的知名度，他们的政治参与带有功利性。私营企业主一定程度上在进行政治自救，通过政治地位获取企业进一步扩大的资本。对此党要提高警惕，完善市场经济体制，对此进行加强和防范。③

有人认为，中国共产党是无产阶级的先锋队，私营企业主入党会降低

① 宋朝光：《私营企业主入党与执政党建设》，《涪陵师范学院学报》2003 年第 4 期。
② 吴波：《私营企业主阶层的政治参与与发展趋势分析》，《社会主义研究》2004 年第 4 期。
③ 柳春青：《私营企业从业人员入党及政治参与问题探究》，《党史纵横》2004 年第 9 期。

入党条件；工人阶级是我们的阶级基础，剥削者入党会动摇党的阶级基础，影响党的性质和形象；经济可以多成分，政治组织的党不行。私营企业主入党等于宣布党不再是工人阶级政党，而是各阶级联合党，不是先进党而是社会党。① 此外，有人认为，私营企业主入党会使中国共产党形成全民党，重蹈苏联覆辙；有人认为，私营企业主入党后会操纵基层政权；也有不少人怀疑，一旦占有相当财富资源的私营企业主入党，是否会形成区域性乃至全国性的政治力量，改变党性进而危及社会主义事业的建设。

争论仍在进行，但历史的脚步却没有停止。据统计，绝大多数私营企业主入党之后都能够拥护党章、都能够按照共产党员的要求起到先锋模范作用。党在允许私营企业主的先进分子入党时除了强调思想上要入党这个基本要求之外，还要看他们收入怎么来、用到哪个地方去。不仅仅是合法收入，还有很多是经营管理的收入，而且很重要的是看这个财富用到什么地方去。现在来看，民营企业家中入党的很多人要求都很严，财富都用于扩大社会再生产、用于造福于社会，真正的那种过花天酒地生活的现在还没有看到。所以吸收私营企业主在内的先进分子入党，是我们党在新的历史条件下的一个创新。②

2007 年党的十七大明确提出了要增加新的阶层和新的经济组织的代表，并对新的阶层作出了两个基本判断：一是各种经济成分在以公有制为主体的社会主义经济结构中都发挥着积极的作用，包括民营企业和外资企业等在内对中国经济社会发展的促进作用是主要的，负面影响是次要的。二是新的社会阶层基本上都属于中国特色社会主义的建设者。

党的十七大之后，私营企业主入党人数激增。据统计，到 2008 年初，"私营企业主政治面貌为中共党员的已占 32.2%，被选为全国县级以上人大

① 钟生：《解放——改革开放以来思想大论战》，人民出版社 2008 年版，第 133—135 页。

② 钟生：《解放——改革开放以来思想大论战》，人民出版社 2008 年版，第 135 页。

代表的有 9000 多人，被推荐为全国县级以上政协委员的有 3 万多人"①。

从新中国成立初期党内高层在富农党员问题上的严重分歧，到改革开放初期各级党组织在百万富翁入党问题上的谨小慎微，再到 2001 年江泽民"七一"讲话时首次对私营企业主中的先进分子敞开大门，党在私营企业主入党问题上经历了一个坎坷曲折的认识过程。

每一次认识上的深化，都是一次深刻的思想解放，而每一次思想解放的前夜，都必然伴随着人们激烈的思想论争。在迷茫中论争，在论争中醒悟，在醒悟后升华思想。党关于私营企业主入党问题的认识必将继续伴随着人们思想上的论争而不断深化。

---

① 龚诗坤：《从邓小平理论看私营企业主入党问题》，《中国水运》2008 年第 1 期。

第十六章
是穷人太穷还是富人太富?

——关于共同富裕能否实现的思考

改革开放以来,"先富论"与"共同富裕"二者之间的关系一直是社会关注的焦点。

改革开放之初,邓小平提出了"让一部分地区、一部分人先富起来","最终实现共同富裕"的"两步走"战略。

但是,多年来,"先富论"成为社会上发家致富的主旋律,"共同富裕"在绝大多数场合只能算是未来的梦想。"先富论"成为可以实践的论题,"共同富裕"成为社会主义本质属性的一个理论问题。二者关系如何处理?以"共同富裕"为根本目标的社会主义中国,能否把人类的共同理想转化为现实?

2005年10月8日至11日,党的十六届五中全会在北京召开,全会研究审议的《中共中央关于制定国民经济和社会发展第十一个五年规划的建议》引起全社会的关注。"十一五"规划成为今后一个时期推动中国经济社会发展的纲领性文件。其中没有提到"效率优先、兼顾公平"以及"一部分地区、一部分人先富起来",而是强调"着力提高低收入者收入水平,逐步扩大中等收入者比重,有效调节过高收入,规范个人收入分配秩序,努力缓解地区之间和部分社会成员收入分配差距扩大的趋势。注重社会公平,特别要关注就业机会和分配过程的公平,加大调节收入分配的力度,强化对分配结果的监管"。

在中国发展思路中占据了 20 多年的一个重要命题——"先富论",在"十一五"规划中转变为"共同富裕"的主调,以缩小日益扩大的贫富差距、扭转社会两极分化的趋势。这一变化引起了国内外广泛关注。

1. 千年理想"均贫富"

自人类社会有了商品交换,进入私有制社会以后,便出现了贫富差别以及人剥削人的现象。由此,实现共同富裕、人人平等,成为历代哲人与千万穷苦大众千百年来追求的理想。

中国古代思想家给我们留下了关于富裕生活的朴素描绘和渴望:从儒家著作《礼记·礼运》中描述的政教清明、人民富裕安乐的大同社会,到历代农民起义几乎无一例外的"均贫富"的口号,无不在他们的思想中诉求着对富裕生活的渴望;从太平天国洪秀全等制定的"有田同耕,有饭同食,有衣同穿,有钱同使,无处不均匀,无人不饱暖"的《天朝田亩制度》,到康有为的《大同书》和孙中山的民生主义设计,无不描述了理想中的共同富裕社会图景。

西方社会,从古希腊柏拉图的《理想国》到近代空想社会主义者的"乌托邦",无不体现了反对贫富分化、追求财产合理分配的平等原则。

19 世纪 40 年代后,无产阶级革命导师马克思和恩格斯以社会发展的客观规律为依据,使社会主义由空想变为科学,共同富裕不再是凭空设计的"乌托邦"。"各尽所能、各取所需"的共产主义社会,是一种共同富裕社会。但是,只有到了共产主义社会,人类才能达到这样理想的境界。科学的理论描绘了一幅理想的蓝图。如何把理想转化为现实的图景,成为马克思主义实践者的主题。

第十六章
是穷人太穷还是富人太富？

列宁在 1917 年《无产阶级在我国革命中的任务》一文中指出：人类从资本主义只能直接过渡到社会主义，即过渡到生产资料公有和按每个人的劳动量分配产品。我们党看得更远些：社会主义必然会逐渐成长为共产主义，而在共产主义的旗帜上写的是："各尽所能，各取所需。"①

中国共产党创始者陈独秀、李大钊、毛泽东等人，早年受中国传统儒家熏陶，后接受马克思主义学说。所以追求共同富裕自然成为中国共产党人一致的目标。1921 年中国共产党成立，以建立没有剥削的共产主义为奋斗目标。

1949 年，毛泽东在《论人民民主专政》一文中写道："康有为写了《大同书》，他没有也不可能找到一条到达大同的路……唯一的路是经过工人阶级领导的人民共和国。"②经过28年的奋斗，中华人民共和国的成立实现了中国共产党人实现大同世界的第一步。如何到达"消灭阶级和世界大同"的社会主义和共产主义？以毛泽东为代表的党的第一代领导人设计了基本路径。

按照马克思的设想，社会主义制度是消灭阶级剥削的平等的社会制度，是劳动人民当家作主、共同占有生产资料、共同创造和享有物质财富的制度。

在农村，新中国成立之初，中国共产党是通过土地改革和农业合作化两步走，来实现共同富裕的。

在城市，中国共产党是通过对资本主义工商业的社会主义改造，通过计划经济体制配置资源，通过在全民所有制和集体所有制领域的等级工资制，以按劳分配等方式来实现社会主义以及共同富裕的。

1955 年 10 月，在对资本主义工商业社会主义改造问题座谈会上的讲话中，毛泽东讲述了全民共同富裕思想："我们还是一个农业国。在农业国的基础上是谈不上什么强的，也谈不上什么富的。但是，现在我们实行这么一

① 《列宁全集》第 29 卷，人民出版社 1985 年版，第 178 页。
② 《毛泽东选集》第四卷，人民出版社 1991 年版，第 1471 页。

种制度，这么一种计划，是可以一年一年走向更富更强的，一年一年可以看到更富更强些。而这个富，是共同的富，这个强，是共同的强，大家都有份，也包括地主阶级。地主过了几年之后，就有了选举权，他就不叫地主了，叫农民了。资产阶级，总有一天，大约三个五年计划之内，就不叫资产阶级了，他们成为工人了。农民这个阶级还是有的，但他们也变了，不再是个体所有制的农民，而变成合作社集体所有制的农民了。这种共同富裕，是有把握的，不是什么今天不晓得明天的事。"①

当然，毛泽东在认识和处理怎样带领群众摆脱贫困走向共同富裕方面也出现过偏差，没有找到实现共同富裕的有效途径和方法，甚至犯过严重的错误。正如邓小平后来在总结历史经验时一针见血地指出："一九五八年'大跃进'，一哄而起搞人民公社化，片面强调'一大二公'，吃大锅饭，带来大灾难。"②

毛泽东虽然提出了共同富裕思想，却在很大程度上把共同富裕当成平均富裕、同步富裕，因此把实现共同富裕的着眼点放在防止两极分化和建立单一的所有制上，他试图让农民在单一的集体经济形式下摆脱贫穷、实现共同富裕，并确信可以通过不断提高公有化程度，来达到推动生产力发展的目的，其结果只能使共同富裕成为空中楼阁。

毛泽东反对个人"单干"致富，宁愿慢点，也要同步富裕。在个人分配上，忽视了劳动者在能力强弱、贡献大小上的客观差别，吃"大锅饭"，搞平均主义，极大地挫伤了农民的生产积极性。其结果就是在认识上把同等富裕和同步富裕等同于共同富裕，避免了两极分化，却出现了全国平均落后、共同贫穷的畸形现象。

从 1957 年到 1978 年，在提高公有化程度和缩小收入差距过程中，中国

---

① 《毛泽东文集》第六卷，人民出版社 1999 年版，第 495—496 页。
② 《邓小平文选》第三卷，人民出版社 1993 年版，第 115 页。

成为世界上贫富差距最小的国家之一。与此同时，中国也成为世界上最贫穷的国家之一。物质上的落后使我们天真地认为：楼上楼下，电灯电话，就是共产主义；思想上的愚昧使我们错误地认为：宁要社会主义的草，也不要资本主义的苗。

新中国成立后近30年大而公的计划经济，没有帮助毛泽东实现国强民富的理想。这期间，中国打倒了所有的资本家和富人，但穷人并没因此过上好日子。

回顾新中国这段历史，邓小平指出："从一九五八年到一九七八年整整二十年里，农民和工人的收入增加很少，生活水平很低，生产力没有多大发展。一九七八年人均国民生产总值不到二百五十美元。"[1]"从一九五八年到一九七八年这二十年的经验告诉我们：贫穷不是社会主义，社会主义要消灭贫穷。不发展生产力，不提高人民的生活水平，不能说是符合社会主义要求的。"[2]

2."先富论"激发致富梦

"文化大革命"结束后，发展经济、改善人民生活水平已经成为迫在眉睫的现实问题。在此背景下，邓小平在1978年12月13日中央工作会议闭幕式上作的报告中指出："在经济政策上，我认为要允许一部分地区、一部分企业、一部分工人农民，由于辛勤努力成绩大而收入先多一些，生活先好起来。一部分人生活先好起来，就必然产生极大的示范力量，影响左邻右舍，带动其他地区、其他单位的人们向他们学习。这样，就会使整个国民经济不断地波浪式地向前发展，使全国各族人民都能比较快地富裕起来。"[3]

①　《邓小平文选》第三卷，人民出版社1993年版，第115页。
②　《邓小平文选》第三卷，人民出版社1993年版，第116页。
③　《邓小平文选》第二卷，人民出版社1994年版，第152页。

　　"先富论"激发了人们被压制多年的致富冲动。发财再不是耻于或不敢谈起的话题，"个体户""万元户""老板""下海"，这些不断涌现出来的新名词表征了这个正在发生激烈变革社会中的新事物、新现象。

　　中国改革开放的前沿阵地——经济特区，是中国最早富裕起来的地区；经济特区，有一个最早走上富裕之路的小渔村。

　　1984年春天，邓小平的第一次特区之行，曾走访了深圳河畔渔民村。

　　那天上午，村党支部书记吴柏森接到通知，一位中央首长要来渔民村视察。吴柏森到村口迎接。没想到来的是6辆中巴，更没想到的是从车里下来的是邓小平！

　　吴柏森把客人引进自己别墅式的楼房里。在当时看来那可是"豪宅"。吴柏森向邓小平介绍，自己一家平均每人月收入达500多元。坐在邓小平身边的邓榕插话说："老爷子，比你的工资还高呐。"

　　坐在一旁的村民心里一咯噔，吓了一跳，收入比首长高岂不是会犯错误？

　　邓小平接着问吴柏森："你现在什么都有了吧？"老支书回答说："都有了，做梦也没想到能有今天这样的好日子。"他再三感谢党的富民政策。

　　吴柏森将客人引到一口池塘边，指着一排养鸭的水上茅棚说："这是60年代以前村民居住过的房子，现在都给鸭子住了。"他介绍了村民的收入情况。去年全村收入达47万元，人均年收入2800元，每个劳动力年收入5970元，劳动力月均收入439元。邓小平略一沉吟，随后说："全国农村要过上这样的生活，恐怕还要100年哪。"陪同人员问："深圳也要这么久吗？"旁边的深圳市委领导赶紧说："有您的领导，一定会很快。"邓小平脱口而出："那也得50年。"在看到渔民村先富起来的情况后，邓小平说：经过长期奋斗，全国农村都可以达到这样的生活水平。

　　邓小平又问吴柏森："你们现在生活改变了，还有什么要求吗？"吴柏森说："没有什么要求，就是有点担心。""担心什么？"邓小平追问。吴柏森就说："担心政策会变。经历了太多政治运动，虽然富了，但我们天天都怕政策会变。自己一变就成了资本家，被批斗。"

当时随行的人员，很替老书记捏了一把汗，但这的确是村里人时时担心的问题。所有人都等着看邓小平怎么回答。

邓小平什么也没说。过了一会儿才说："政策肯定会变，但只会往好的方向变，不会往坏的方向变。"大家紧张的心里一下子轻松了许多。

其实，在20世纪80年代初，每个"万元户"都有着这样的担心。邓小平的回答为这些最早富裕起来的人吃了"定心丸"。

先富的刺激效应、先富的示范效应如脱缰的野马使中国的财富迅速聚集起来。美国著名财经杂志《福布斯》在1995年2月首次推出中国大陆首富排行榜。四川希望集团创办人刘永行四兄弟以总资产6亿元排名第一。从此时起，富豪们的财富增长速度这一话题就一直成为媒体最为关注的焦点。

改革开放初期，刘家四兄弟以常人难有的勇气脱下"公服"，当起了专业户。他们从农村最常见的养殖业入手，以科学技术为依托，完成了从养殖行业到饲料行业的转变。并在饲料行业打出一片天地。经过十多年的打拼，20世纪90年代初净资产就达到亿元以上，成为中国"先富起来一部分人"的模范。

四兄弟之一的刘永好，其个人总资产在"福布斯2003年中国富豪榜"排名第5名，当时他说了这么一句话："邓小平先生允许一部分人先富的这个大政策，给了我们机会，所以我们才得到了发展，我很感谢邓小平先生。"

2005年11月3日，《福布斯》在北京公布了"福布斯2005年中国富豪榜"，这是《福布斯》杂志自1995年以来第八次公布这项榜单，这距首次关于中国大陆富豪排名的1995年已经过了整整10年。上榜者个人财富的迅猛增加成为当年的最大看点，据《福布斯》杂志透露，那年富豪上榜底线约为5亿元人民币。而10年前首次登上富豪榜冠军的刘永行兄弟身家也不过6亿元人民币，若按 10 年后的标准，刘氏兄弟只能勉强挤进榜单。而且，从 2005 年起，上榜人数首次从一百名扩大到二百名，这一改变更加公正和全面地反映了中国经济和财富增长变化的迅猛态势。

富豪榜单上的变迁是中国社会巨变的真实写照，这 10 年，是中国社会财富积累最快的 10 年。我国经济快速增长，GDP 总量到 136515 亿元，绝对值为 1995 年的 3.34 倍。人们的生活水平也有了很大幅度的提高：2004 年农村居民人均收入为 2936 元，绝对值为 1995 年的 1.86 倍；城镇居民人均收入增长更快，2004 年达到 9422 元，为 1995 年的 2.42 倍。而富豪们的财富增长速度远远快于社会平均收入增长速度，财富集中趋势加强。1995 年刘氏兄弟总资产 6 亿元排名第一，2005 年荣智健以 133 亿元的个人总资产排名第一，从 6 亿元到 133 亿元，财富增长速度惊人。1995 年"福布斯富豪榜"的前 10 位中国民营企业家拥有共计 34 亿元人民币，2005 年前 10 位所拥有的资产已到 973.23 亿元人民币，是 10 年前的 28 倍。

富豪榜单一次次的发布对处于社会主义初级阶段、尚不富裕的公众造成强烈的心理冲击。有些地方出现了"炫富"的现象，无论这些现象有着怎样不合理、不合情的成分，甚至背后隐藏着"灰色"或"黑色"收入的嫌疑，但却鲜明地说明了一个事实：一部分中国人富起来了。

3. 能否以基尼系数的一般标准来看待中国？

回顾历史，人们不难发现改革开放以来经济增长对中国城乡收入差距的影响，是以 1990 年为分水岭的：以前的经济增长具有收入均等化效应，而此后，随着经济增长和人均收入水平提高，城乡收入差距出现了加速扩大的趋势。自 1992 年以来，居民收入差距、行业差距逐步拉开，随着企业转制、实行股份制改革，企业内部差距也快速扩大。

第十六章
是穷人太穷还是富人太富？

进入新世纪，是中国改革开放迅速推进的年代，中国经济发展进入最佳期，一方面，更多的人享受到了改革开放的物质成果，绝大多数劳动者的收入状况都有着不同程度的提高；另一方面，社会贫富差距的扩大引起社会各界的广泛关注。行业之间差距、企业内部差距、城镇居民收入差距的矛盾尖锐性凸显，广大普通老百姓要求缩小差距的呼声日益强烈。

一个对中国老百姓来说还很抽象的经济学专用术语"基尼系数"频繁地被学者、媒体使用。基尼系数是 1922 年意大利经济学家基尼提出的，被世界公认为用来衡量一个国家财富分配是否平均，并以此观察一个国家的贫富差异状况的较为科学的指数。根据国际惯例，通常把基尼系数 0.4 作为贫富差距的警戒线。当它处于 0.3—0.4 时表示收入分配比较合理，0.4—0.5 表示收入差距过大，超过 0.5 则意味着出现两极分化。超过这条警戒线，就容易产生社会动荡。

资料显示，中国 1980 年的基尼系数仅为 0.20，到 2000 年上升到了 0.45。2004 年起，我国基尼系数接近 0.5，超过国际公认的 0.4 警戒线，并仍在继续提升。

2006 年 2 月初，国家发展和改革委员会发布的一条消息引起了众多媒体的关注。这条消息称，当前中国城市居民收入分配的差距比较大，反映城市居民收入差距的基尼系数已达到合理值的上限，并认为这种分配差距在相当程度上是不合理的。这是中国官方权威机构对中国基尼系数的为数不多的评述。

无论是经济学家还是社会学家，无论是专家还是外行，在很多文章中都可以看到基尼系数被引用来表示中国贫富差距的上升趋势。但对于中国的基尼系数，各方说法各异。有的人认为考虑到最高收入阶层中有不少没有经过统计的灰色收入，中国很可能已经超过警戒线；也有人认为，中国目前的贫富差距总体上是合理的，不能以基尼系数的一般标准来看待中国，尤其是中国农村人口占大多数，基尼系数要放大一些才管用；甚至还有人认为，基尼系数不合中国国情，有人提出"贫富差距拉大无害论"以及"贫富差距拉大正常论"等。

面对近年贫富差距迅速扩大的严峻现实，在老百姓看来，这就是两极分化。社会上有一种观点认为：社会各阶层的收入差距拉大了，特别是一部分人的财富迅速膨胀，产生了两极分化，这同社会主义共同富裕原则背道而驰，再发展下去就会葬送社会主义。

在另一些学者看来，贫富差距有可能导致两极分化，但目前还不是两极分化。他们认为两极分化有两层含义：第一层含义是马克思和恩格斯所说的无产阶级和资产阶级在财富方面的两极分化。在资本主义资本积累的条件下，无产阶级和资产阶级的贫富必然要两极分化，也就是说，在资产阶级的一极"是财富的积累"，在无产阶级的一极"是贫困、劳动折磨、受奴役、无知、粗野和道德堕落的积累"。第二层含义是从绝对意义上讲，在最高收入人群收入提高的同时，最低收入人群的收入在下降，即富人越来越富，穷人越来越穷，也就是收入分配的"马太效应"。无论是从两极分化的哪一种含义看，中国社会目前收入分配的实际状况还不能说已经达到了两极分化的程度。

还有人认为，中国根本不存在两极分化。最著名的言论出自"一个媒体喜欢的人士，因为他出言大胆，也因为他的背景有些神秘"的刘吉。他关于贫富差距、两极分化、民企原罪等问题的言论，曾引起了极大的社会争议。2007年2月8日，《继续为改革开放鼓与呼——专访中国社科院前院长刘吉》一文在《南方周末》发表。此文一出，舆论大哗。2007年2月8日12点55分，新华网论坛转帖了此文。34个小时过后，这个帖子已经有了近万个读者，近700个跟帖。刘吉"自成一家"的观点认为："铁的事实，是在大家生活水平共同提高的基础上，一些人提高得快一点，一些人慢一点，但根本不存在两极分化。资本主义的两极分化是资产阶级越来越富，广大劳动者越来越穷，我们是这种情况吗？完全是混淆是非。"他还认为，差距拉大是好事；中国的基尼系数超过警戒线，以及 20 世纪 90 年代中后期开始提及的贫富差距问题是一种"炒作"；等等，"炒作"这个话题是反对改革，违背了现实，更违背了邓小平理论。

刘吉的言论引起了来自各方的强烈反应和网络民众的炮轰。不同意刘吉观点的，占绝大多数。他的关于"根本不存在两极分化"的观点更是引起轩然大波。有一篇题为《揭穿〈继续为改革开放鼓与呼〉的谎言》的文章，对刘吉的观点进行了反驳，认为在我国存在"贫富差距"，甚至达到"两极分化"程度，并不是什么人"炒作"出来的，而是客观事实。文章认为，刘吉的论断是对马克思主义政治经济学关于"两极分化"理论的歪曲。

而另一个被刘吉"炮轰"的学者的观点则得到了大多数网民的认同。这就是在 2004 年引起巨大影响、被称为"郎旋风"的香港中文大学教授郎咸平。

2005 年 12 月 21 日，他在清华大学的演讲《资本主义精神与社会主义改革》，被广泛传播和转载，在演讲开始，他就提出了自己的基本观点：25 年前，邓小平说过一句话："先让一部分人富起来。"可是，让一部分人先富起来有什么先决条件呢？——就是其他人不能变得更贫穷，这就是原则。[1] 他认为，在社会主义国家，"让一部分人先富起来"的一个基本前提是"其他人不能变得更穷"，其起点就是公平。

郎咸平以其大胆的言论而引起主流经济学家的不满，但却得到社会大众和网络民众的支持，郎咸平认为："改革中最大的不当受益者，是由腐败的政府官员勾结腐败的企业家和腐败的学者而形成的'腐败铁三角'，要实现中央政府和广大民众所企盼的和谐社会，必须坚决打掉这个铁三角。"[2] 当前社会，由于部分官员腐败而致富的不公平的现实是老百姓最深

---

① 郎咸平：《在清华大学的演讲（上）》，《世界》2006 年第 2 期。
② 郎咸平：《和谐社会的时代意义》，《商务周刊》2007 年第 1 期。

恶痛绝的，所以，郎咸平的观点很快通过互联网的传播，得到广大民众的支持和回应。

到底是哪一派的观点更真切领会了改革开放总设计师邓小平的精神？从邓小平晚年的相关的论述中，已经很有远见地预见到改革可能会出现的问题。在1986年9月2日，邓小平接受了美国哥伦比亚广播公司"六十分钟"节目记者迈克·华莱士的电视采访，在回答致富与共产主义的关系问题时指出："不能有穷的共产主义，同样也不能有穷的社会主义。致富不是罪过。但我们讲的致富不是你们讲的致富。社会主义财富属于人民，社会主义的致富是全民共同致富。社会主义的原则，第一是发展生产，第二是共同富裕。我们允许一部分人先好起来，一部分地区先好起来，目的是更快地实现共同富裕。我们的政策是不使社会导致两极分化。我们不会允许产生新的资产阶级。"[①]

在改革开放起步到发展过程中，邓小平认为，只有走社会主义道路才能真正实现共同富裕，社会主义才能持续发展。"如果走资本主义道路，可能在某些局部地区少数人更快地富裕起来，形成一个新的资产阶级，产生一批百万富翁，但顶多也不会达到人口的百分之一，而大量的人仍然摆脱不了贫穷，甚至温饱问题都不可能解决。只有社会主义制度才能从根本上解决摆脱贫穷的问题。"[②]

1992年，88岁高龄的邓小平在深圳视察，1月22日在游览深圳市仙湖公园时，在公园里种植了一棵常青树高山榕。在有人介绍一种树叫"发财树"时，邓小平说："让全国人民都种，让全国人民都发财。"[③]

---

① 中共中央文献研究室编：《邓小平年谱（1975—1997）》下册，中央文献出版社2004年版，第1133页。

② 《邓小平文选》第三卷，人民出版社1993年版，第207—208页。

③ 中共中央文献研究室编：《邓小平年谱（1975—1997）》下册，中央文献出版社2004年版，第1336页。

第十六章

是穷人太穷还是富人太富？

在南方谈话中，邓小平对实现共同富裕作了较为全面的分析，他说："走社会主义道路，就是要逐步实现共同富裕。共同富裕的构想是这样提出的：一部分地区有条件先发展起来，一部分地区发展慢点，先发展起来的地区带动后发展的地区，最终达到共同富裕。如果富的愈来愈富，穷的愈来愈穷，两极分化就会产生，而社会主义制度就应该而且能够避免两极分化。解决的办法之一，就是先富起来的地区多交点利税，支持贫困地区的发展。当然，太早这样办也不行，现在不能削弱发达地区的活力，也不能鼓励吃'大锅饭'。什么时候突出地提出和解决这个问题，在什么基础上提出和解决这个问题，要研究。可以设想，在本世纪末达到小康水平的时候，就要突出地提出和解决这个问题。"[①]

1992 年 12 月 18 日，退休后的邓小平在家里阅读了当日刊登在《参考消息》上的两篇文章《中国将成为最大的经济国》和《马克思主义新挑战更加令人生畏》，他指出："中国发展到一定程度后，一定要考虑分配的问题。也就是说，要考虑落后地区和发达地区的差距问题。不同地区总会有一定的差距。这种差距太小不行，太大也不行。如果仅仅是少数人富有，那就会落到资本主义去了。要研究提出分配这个问题和它的意义。到本世纪末就应该考虑这个问题了。我们的政策应该是既不能鼓励懒汉，又不能造成打'内仗'。"[②]

这一天是 1978 年 12 月 18 日党的十一届三中全会召开整整 14 周年的日子。这年年底，邓小平被英国《金融时报》评选为"1992 年风云人物"。

1993 年 9 月的一天，邓小平同弟弟邓垦谈话，说："十二亿人口怎样实现富裕，富裕起来以后财富怎样分配，这都是大问题。题目已经出来了，解决这个问题比解决发展起来的问题还困难。分配的问题大得很。我们讲要防

---

① 《邓小平文选》第三卷，人民出版社 1993 年版，第 373—374 页。

② 中共中央文献研究室编：《邓小平年谱（1975—1997）》下册，中央文献出版社 2004 年版，第 1356—1357 页。

止两极分化，实际上两极分化自然出现。要利用各种手段、各种方法、各种方案来解决这些问题……少部分人获得那么多财富，大多数人没有，这样发展下去总有一天会出问题。分配不公，会导致两极分化，到一定时候问题就会出来。这个问题要解决。过去我们讲先发展起来。现在看，发展起来以后的问题不比不发展时少。"[1]

从这些论断看，邓小平明确提出要用大力气解决两极分化，否则，会走上资本主义的路子。他一直强调，社会主义与资本主义不同的特点就是共同富裕，不搞两极分化。应当说，这是先富起来之后的必须解决的问题。

4．"穷人经济学"与共同富裕之路

2005 年 3 月 14 日全国两会结束之后的记者招待会上，人民日报社记者问温家宝：您在《政府工作报告》中指出，解决"三农"问题，仍然是全部工作的重中之重，并提出了明年全部免征农业税等具体措施。您认为怎样才能根本解决"三农"问题？有什么长远的打算？

温家宝回答：我想起了诺贝尔奖获得者、美国经济学家舒尔茨的一句话。他说，世界上大多数人是贫穷的，所以如果我们懂得了穷人的经济学，也就懂得许多真正重要的经济学原理。世界上大多数穷人以农业为生。因而，如果我们懂得了农业，也就懂得了穷人的经济学。我不是经济学家，但我深知农业、农民和农村问题在中国的极端重要性。没有农村的小康，就不会有全国的小康；没有农村的现代化，就不会有全国的现代化。

温家宝引用的是美国经济学家西奥多·舒尔茨 1979 年获颁诺贝尔经济

---

① 中共中央文献研究室编：《邓小平年谱（1975—1997）》下册，中央文献出版社 2004 年版，第 1364 页。

学奖时演讲中的一段话。著名经济学家舒尔茨在《穷人的经济学》中写道：一个社会的消费者中穷人太多、富人太富，迟早要出问题。他认为贫富差距各国都有，问题是差距不能太大，因为贫富悬殊会成为社会的振荡器。

温家宝饱含深情的关于"穷人经济学"的讲话犹如一声惊雷，一声警钟，振聋发聩，在全国公众中引起了共鸣。

很快，网络上就有人解读温家宝回答记者提问时说的这段话，认为有三层含义：首先，意在表明经济发展的重要任务，不是像许多经济学权威所说的那样要关注富人，而是应当关注穷人；其次，政府发展经济的主要任务不仅在于帮助人们找到致富的道路，更重要的是要关心人们怎样做才能脱贫；再次，在当今社会，特别是在中国，穷人主要依靠农业为生，解决好农业的问题，就解决了脱贫的问题，消除了贫困才有利于经济的整体发展。

有网民认为：这是抓住了中国改革能不能深入的关键。广大农村自新中国成立以来一直处于穷困境地，农民成了中国最底层的贫民，"三农"问题不彻底解决，中国绝不可能富裕起来。

有人认为，在今日中国，"穷人经济学"就是坚定地站在老百姓的立场上，让经济的发展使社会各阶层群众都得到实惠，以改善老百姓的生活为最高的学问。

关注穷人成为 2005 年之后中国社会的焦点。那么，如何关注？用什么方法来解决贫富差距问题呢？

林毅夫，一个在中国经济学界能用"传奇"二字形容而绝非夸大的学者，一直以来其言论备受关注。林毅夫撰文阐释"十一五"规划，提出了"中国贫富差距悬殊的关键不是富人太富而是穷人太穷"的观点，认为："我国当前贫富差距的主要矛盾不在于富人太富，而在于穷人太穷。""穷人大多数在农村，于是城乡差距扩大；因为城里也出现了穷人，才有了收入分配不公。"

于是，解决问题的关键集中到"穷人致富"上。林毅夫对此的看法和他的老师——诺贝尔经济学奖得主舒尔茨一脉相承。舒尔茨的观点曾因为被温家宝引用而在国内广为人知。如何让穷人变富？林毅夫认为，国家必须让他们收入增加的速度快于富人，而"穷人所能获取收入的主要来源是劳动力"，这就需要重点发展劳动力比较密集的产业，同时带来经济增长方式的转变。

他的观点马上招来反对之声。

经济学家丁学良认为，"中国贫富差距悬殊的关键不是富人太富而是穷人太穷"的观点是比较有钱的人的说法。因为我们讲一个社会里平均还是不平均，并不是看这个社会里到底是穷人太穷还是富人太富，而是要把这个社会里穷人和富人的比例进行比较。

《燕赵都市报》刊登的文章《林毅夫荒谬：穷人太穷就是因为富人太富》被多家网站转载，作者认为："我同意林毅夫教授对'穷人太穷'已经成为主要矛盾的分析，对他开出的'重点发展劳动力比较密集的产业'这个药方，却难以遽表完全的赞同。""'穷人太穷'，方向似是有误；即使让更多人就业，却也难逃'太穷'的行列。"所以，在分配原则不变、劳动者权利不能确保的情况下，谈通过增加就业解决贫富差距问题，近乎痴人说梦——就业越充分，只是说明被剥夺的人越多而已。这或许会使"富人更富"，却不能确保穷人不会更穷。

争论归争论，其目的都在于缩小贫富差距，实现社会公平。从先富过渡到共富，实际上更应该更多关注穷人、关注经济上的弱势群体成为基本共识。这是中国社会发展进步的要求和体现。我们不仅在积累社会财富上要有"富人经济学"，在寻求社会协调发展上更要有"穷人经济学"，这已成为中国共产党最基本的执政理念。

从20世纪90年代中期起，党中央开始重视收入差距的问题。江泽民1995年9月指出："社会主义初级阶段，社会成员之间收入存在一定程度的差距，是难以避免的，但如果差距悬殊，而且任意扩大，就会造成多方面的严重后果。我们必须坚持允许和鼓励一部分人先富起来、最终实现共同富裕的政策。要在发展经济的基础上，逐步增加城乡居民收入，要把调节个人收入分配,防止两极分化作为全局的大事来抓。要区分不同情况,采取有针对性的措施,保护合法收入,取缔非法收入,调节过高收入,保障低收入者的基本生活。"[1] 为了防止收入差距的进一步扩大,使全体人民都能够从改革开放和经济发展中获益,党领导人民进行了新的探索,主要采取了如下措施:

加大扶贫开发的力度;逐步建立和完善社会保障体系,努力推进再就业;加强宏观调控,理顺分配关系。对收入过高的,通过税收加以调节;鼓励先富者帮助和带动后富者;加大对偷税漏税、制假售假、贪污腐败等非法手段获得收入者的打击力度。

实施西部大开发,是世纪之交的一个重大战略决策,这一战略决策的依据,就是邓小平在 1988 年正式提出的沿海和内地、东部和西部共富的"两个大局"的战略构想。

2000 年,农民收入问题在党的十五届五中全会上受到高度重视。"千方百计增加农民收入"这句话被写进中央文件。

党的十六大提出坚持以人为本,树立全面协调可持续的发展观,第一次提出要统筹城乡经济社会发展,这是发展观念的进步。解决分配不公,关注穷人的收入问题,重点考虑解决弱势群体问题成为社会发展的主要方向。

2003 年中央农村工作会议要求对农业实行"多予、少取、放活"的方针。

2005 年的"十一五"规划又释放出明显的信号:统筹城乡发展,解决好"三农"问题;实行工业反哺农业、城市支持农村的方针;下大力气解决百姓关心的上学难、看病难、环境污染、食品不安全等问题,妥善处理征地、拆迁、拖欠、改制等涉及的各种利益关系;要千方百计扩大就业,下大力气解决收入分配不公问题;进一步解决公共服务体系不健全,特别是城乡之间、不同区域之间社会群体享有公共服务差别大的问题等。

---

[1] 《江泽民文选》第一卷,人民出版社 2006 年版,第 470 页。

2006年中央一号文件再次锁定"三农",新农村建设由此起步开局。围绕这份纲领性文件密集了出台多项重大举措,以破解社会主义新农村建设的诸多深层问题,确保给9亿农民带来实惠。

中国社会发展的新坐标正在从改革开放初期的让一部分人先富起来的"先富阶段",逐步走向解决穷人收入问题、让更多的人富裕起来的"共富阶段",构建社会主义和谐社会的治国方略让中国的老百姓听到共同富裕越来越近的脚步声。

2009年新春前后,胡锦涛、温家宝都到受灾最严重的广西、贵州、江西等地探望百姓,和民众一起过年。在广西壮族村民家,胡锦涛表示:中央将继续加大支农惠农政策力度,特别是要加大对少数民族的扶持力度,让各族群众尽快走上共同富裕的道路。中国领导人来到灾区,作出的是承诺,要让老百姓相信,要让天下人,包括先富起来的人知道,"共同富裕"才是中国改革的最终目的。

邓小平曾经说:"国家发展了,我当一个富裕国家的公民就行了。"[①]这是邓小平的梦想,也是共和国每一个公民的梦想。

改革开放以来,我国经济发展的"蛋糕"在不断做大,但分配不公问题比较突出,这已经成为人民群众反映强烈的问题。因此,在大力发展社会生产力的同时,要把不断做大的"蛋糕"分好,着力解决收入分配差距较大的问题,使发展成果更多更公平惠及全体人民,日益成为深化改革发展的艰巨任务。

党的十八大以来,习近平总书记多次提出,人民对美好生活的向往,就是我们的奋斗目标,并强调我们的责任,就是要团结带领全党全国各族人民,继续解放思想,坚持改革开放,不断解放和发展社会生产力,努力解决

---

① 中共中央文献研究室编:《邓小平年谱(1975—1997)》下册,中央文献出版社2004年版,第1364页。

群众的生活生产困难，坚定不移走共同富裕的道路。

2015 年 10 月 12 日，中共中央政治局会议研究制定"十三五"规划重大问题时，习近平总书记发表了重要讲话。他指出："人民是推动发展的根本力量，必须坚持以人民为中心的发展思想，把增进人民福祉、促进人的全面发展、朝着共同富裕方向稳步前进作为经济发展的出发点和落脚点。"习近平总书记反复强调，我们追求的发展是造福人民的发展，我们追求的富裕是全体人民共同富裕。虽然实现共同富裕要有一个过程，但我们要努力去做、不断推进。

实现共同富裕是社会主义的本质要求，是广大人民的普遍愿望。这个目标的实现是一个长期的历史过程，也需要一个一个阶段性目标逐步达成。脱贫是共同富裕的前提。打赢脱贫攻坚战，是朝着共同富裕方向稳步前进必须坚决拔除的"钉子"和攻克的"堡垒"。党领导人民为摆脱贫困付出了长期艰苦的努力。我们经过接续奋斗，实现了小康这个中华民族的千年梦想，我国发展站在了更高历史起点上。我们坚持精准扶贫、尽锐出战，打赢了人类历史上规模最大的脱贫攻坚战，全国八百三十二个贫困县全部摘帽，近一亿农村贫困人口实现脱贫，九百六十多万贫困人口实现易地搬迁，历史性地解决了绝对贫困问题，为全球减贫事业作出了重大贡献。习近平总书记在党的二十大报告中明确指出："我们深入贯彻以人民为中心的发展思想，在幼有所育、学有所教、劳有所得、病有所医、老有所养、住有所居、弱有所扶上持续用力，人民生活全方位改善。人均预期寿命增长到七十八点二岁。居民人均可支配收入从一万六千五百元增加到三万五千一百元。城镇新增就业年均一千三百万人以上。建成世界上规模最大的教育体系、社会保障体系、医疗卫生体系，教育普及水平实现历史性跨越，基本养老保险覆盖十亿四千万人，基本医疗保险参保率稳定在百分之九十五。及时调整生育政策。改造棚户区住房四千二百多万套，改造农村危房二千四百多万户，城乡居民住房条件明显改善。互联网上网人数达十亿三千万人。人民群众获得感、幸福感、安全感更加充实、更有保障、更可持续，共同富裕取得新成效。"①

打赢脱贫攻坚战，全面建成小康社会，就是坚持人民主体地位，顺应人民群众对美好生活的向往，朝着共同富裕的目标前进。

---

① 习近平：《高举中国特色社会主义伟大旗帜　为全面建设社会主义现代化国家而团结奋斗——在中国共产党第二十次全国代表大会上的报告》，人民出版社2022年版，第60页。

第十七章
理论创新与道路抉择
——关于理论创新与社会主要矛盾转化问题

伟大的社会变革总是以深刻的观念变革和理论创新为先导，深刻的观念变革和理论创新也总是以推动伟大的社会变革为己任。

改革开放就是一场以深刻的观念变革和理论创新为先导的伟大历史性创造活动，它开辟了党和国家新的历史发展时期。

在这一伟大实践中，中国共产党把马克思主义基本原理同中国具体实际相结合、同中华优秀传统文化相结合，实现了马克思主义中国化时代化的新飞跃，走出了一条中国特色社会主义道路，形成了党的创新理论。

一些新的理论观点刚刚提出时，社会上都存在或多或少的偏见和困惑，如认为理论性不强、创新程度不够，有的观点甚至受到误解。这就向我们提出一个重大的课题：我们究竟需要什么样的理论创新？

理论创新是一个破旧立新、与谬误或僵化观念作斗争的过程。它必然会遇到各种各样的阻力和障碍，受到形形色色的质疑和责难。中国特色社会主义理论体系的形成、发展过程也是如此。了解这一理论创新中的各种纷争，可以使我们更加深刻地认识理论成果来之不易，更加自觉地坚持正确理论的指导；同时，也会使我们对理论创新本身树立一种科学的评判意识，有利于澄清疑惑，统一思想，促进中国特色社会主义理论的进一步发展，更坚定地走中国特色社会主义道路。

1．理论创新，贵在解决实际问题

1997 年党的十五大正式提出"邓小平理论"这一概念，并把这一理论写入党章，确定为中国共产党的指导思想。由于邓小平本人并没有写下长篇理论文章或鸿篇巨制，他的许多思想观点主要体现在大量讲话、谈话、报告中，加上他本人语言风格比较朴实、平易，看似大白话，社会上存在这样一种困惑和误解：邓小平有理论吗？谈得上理论创新吗？面对质疑，理论界进行深入研究和广泛宣传，强调指出，理论观念是否深刻、是否科学，关键是看它是否来自于实践并指导实践取得成功，而不在于以什么形式表现出来。实践性铸就了邓小平理论独特的思想品格，使邓小平理论能够始终与实践密切联系，紧扣时代脉搏，不断汲取实践的营养，解决实践中的重大问题。在社会主义现代化建设道路上，推进理论创新必须坚持实践性的标准。依照实践性的标准，我们可以认识到：邓小平理论是理论创新的典范。

邓小平理论的主题蕴含着鲜明的实践性。什么是社会主义和怎样建设社会主义，是邓小平在总结社会主义实践经验中"发现"的问题。通过总结历史经验，邓小平认为，什么叫社会主义，什么叫马克思主义，我们过去对这个问题的认识不是完全清醒的。这就找到了新中国成立以来我们在社会主义实践中出现曲折失误的根源，反映了邓小平坚持实践第一的创新精神。他把社会主义看成是有待于在实践中不断创新和发展的运动过程，在发展社会主义的实践中才能不断搞清楚"是什么"和"怎样建"的问题。

重新思考什么是社会主义和怎样建设社会主义，意味着我们将从对社会主义不切实际的空想转向在实践中探索符合中国实际的社会主义道路；意味着社会主义发展将从对革命经验的总结转向建设道路的探索；意味着社会主义将从封闭式的实践转向开放式的实践。邓小平理论正是在新时期改革开放和社会主义现代化建设的实践中不断回答和解决"什么是社会主义、怎样建设社会主义"这个根本问题的。

邓小平理论的精髓蕴涵着鲜明的实践性。在邓小平看来，新时期的思想解放要立足于社会主义实践。他强调在什么叫社会主义这个问题上也要解放思想，实质就在于鼓励实践，鼓励创新。解放思想、实事求是地重新认识社会主义的实践意义在于，使人民群众认识到我们的社会主义还不够格，尚处于初级阶段，需要进行各方面的改革，需要进一步搞清楚什么是社会主义、怎样建设社会主义。在这个意义上，解放思想、实事求是就不仅仅是开启了重新认识社会主义的过程，更重要的是在于它激发了中国共产党人和人民群众勇于实践、大胆创新的精神。

邓小平理论的形成源于人民群众的实践和尊重群众的首创精神。邓小平把人民群众看作实践的主体，把人民群众的利益要求视为实践的根本要求，把回答和解决这些问题看作理论创新的根本。从家庭联产承包责任制到乡镇企业的崛起，从沿海开放、经济特区开办到社会主义市场经济的发展，都体现了邓小平尊重实践、尊重群众的创造精神。正如邓小平所说，我们改革开放的成功，不是靠本本，而是靠实践，靠实事求是。农村搞家庭联产承包，这个发明权是农民的。农村改革中的好多东西，都是基层创造出来，我们把它拿来加工提高作为全国的指导。正是由于始终把人民群众的实践要求和实践创造作为自己理论创新的不竭源泉，才使得邓小平理论成为充满生机与活力的不断发展的理论。

不是任何理论创新都是符合客观实际和有价值的。这里就有一个真理标准问题。邓小平突出强调实践是检验真理的唯一标准。随着改革开放遇到一系列新的矛盾和问题，人们越来越认识到这一标准具有重大的思想和政治意义。比如，社会主义国家可不可以搞市场经济？大力发展非公有制经济还算不算搞社会主义？面对这些重大问题的时候，有人疑惑了，踌躇了，甚至对改革开放产生了动摇心理。实践的标准不是空洞的、抽象的，必须将其具体化，才具有现实意义和运用价值。邓小平把实践标准具体化为"三个有利于"标准，即判断我们的思想、工作是非得失的标准应该主要看是否有利于发展社会主义社会的生产力，是否有利于增强社会主义国家的综合国力，是否有利于提高人民的生活水平。事实证明，"三个有利于"标准是社会主义本质和根本任务的必然要求，它极大地解放了人们的思想，有利于我们摆脱抽象的、无谓的理论纷争，放开手脚，真抓实干，因而也得到了人民群众的极大拥护。

邓小平理论的形成和发展给我们这样一个深刻启示：坚持理论创新，必须把实践性作为重要的标准。理论要来自于实践，反映并解决实践中的问题。实践标准是判断真理的唯一标准，也是判断理论创新的重要标准，理论本身的形式并不是判断理论创新的标准。从历史来看，对社会产生重大影响、作出重大贡献的理论并没有固定的形式或体裁。儒家学派的经典著作《论语》由孔子的弟子及其再传弟子编撰而成，记录了孔子及其弟子言行，集中体现了孔子的政治主张、伦理思想等。它以语录体和对话文体为主，但我们绝不能说孔子没有"理论"。古希腊经典哲学著作《理想国》，也是一本对话体的著作。同样，也不会有人认为其作者柏拉图无理论。所以，正如毛泽东所说：真正的理论在世界上只有一种，就是从客观实际中抽象出来，又在客观实际中得到了证明的理论，没有任何别的东西称得上我们所讲的理论。按照这样的标准，邓小平理论是当之无愧的理论创新的典范。

2．理论创新，贵在有思想创见

邓小平理论作为科学理论，也必然要在实践中不断发展。历史进入到

21世纪，国际环境和国内情况都发生了巨大而深刻的变化。和平与发展仍然是时代主题，但世界很不安宁，霸权主义和强权政治依然存在。经济全球化浪潮汹涌澎湃，发达国家在经济科技上占优势的压力十分明显。在国内，在经济发展的同时，社会不公平现象十分突出，新社会阶层的出现需要认真研究和慎重对待，反腐败斗争任务十分艰巨。面对新形势、新问题、新任务，以江泽民为主要代表的中国共产党人，在建设中国特色社会主义的实践中，加深了对什么是社会主义、怎样建设社会主义的认识，创造性地提出了建设什么样的党、怎样建设党的问题，形成了"三个代表"重要思想。"三个代表"重要思想，反映了当代世界和中国的发展变化对党和国家的新要求，是加强和改进党的建设、推进我国社会主义自我完善和发展的理论武器。

对于"三个代表"重要思想，社会上也有种种议论。有人认为"三句话"不能构成理论体系。其实这是对这一科学理论体系形成的时代背景、实践基础及其科学内涵与精神实质缺乏了解甚至是误解的结果。"三个代表"重要思想体现了生产力与生产关系、经济基础与上层建筑的统一，体现了物质文明建设、政治文明建设、精神文明建设的统一，体现了尊重社会发展客观规律与发挥历史创造者主观能动性的统一。"三个代表"重要思想包含一系列具有内在联系的理论和思想观点，这些观点不仅深化了对当代中国特色社会主义的一系列基本问题的回答，而且还在建设中国特色社会主义的思想路线、发展道路、发展阶段和发展战略、根本任务、发展动力、依靠力量、国际战略、领导力量和根本目的等重大问题上取得了丰硕成果。"三个代表"重要思想的具体内容贯通哲学、政治经济学、科学社会主义等领域，涵盖经济、政治、科技、教育、文化、民族、军事、外交、统一战线、党的建设等多方面，构成了一个比较系统的科学理论体系。

在这个科学理论体系中，代表中国先进社会生产力的发展要求对应着物质文明，它是基础，因为生产力在社会发展中起着最终的决定作用。先进生产力是发展先进文化的物质基础，也是实现和维护最广大人民根本利益的经济保证。离开了这个基础和保证，发展先进文化建设就会失去依托，代表最广大人民的根本利益只能成为空谈。代表中国先进文化的前进方向对应着精神文明，因为先进文化是时代精神的精华，对经济和政治的发展起着巨大的促进作用。作为上层建筑的组成部分，先进文化直接影响和塑造着国家的民族精神、社会心理、道德情操和思想智慧，直接影响着政策导向、法律规范、执政行为，影响着最广大人民的文化生活、物质利益和政治权益。同时，先进文化对生产力发挥巨大的反作用，影响着生产力的发展规模、速度、质量、效益。只有努力发展先进文化，才能更好地解放和发展社会生产力，更好地实现和维护人民的根本利益。代表中国最广大人民的根本利益则对应着政治文明，它是宗旨，因为无论发展先进生产力还是发展先进文化，归根到底都是为了实现好、发展好和维护好人民群众的利益。人民群众既是物质文明、政治文明和精神文明的创造者，也是物质文明、政治文明和精神文明的享有者。只有真正代表中国最广大人民的根本利益，才能代表中国先进社会生产力的发展要求和先进文化的前进方向。

还有人说，"三个代表"中无论哪一个代表，马克思主义"老祖宗"都说过，没有什么新意。这种观点也是错误的。"三个代表"重要思想并不仅仅是三句话，只不过用这三句话来概括这个博大的理论体系。对于"三个代表"重要思想的时代背景、实践基础和操作性内容，江泽民都有深刻的分析和创见。"三个代表"重要思想是在科学判断党的历史方位发生变化基础上提出来的。我们党历经革命、建设和改革，已经从领导人民为夺取全国政权而奋斗的党，成为领导人民掌握全国政权并长期执政的党；已经从受到外部封锁和实行计划经济条件下领导国家建设的党，成为对外开放和发展社会主义市场经济条件下领导国家建设的党。"三个代表"重要思想正是我们从中国和世界的历史、现状和未来着眼，准确把握时代特点和党的任务，科学制定并正确执行党的路线方针政策，认真研究和解决推动中国社会进步和加强党的建设问题而提出来的，具有鲜明的时代特征。

此外，"三个代表"重要思想还系统总结了党的历史经验，并在此经验上形成新的理论认识和概括。自党的十三届四中全会以来到"三个代表"重要思想提出的 13 年历史中，我国社会主义建设的各个领域中出现过许多新的重大课题。党中央正是在解决这些重大问题的过程中形成了新的经验。在如何建立和发展社会主义市场经济体制方面，在依法治国和以德治国的基本方略方面，在先进文化建设的若干问题上，特别是在党的建设的问题方面等，都具有独创性的经验。这也是理论创新的鲜明表现。

总之，分析一种理论有无新意，关键是要把握其精神实质和思想内涵，绝不能光看其语言表述。马克思主义是时代条件的产物，随着时代而发展。在马克思主义发展史上，列宁主义、毛泽东思想和邓小平理论，都是适应时代发展要求的理论成果。作为马克思主义在中国发展的新成果，"三个代表"重要思想也是我们党准确把握时代特征，科学判断我们党所处的历史方位，围绕建设中国特色社会主义这个主题进行理论创新的伟大成果。虽然这一思想的语言表述看似无新意，但新的时代背景和历史任务已经赋予了它新的内涵。这是我们在推进和思考理论创新时需要予以注意的。

3. 理论创新，贵在把握科学发展的规律性

进入新世纪新阶段，我国发展呈现出新的阶段性特征。立足社会主义初级阶段基本国情，总结我国发展实践，借鉴国外发展经验，中国共产党提出了以人为本、全面协调可持续发展的科学发展观。对于这一创新理论，社会的认同度还是比较高的，当然也有不同的看法。有人认为，现在强调科学

发展，说明过去的发展不科学，甚至认为坚持以经济建设为中心的路线需要调整。有人认为提出科学发展观是为中国的宏观调控政策找一个理论依据，是有意放慢中国的经济增长速度。还有个别人认为，科学发展观是对改革开放以来发展成绩的否定。实践证明，这些疑虑都是对科学发展观的误解。我们必须把握科学发展的规律性，掌握辩证唯物主义和历史唯物主义的方法，用科学发展观本身来指导以后的理论创新。

（1）贯彻落实科学发展观，不是没有重点的发展，不是放弃以经济建设为中心的发展。科学发展观要求经济、政治、文化和社会的全面发展。但全面绝不是没有重点，不是眉毛胡子一把抓。唯物辩证法认为，在认识事物发展过程中，要着重抓住对事物发展起决定性作用的主要矛盾；在分析某一矛盾的时候，要着重把握起支配和主导作用的矛盾和主要方面。颠倒主次、本末倒置，必然解决不了矛盾。在我国社会发展过程中总存在着主要矛盾和矛盾的主要方面，这是我们要把握的重点。有些方面是贯穿发展全过程的，比如经济发展，这肯定是重点，是中心任务，因为生产力的发展是人类社会发展的最终决定力量，经济发展在任何时候都是社会以及其他一切方面发展的基础，何况我国目前还处在社会主义初级阶段，更必须始终坚持以经济建设为中心；有些方面过去可能不是重点，没有予以足够的重视，但是随着发展进程的变化，其重要性日渐凸显出来，如果不予以足够的重视，可能会影响整体的发展，它也就成了重点。比如"三农"问题、环境污染问题、增加居民收入、扩大社会就业、满足人民群众的精神文化需求等问题就是当前发展中需要解决的重点。因此，科学发展观的全面发展，并不是没有重点的发展，这是解放思想过程中应予注意的。

（2）贯彻落实科学发展观，不是要放慢发展速度。固然，提出科学发展观是出于对经济发展中出现投资增长过快，能源、资源紧张，环境压力过大等问题的总结，但科学发展观关注的绝不仅限于此，它更多的是站在时代和世界的高度，对传统发展观的反思，对我国过去多年快速发展的经验教训的分析与总结。科学发展观的"第一要义"就是发展，绝不是要放慢发展，而是用统筹兼顾的方法，把改革的力度、发展的速度和社会可承受的程度统一起来，实现更快更好的发展。为此，就必须把握好发展节奏、发展步伐，照顾到影响发展的方方面面。发展要有突破口，但突破口的出现是与其他方面的配套密切联系的。尤其现阶段我们正处于改革的攻坚阶段，各种矛盾和问题已经积累到了非解决不可的地步。不对这些问题进行通盘的考虑，采取切实有效的措施，任何方面"单兵突进"的发展都是不可能的。总之，贯彻落实科学发展观和放慢发展速度没有必然的联系，放慢发展速度也不是解放思想的表现和要求。

（3）贯彻落实科学发展观不是要否定当代中国社会的发展，不是要否定改革开放。我们提出科学发展观，主要是因为在改革开放的发展过程中，我们的一些发展思路、发展观念、发展模式随着时代环境的变化，已经越来越难以适应新阶段发展的要求，如果不进行发展观的创新，不仅很难取得新的发展，要想巩固已有的发展成果也是不易的。但这并没有否定当初的发展观念、发展模式曾经发挥了巨大历史作用，我们也不应该完全站在今天的立场上来衡量、评判历史，这不是历史唯物主义的态度。在贯彻和落实科学发展观的过程中，有个别人打着"解放思想"的名义，否定改革开放的历史，其实质或者是主张中国"走回头路"，回到改革开放前的传统计划经济道路上去，或者是主张盲目学习资本主义，走"西化"道路。这些都是我们应该警惕并坚决反对的。因为历史已经证明，这些道路在中国都走不通。我国的改革开放，无先例可循，没有现成经验可资借鉴，已取得举世瞩目的业绩，这表明中国共产党已经领导人民探索出了一条行之有效的中国特色社会主义道路，这条道路能够代表最广大人民的根本利益。只要我们坚持解放思想、紧密联系实际，就一定能够取得中国特色社会主义事业更大的胜利。

4．理论创新，贵在与时代同行

党的全国代表大会作为党的最高领导机关，在推动党的事业发展和党的理论建设中具有极为重要的作用。改革开放以来，党的历次全国代表大会都在理论创新上作出重要贡献。党的十九大的一个重大历史贡献，就是把十八大以来党的理论创新成果概括为习近平新时代中国特色社会主义思想，并确立为我们党的行动指南，实现了党的指导思想又一次与时俱进。党的十九大报告还对我国社会主要矛盾作出新的判断，指出我们社会主要矛盾已经转化为人民日益增长的美好生活需要和不平衡不充分的发展之间的矛盾。对于这些理论创新，社会上也有不同观点的议论，比如，中国特色社会主义为什么能够进入新时代？如何认识习近平新时代中国特色社会主义思想形成的历史必然性？为什么社会主要矛盾发生变化了，而社会主义初级阶段的国情没有改变？社会主要矛盾的变化是否可以不受基本国情的制约？针对这些不同的理论认识，理论界进行了深入探讨。

（1）正确认识时代、实践和理论相互联系、相互作用的辩证法

时代是思想之母，实践是理论之源。每个时代都会面临不同于其他时代的新问题，回答和解决这些新问题必然产生不同于其他时代的新理论和新实践。时代推动实践，实践呼唤理论，理论又引导和推动时代和实践前进。党的十八大以来，以习近平同志为核心的党中央不忘初心、砥砺奋进，有效应对国际国内诸多风险和挑战，解决了许多长期想解决而没有解决的难题，办成了许多过去想办而没有办成的大事，取得全方位、开创性的历史性成就，党和国家事业发生深层次、根本性的历史性变革。这是中国特色社会主

义进入新时代的根本依据。

(2) 正确认识习近平新时代中国特色社会主义思想的时代背景和历史贡献

中国特色社会主义进入了新时代，是我国发展新的历史方位，也是习近平新时代中国特色社会主义思想产生的时代背景。党的十八大以来，我国经济社会发展面临许多新情况新变化。第一，世情新变化提出新要求。世界进入大变革大调整时期，面临百年未有之大变局，如何在世界经济复苏乏力的情况下保持稳中求进？如何在世界动荡和变局中保持定力、抓住机遇？这些都对我们统筹国内国际两个大局提出了更新和更高的要求。第二，国情新变化提出新任务。新中国成立以来特别是改革开放以来，我国经济社会发展取得举世瞩目的伟大成就，党和国家事业发生历史性变革。我国社会的主要矛盾已经发生转化，经济建设仍然是中心任务，但需要更加注重全面协调可持续发展，需要着力解决好发展不平衡不充分问题，我国发展站在新的历史起点上，新起点需要新气象新作为。第三，党情新变化提出新标准。党的十八大以来，全面从严治党取得显著成就。但是党面临的"四大考验"和"四种危险"依然存在，特别是一些领导干部把市场经济的等价交换原则引入党内，权钱交易等行为屡禁不绝。全面从严治党永远在路上。我们党执政面临的社会环境和现实条件发生深刻变化，发展理念和方式有重大转变，发展水平和要求更高。

这些新情况新变化，给我们党提出了一个重大课题，就是必须从理论和实践结合上系统回答在新的时代条件下坚持和发展什么样的中国特色社会主义、怎样坚持和发展中国特色社会主义。正是围绕回答这一重大理论和实践问题，形成了习近平新时代中国特色社会主义思想。习近平新时代中国特色社会主义思想是当代中国马克思主义、二十一世纪马克思主义，是中华文化和中国精神的时代精华，实现了马克思主义中国化时代化新的飞跃。这一思想把辩证唯物主义和历史唯物主义作为理论基石，把坚持马克思主义和发展马克思主义结合起来，用马克思主义去观察世界、引领时代、指导实践，用马克思主义之"矢"去射新时代中国特色社会主义之"的"，创造性地研究和解决中国现实问题，围绕新时代坚持和发展什么样的中国特色社会主义、怎样坚持和发展中国特色社会主义，建设什么样的社会主义现代化强国、怎样建设社会主义现代化强国，建设什么样的长期执政的马克思主义政党、怎样建设长期执政的马克思主义政党，不断回答中国之问、世界之问、人民之问、时代之问，极大丰富和发展了马克思主义世界观和方法论，赋予马克思主义新的内涵。这一思想集中体现了马克思主义鲜明的理论品格和精神实质，充分彰显了当代中国共产党人强大的政治定力和理论自信。

（3）准确把握"变"与"不变"的辩证关系

党的十九大报告作出了一个重大政治论断，即我国社会主要矛盾已经转化为人民日益增长的美好生活需要和不平衡不充分的发展之间的矛盾，同时强调"我国社会主要矛盾的变化，没有改变我们对我国社会主义所处历史阶段的判断，我国仍处于并将长期处于社会主义初级阶段的基本国情没有变"。把握好我国社会主要矛盾"变"与社会主义初级阶段基本国情"不变"的辩证统一，是理论建设的新课题。正确认识国情，是开拓新路的前提。中国共产党人正是由于正确认识和把握了中国基本国情，才找到了中国革命的正确道路。我国社会主义制度建立以后，如何进行社会主义建设，也有一个认清国情的问题。经过艰辛探索，我们党作出我国正处于并将长期处于社会主义初级阶段的科学论断。正是因为牢牢立足社会主义初级阶段这个最大国情、最大实际，中国特色社会主义伟大事业才不断推向前进。对于社会主义初级阶段的长期性，我们要有清醒的认识，不能急于求成干超越现实、超越阶段的事。

在社会主义初级阶段的基本国情没有改变的情况下，如何认识社会主要矛盾的转化？应该看到，社会主义初级阶段是一个长期的历史过程。邓小平曾经指出："基本路线要管一百年，动摇不得。"他还说："如果从建国起，用一百年时间把我国建设成中等水平的发达国家，那就很了不起。"[①]邓小平经常使用一百年的说法，主要强调的是社会主义初级阶段的长期性。在这样一个长期的历史进程中，社会向前发展，发生一些变化是必然的。换言之，经济社会发展必然有一个从量变到质变、从局部变化到整体变化的过程，要经历若干具体发展阶段，在不同时期就会呈现出不同的阶段性特征。党的十九大作出我国社会主要矛盾已经发生变化的重大政治论断，就是认识到社会主义初级阶段发生了阶段性变化，呈现出新的阶段性特征。

一方面，经过改革开放四十多年特别是党的十八大来的历史性变革，我国社会生产力水平总体上显著提高，我国已经成为世界第二大经济体，社会生产能力在很多方面进入世界前列，国家的面貌、人民的面貌、军队的面貌、中华民族的面貌发生了前所未有的变化。因此，再用"落后的社会生产"来概括，已经不能准确反映我国社会生产发展的实际状况。

另一方面，从需求方面来讲，我国稳定解决了十几亿人的温饱问题，全面建成小康社会，人民美好生活需要日益广泛，不仅对物质文化生活提出了更高要求，而且在民主、法治、公平、正义、安全、环境等方面的要求日益增长。根据社会发展的阶段性特征，党的十九大作出我国社会主要矛盾已经发生变化的重大政治论断，体现了我们党对我国社会现实的深刻把握、对人民需求变化的敏锐回应，是又一次重大的理论创新。

---

① 《邓小平文选》第三卷，人民出版社 1993 年版，第 370、383 页。

在深刻认识我国社会主要矛盾的变化是关系全局的历史性变化的同时，我们也要看到，虽然"不平衡不充分的发展"意味着我国社会生产力水平总体上显著提高，已经不是"落后的社会生产"那样一种局面了，但许多方面与发达国家相比仍然有差距，还存在大而不强问题，主要表现为：发展不平衡不充分的一些突出问题尚未解决，发展质量和效益还不高，创新能力不够强，实体经济水平有待提高，生态环境保护任重道远；民生领域还有不少短板，脱贫攻坚任务艰巨，城乡区域发展和收入分配差距依然较大，群众在就业、教育、医疗、居住、养老等方面面临不少难题；社会文明水平尚需提高；社会矛盾和问题交织叠加，全面依法治国任务依然繁重，国家治理体系和治理能力有待加强；意识形态领域斗争依然复杂，国家安全面临新情况；一些改革部署和重大政策措施需要进一步落实；党的建设方面还存在不少薄弱环节。因此，虽然我国经济社会发展水平明显提高，但与发达国家相比，我国生产力发展在总体上依然处于中等水平。因此，当前我国社会主要矛盾的变化是一种量的提升和部分质的变化，没有从根本上改变社会主义初级阶段的性质。因此，我国仍处于并将长期处于社会主义初级阶段的基本国情没有变。

看到"变"，要求我们坚持与时俱进，紧扣我国社会主要矛盾的变化，在继续推动发展的基础上着力解决好发展不平衡不充分问题，带领人民不断创造美好生活。看到"不变"，要求我们坚持稳中求进，增强战略定力，不超越阶段而急于求成，始终坚持党的基本路线。习近平总书记在党的十九大报告中强调指出："全党要牢牢把握社会主义初级阶段这个基本国情，牢牢立足社会主义初级阶段这个最大实际，牢牢坚持党的基本路线这个党和国家的生命线、人民的幸福线，领导和团结全国各族人民，以经济建设为中心，坚持四项基本原则，坚持改革开放，自力更生，艰苦创业，为把我国建设成为富强民主文明和谐美丽的社会主义现代化强国而奋斗。"

5. 选择道路不能照搬，贵在符合国情

中国特色社会主义是党和人民历经千辛万苦、付出巨大代价取得的根本成就。只有在中国特色社会主义道路上，才能实现中华民族伟大复兴的中国梦。所以，我们必须保持政治定力，不断增强中国特色社会主义的道路自信、理论自信、制度自信、文化自信，始终坚持和发展中国特色社会主义。当然，任何事物的发展都不会是一帆风顺的，在前进的道路上，也出现了一些质疑的声音，对此我们一定要有清醒的认识，对于一些错误观点要敢于"亮剑"，在批驳错误观点的基础上，进一步坚定"四个自信"。

（1）坚定道路自信，既不走"老路"，也不走"邪路"

改革开放的辉煌成就充分证明，实现中华民族伟大复兴必须坚持走中国特色社会主义道路，既不能走封闭僵化的老路，也不能走改旗易帜的邪路。但是，有一种错误观念，认为改革开放使中国走上了一条中国特色资本主义道路或者国家资本主义道路，因而对改革开放和市场经济不满意、不赞成，留恋甚至主张回到改革开放前的状态，实际上就是回到封闭僵化的老路。这种看法无疑是不符合历史事实的。历史已经证明，封闭僵化的老路走不通。中国社会主义革命和建设经历了一个从以俄为师到以苏为鉴的过程。应当看到，过去苏联高度集权体制的产生有一定的历史背景和惯性，这种体制也曾发挥过一定作用。问题的关键在于，这种体制在内部运行机制上也出现了结构性危机，形成一种体制性障碍。如果不改革，不开放，就没有出路。邓小平曾尖锐指出："建国以后，人家封锁我们，在某种程度上我们也还是闭关自守，这给我们带来了一些困难。三十几年的经验告诉我们，关起

门来搞建设是不行的，发展不起来。"① 中国的改革开放，其实就是从避免苏联模式的弊端中逐步走出了一条新路。俗话说："鞋子合不合脚，自己穿了才知道。"现在我们比历史上任何时期都更接近、更有信心和能力实现中华民族伟大复兴的目标，就是因为中国特色社会主义这条路走得通、走得好、走得对。

还有一种错误观点，就是向西方政治制度的方向改，主张三权分立、轮流执政那一套。这实际上就是改旗易帜的邪路。苏联改革和解体的惨痛教训已经证明，改旗易帜的邪路绝对不能走。20 世纪 80 年代中期以后，苏联的改革逐渐失控和变向，企图照搬西方的政治模式，结果导致政局的动荡。在所谓的"人道的民主的社会主义"旗号下，放弃马克思主义指导地位，搞指导思想多元化；放弃党的领导，推行多党制，动摇了党的领导地位；推行军队国家化，放弃军队领导权；不能正确对待历史，搞历史虚无主义，导致思想混乱，动摇执政根基和合法性，最后导致苏联共产党丧失了执政地位，苏联这样一个偌大的社会主义国家分崩离析了。前车之鉴，教训深刻。中国特色社会主义政治发展道路，是近代以来中国人民长期奋斗历史逻辑、理论逻辑、实践逻辑的必然结果。增强道路自信，就是要坚持中国特色社会主义道路不动摇。过度迷信西方资本主义的思想理论，实际上也是一种教条主义。不走改旗易帜的邪路，从某种意义上讲，也是一种解放思想。

走中国特色社会主义道路，也曾遇到过民主社会主义思潮的挑战。有人曾发表文章，认为马克思、恩格斯晚年实际上变成了民主社会主义者，而民主社会主义才是马克思主义的正统。文章还认为，党的十一届三中全会以来的一系列新政策都属于民主社会主义，诸如实行社会主义市场经济体制、加入 WTO、将"三个代表"重要思想和保护私有制的重要条文载入宪法等，这些意味着中国走上了民主社会主义道路。由此，得出结论："只有

---

① 《邓小平文选》第三卷，人民出版社 1993 年版，第 64 页。

民主社会主义才能救中国。"①一石激起千层浪。这种观点在社会上产生了强烈反响，引起人们对民主社会主义的广泛关注和争论。许多学者对其中的错误观点进行了批驳。有学者认为，社会主义，作为一种社会制度，是与资本主义有着原则区别的。社会主义制度具有自身的质的规定性，即自己的本质特征。应该明确地指出，民主社会主义不是社会主义的一种模式。谈到社会主义的模式问题，必须分清不同层次。

首先，任何国家搞社会主义应该具备社会主义本质特征，应该坚持社会主义基本制度，应该坚持四项基本原则，这是社会主义的共性。否定了这些，也就不成其为社会主义了。在这一层次上，只有是不是社会主义的问题，而不存在社会主义不同模式的问题。

其次，在社会主义本质特征的具体实现形式层次上，也就是具体的体制、运行机制层次上，各国应该根据时代的特点、本国的国情走自己的道路，这是社会主义的特殊性。在这一范围内，社会主义才有、也应该有不同的模式。只有搞社会主义，才有社会主义的不同模式的问题。民主社会主义政党在一些国家执政时，并没有根本改变社会制度，它们总的来说是维护和加强资本主义的雇佣劳动制度和资产阶级统治的，只是在此基础上对某些具体政策作一点调整而已，因此不能说是实现了社会主义。实践证明，民主社会主义，从意识形态来说，是一股反马克思主义的资产阶级思潮；从社会制度来说，是作若干改良的资本主义制度。②

有学者还分析了民主社会主义和中国特色社会主义的本质区别：

第一，是否坚持马克思主义的指导地位。民主社会主义反对把马克思主义作为唯一的指导思想，主张世界观和指导思想的多元化，提倡社会主义思想构成和来源的多样性。他们把基督教学说、法国大革命的人权宣言、

---

① 谢韬：《民主社会主义模式与中国前途》，《炎黄春秋》2007 年第 2 期。

② 周新城：《一个事关我国走什么道路的大问题——评〈只有民主社会主义才能救中国〉一文》，《马克思主义研究》2007 年第 4 期。

康德的伦理学与启蒙思想、黑格尔的辩证历史哲学、伯恩施坦的修正主义、凯恩斯主义经济学等都作为自己的思想来源和构成，将多种思想观点熔为一炉，冠之为"多元化"和"思想民主"。中国特色社会主义主张用马克思主义为灵魂的社会主义核心价值体系引领各种社会思潮和社会主义实践。以马克思主义为指导，就是要把马克思主义普遍原理与中国现阶段的实际结合起来，指导中国特色社会主义实践，研究新情况，总结新经验，解决新问题。

第二，是否坚持生产资料公有制的主体地位。民主社会主义认为，社会主义可以在不改变生产资料资本主义私有制的条件下实现，声称生产资料主体结构不是衡量社会性质的标准。他们主张在维持私有制主体的基础上，实行国有企业、私人企业和其他经济成分并存的"混合经济"制度，并维护以按资分配为主体的财富和收入分配制度。中国特色社会主义认为，社会主义与资本主义在基本经济制度上具有决定意义的差别就在于生产资料社会所有制结构，以质与量都占优势的生产资料公有制为主体、国有经济为主导，对于强国富民和建设社会主义具有举足轻重的作用，是共产党执政等上层建筑的社会主义经济基础。尽管由于目前中国生产力不发达，还不能实现完全的生产资料公有制，但在发展各种私有制经济的同时必须坚持公有制的主体地位。只有坚持市场经济条件下公有制的主体地位，才能真正完善以按劳分配为主体的财富和收入分配制度，实现共同富裕和公平正义。

第三，是否坚持工人阶级政党的领导。各种名称的社会党抹杀党的工人阶级性质，反对民主集中制原则，公开宣称他们的党是由具有不同信仰和思想的人组成的一个共同体，不是一个阶级的党，而是"全民党"。他们认为，由于生产力的变化，工人阶级已经丧失其为历史动力的主导作用，社会主义将由那些随着生产力发展而出现的社会阶层来领导，而不是由工人阶级来领导。同时，与他们提倡的民主化、多元化相适应，他们反对一切情况下的一党制，提倡多党轮流执政。在党的组织原则上，他们反对民主集中制，主张党内实行无条件的民主原则，不需要严格的组织纪律。中国特色社会主义坚持共产党的工人阶级先锋队性质和民主集中制原则，坚持共产党对社会主义事业的领导。在新的科学技术革命面前，工人阶级仍然是先进生产力发展要求的代表和先进生产关系的体现者，仍然是推翻资本主义，建设社会主义、共产主义历史使命的承担者。在多种社会阶层出现和并存的新格局下，共产党仍然必须保持工人阶级先锋队的性质，全心全意依靠工人阶级。现阶段实行共产党领导下的多党合作和政治协商制度，而民主集中制是共产党及其执政国家的根本组织原则和组织制度，是正确处理党内外各种关系的政治准则。

第四，是否坚持共产主义奋斗目标。民主社会主义抛弃共产主义奋斗目标，提出民主社会主义的目标是为一个社会公正、自由民主、世界和平的制度而奋斗。他们认为资本主义社会各种弊病和矛盾产生的根源不在于资本主义根本经济和政治制度本身，也不在于阶级剥削和压迫的存在，而是违背了所谓人类一般的理性、伦理原则。要解决资本主义的问题，不需要替代资本主义根本制度，只要按照上述原则不断对其改良即可。中国特色社会主义坚持解放生产力、发展生产力，消灭剥削，消除两极分化，实现共同富裕的社会主义本质和原则，并最终要在生产力极大发展的社会主义基础上，实现共产主义。这是一个漫长的历史演变过程和制度创新历程。应当指出，由于社会主义民主制度还不够完善，使得社会上一些对社会主义缺乏了解，又对中国现实不满的人在资本主义与民主、社会主义与专制之间画了等号。如果我们仅仅去批判民主社会主义的虚伪，而不去完善我国的社会主义民主制度，那我们永远都不可能铲除民主社会主义在我国存在的土壤。批评民主社会主义的武器之一，就是使我国的社会主义建设能够在政治民主、社会公平和经济发展方面持续作出比社会民主党执政的国家更大的成就，充分发挥出社会主义相对于资本主义的优越性。

(2) 坚定理论自信，既不忘"老祖宗"，又要开辟"新境界"

实践需要理论的指导，理论在实践中丰富发展。但是，理论创新也面临一些挑战，最突出的问题是，马克思主义的指导地位遇到多样化社会思潮的挑战。还有一种观点认为，中国改革开放不是搞社会主义而是搞资本主义，因为中国改革开放不符合马克思主义经典作家关于未来社会的描述，一些政策和措施是属于资本主义的，经济社会生活中资本力量过于强大、非公有经济占很大比重、贫富差距过大，等等。这些观点显然都是错误的。

在前进的道路上，科学对待马克思主义经典作家关于未来社会的相关论述和设想至关重要。马列经典理论不是教义和教条，而是指导我们行动的指南。是否符合马克思主义，最重要的标准在于是不是坚持了马克思主义的立场、观点和方法。马克思、恩格斯生前一再强调，他们是"不断发展论者"，对于未来社会的特征"是从历史事实和发展过程中得出的确切结论；不结合这些事实和过程去加以阐明，就没有任何理论价值和实际价值"。

实际上，中国是在一个经济文化落后国家中进行社会主义革命和建设的，与马克思主义经典作家关于如何在发达国家中进行社会主义革命的前提有很大的不同。因此，中国的改革开放必须立足于中国社会主义初级阶段的实际情况，要和具体的时代实践相结合，决不能把马克思主义经典作家的理论当成现成的公式来剪裁各种历史事实，这样既不是马克思主义的学风，在实践上也是有害的。正如邓小平所指出的："我们现在所干的事业是一项新事业，马克思没有讲过，我们的前人没有做过，其他社会主义国家也没有干过，所以，没有现成的经验可学。我们只能在干中学，在实践中摸索。"① 邓小平还指出，我们搞改革开放，没有丢"老祖宗"，因为丢了就丧失了根

① 《邓小平文选》第三卷，人民出版社 1993 年版，第 258—259 页。

本，同时贫穷不是社会主义，不改革开放，就是死路一条。这就要求中国的改革开放必须立足于中国的具体国情，把马克思主义基本理论与中国实际相结合，与中华优秀传统文化相结合，既坚持"老祖宗"，又不断开辟"新境界"。同时，我们也应该看到，改革开放利用资本主义国家的先进技术和管理经验不等于就是搞资本主义，而是促进中国特色社会主义的发展。对外开放就要充分吸收国外优秀文明成果和借鉴发达国家先进技术和管理经验，这是为了发展和壮大社会主义，巩固社会主义物质基础，对此要有清醒的认识。

改革开放以来，马克思主义中国化结出了丰硕成果，形成了邓小平理论、"三个代表"重要思想、科学发展观和习近平新时代中国特色社会主义思想，这些理论成果相继成为我们的指导思想和实践指南，是中国共产党人勇于创新的伟大成果，也是理论自信的生动体现。

（3）坚定制度自信，不能生搬硬套外国政治制度模式

世界上没有完全相同的政治制度模式，对于任何一种政治制度，都不能脱离特定社会政治条件和历史文化传统来抽象评判。中国特色社会主义制度，包括人民代表大会制度这一根本政治制度、中国共产党领导的多党合作和政治协商制度、民族区域自治制度以及基层群众自治制度等构成的基本政治制度，中国特色社会主义法律体系，公有制为主体、多种所有制经济共同发展，按劳分配为主体、多种分配方式并存，社会主义市场经济体制等社会主义基本经济制度，以及建立在根本政治制度、基本政治制度、基本经济制度基础上的经济体制、政治体制、文化体制、社会体制等各项具体制度。这些制度，是由根本层面的制度、基本层面的制度、具体层面的制度以及中国特色社会主义法律体系组成的相互衔接、相互联系的制度体系，它既是以科学社会主义理论为指导建立起来的，又是在中国社会主义建设的具体实践中

形成和发展的，完全符合中国国情，符合最广大人民群众的根本利益，符合历史发展规律和人类文明发展要求。中国特色社会主义政治制度是当代中国发展进步的根本政治保障，必须毫不动摇地坚持和发展。但是，在政治制度问题上，不同声音的质疑也是接连不断。有一种观点认为，中国改革开放过程中出现的问题和困难，是因为改革不彻底、政治改革滞后造成的，因此需要搞全盘私有化、三权分立、多党制那一套。针对这种错误观点，早在改革开放之初，邓小平就作出了明确的回答：西方民主那一套我们不能照搬，中国正是根据自己的实际情况，建设有中国特色的社会主义。①

实践表明，中国改革是一个系统工程，包括经济、政治、社会等各个方面的协调推进和全面进步。党的十八大以来，以习近平同志为核心的党中央在推进全面深化改革进程中，强调要搞好顶层设计，要有战略定力，坚持党的领导和中国特色社会主义制度不动摇，防止犯颠覆性错误，体现了对中国制度的充分自信。

事实胜于雄辩。改革开放取得的伟大成就，为保障社会主义制度提供了坚实的物质基础，充分证明和彰显了社会主义制度的优越性。改革开放40多年来，我国经济实力和综合国力空前提升，人民生活水平得到根本改善，国际话语权和影响力不断提高。中华民族迎来了从站起来、富起来到强起来的伟大飞跃。当然，在改革开放过程中，我们也遇到了不少困难、障碍、风险和挑战，甚至也会出现各种失误和错误。例如，贫富差距过大问题，生态环境问题，区域发展和城乡发展中不平衡问题，食品安全和生产安全问题，医疗中的看病难看病贵、住房中的房价过高等民生问题。对于这些问题，我们需要正确地看待和认真解决，而不能笼统地归结为社会制度问题。一是要理性和全面分析问题的分类和具体成因，认真分析哪些问题是发展中的问题，哪些是改革不到位需要进一步深化的问题，哪些是政策不完善

---

① 《邓小平文选》第三卷，人民出版社 1993 年版，第 249 页。

体制不健全的问题，哪些是探索中的失误和"交学费"问题，哪些是一些党员干部的乱作为和不作为造成的问题，从而有的放矢和对症下药，认真探寻方略和对策。二是要看到党和政府在解决这些问题中的积极态度、坚定决心、有力举措和政治智慧，逐步完成了一系列阶段性目标和任务，并取得了一系列明显和实质性的成效，甚至根本性成效。党的十八大以来，在以习近平同志为核心的党中央带领下，我们解决了许多长期想解决而没有解决的难题，办成了许多过去想办而没有办成的大事，实现了党和国家事业的历史性变革，充分彰显了中国特色社会主义的制度优势和制度自信。

（4）坚定文化自信，反对全盘西化和复古主义

坚定中国特色社会主义文化自信，就是要深刻认识在 5000 多年文明发展中孕育的中华优秀传统文化，在党和人民伟大斗争中孕育的革命文化和社会主义先进文化，积淀着中华民族最深层的精神追求，代表着中华民族独特的精神标识，是激励全党全国各族人民奋勇前进的强大精神力量。当然，在文化问题上，各种观点的纷争也是从来没有停止过。有一种观点认为，中华文明是落后的文明。他们以殖民文化为荣，宣扬西方中心主义，以西方的标准为标准，用以评判中国的改革开放政策，主张全盘西化。实际上，这是一种文化不自信的表现。

中华优秀传统文化是中华民族历经数千年历史创造积淀下来并代代传承的思想瑰宝，历经各个时代的千锤百炼，具有特别顽强的生命力和异常深远的影响力，构成了宏大的中华文明。作为中华民族共同的精神记忆和中华文明特有的文化基因，中华优秀传统文化是民族凝聚力的精神纽带和维系民族生存与发展的精神支柱。博大精深、源远流长的中华文明为我们坚定道路自信、理论自信、制度自信、文化自信奠定了坚实的基础。从世界文明发展史来看，中华文明是唯一没有中断的文明，表明了中华文明无与伦比的延续

力和生命力，而且在相当长的一段历史中，中华文明是相当成熟和处于引领地位的文化形态。但在历史上，也确实出现过文化自卑现象。特别是鸦片战争和甲午战争失败后，面对列强的坚船利炮，一些中国人妄自菲薄，甚至产生了历史虚无主义，从语言、生活方式到观念、体制和制度，都要求全盘西化。这种文化自卑论作为一种社会心理一直存在于一些中国人心中，对此我们要高度警惕。增强文化自信，应该讲清楚中华优秀传统文化的历史渊源、发展脉络、基本走向，讲清楚中华文化的独特创造、价值理念、鲜明特色，增强文化自信和价值观自信。深入挖掘和阐发中华优秀传统文化讲仁爱、重民本、守诚信、崇正义、尚和合、求大同的时代价值，要处理好继承和创造性发展的关系，重点做好创造性转化和创新性发展。习近平总书记在党的二十大报告中明确指出："中华优秀传统文化源远流长、博大精深，是中华文明的智慧结晶，其中蕴含的天下为公、民为邦本、为政以德、革故鼎新、任人唯贤、天人合一、自强不息、厚德载物、讲信修睦、亲仁善邻等，是中国人民在长期生产生活中积累的宇宙观、天下观、社会观、道德观的重要体现，同科学社会主义价值观主张具有高度契合性。我们必须坚定历史自信、文化自信，坚持古为今用、推陈出新，把马克思主义思想精髓同中华优秀传统文化精华贯通起来、同人民群众日用而不觉的共同价值观念融通起来，不断赋予科学理论鲜明的中国特色，不断夯实马克思主义中国化时代化的历史基础和群众基础，让马克思主义在中国牢牢扎根。"①

在弘扬中华优秀传统文化的过程中，也出现了另一种复古主义倾向，即对古代文化顶礼膜拜，导致封建迷信沉渣泛起。有人甚至主张用儒学来取代马克思主义的指导地位。这种观点显然是错误的。马克思主义是引领中国共产党和中国人民前进的精神旗帜，是党和国家观察国家前途命运的工具，

---

① 习近平：《高举中国特色社会主义伟大旗帜　为全面建设社会主义现代化国家而团结奋斗——在中国共产党第二十次全国代表大会上的报告》，人民出版社2022年版，第18页。

是立党立国必须长期坚持的指导思想。在马克思主义指导下形成的革命文化和社会主义先进文化，不是对中华优秀传统文化的简单否定，而是中华优秀传统文化的创造性转化和创新性发展，代表了当代中国文化发展的最高成就。革命文化是新民主主义时期中国共产党人领导中国人民在伟大的革命斗争实践中形成的先进文化，是近代以来中国共产党人和中华民族的强大精神支柱，是中华民族新文化的光辉典范，深刻了改变中华传统文化的历史命运和发展方向，为发展中华民族新文化注入了新的精神内涵。革命文化体现了中国共产党人的红色基因，传承了中华优秀传统文化基因和马克思主义理论基因，集中体现为党在新民主主义各个阶段培育和发展起来的革命精神，如伟大建党精神、井冈山精神、苏区精神、长征精神、延安精神、西柏坡精神、沂蒙精神等。社会主义先进文化是中国共产党领导中国人民在中国特色社会主义伟大实践中创造出来的，是社会主义本质与民族精神和时代精神的结晶体，是中华优秀文化的当代展示，代表着马克思主义政党思想精神上的旗帜，代表着当代中国文化发展的前进方向，代表着人类文化发展的进步潮流。

坚持文化自信这一更基础、更广泛、更深厚的自信，既要反对全盘西化，也要反对复古主义，而是要大力发展中国特色社会主义文化，就是以马克思主义为指导，坚守中华文化立场，立足当代中国现实，结合当今时代条件，发展面向现代化、面向世界、面向未来的，民族的科学的大众的社会主义文化，推动社会主义精神文明和物质文明协调发展。

中国特色社会主义道路、理论、制度、文化不断发展，拓展了发展中国家走向现代化的途径，给世界上那些既希望加快发展又希望保持自身独立性的国家和民族提供了全新选择，为解决人类问题贡献了中国智慧和中国方案。认识到中国特色社会主义的世界意义，能够使我们更加增强坚定"四个自信"的自觉性和使命感。早期一些西方国家，曾通过发动军事战争或掠夺殖民地等方式，实现国家现代化。我国不走一些国家通过战争、殖民、掠夺等方式实现现代化的老路，那种损人利己、充满血腥罪恶的老路，给广大发展中国家人民带来深重苦难。我们坚定站在历史正确的一边、站在人类文明进步的一边，高举和平、发展、合作、共赢旗帜，在坚定维护世界和平与发展中谋求自身发展，又以自身发展更好维护世界和平与发展。在新中国成立特别是改革开放以来长期探索和实践基础上，经过十八大以来在理论和实践上的创新突破，我们党成功推进和拓展了中国式现代化。中国式现代化，是中国共产党领导的社会主义现代化，既有各国现代化的共同特征，更有基于自己国情的中国特色。党的二十大报告指出："中国式现代化的本质要求是：坚持中国共产党领导，坚持中国特色社会主义，实现高质量发展，发展全过程人民民主，丰富人民精神世界，实现全体人民共同富裕，促进人与自然和谐共生，推动构建人类命运共同体，创造人类文明新形态。"[①] 这些中国智慧和中国方案，都是对探索人类社会发展规律作出的重大贡献。

实践证明，只有坚持走中国特色社会主义道路，才能发展中国、振兴中华。这条道路之所以能够引领中国发展进步，关键在于我们既坚持了科学社会主义的基本原则，又根据我国实际赋予其鲜明的中国特色。

实践永无止境，创新永无止境。争论还会发生，思想争鸣仍会出现。只要我们坚持解放思想、实事求是、与时俱进，中国特色社会主义道路必将越走越宽广。

---

① 习近平：《高举中国特色社会主义伟大旗帜　为全面建设社会主义现代化国家而团结奋斗——在中国共产党第二十次全国代表大会上的报告》，人民出版社2022年版，第23—24页。

后　记

德国诗人海涅说:"思想走在行动之前,就像闪电走在雷雨之前一样。"观点争鸣、思想解放是社会前进的重要前提。我们撰写《抉择——共和国重大思想决策争论纪实》一书,力图从观念冲突和道路抉择的视角,通过鲜活的历史故事彰显思想争鸣在道路抉择中的地位和作用。习近平总书记指出,历史是最好的教科书。在迎接中华人民共和国成立75周年之际,回望历史,能够使我们更加自信地走向未来。于是,我们决定对原书进行修订,增加了新的内容。解放思想是常说常新的话题,我们相信,通过探讨思想争论中利弊得失,更好地汲取历史智慧,能够更加坚定中国特色社会主义道路自信、理论自信、制度自信和文化自信。

本书是课题组集体智慧的结晶。马慧吉在课题的论证中发挥了重要作用,阚和庆、田园、于昆对写作提纲提出了很好的修改意见。参加书稿撰写的是:王炳林(导言),丁云(一、二),路淑英(三、十二),马慧吉(四),刘强(五、十六),阚和庆(六、十七),于昆(七、八、九),王春玺(十),卜昭滔(十一、十四),杨永利(十三)。全书由王炳林修改定稿。

把学术著作写生动,对我们来说是一个挑战。感谢南京雨花台红色文化研究院的帮助和支持。由于水平所限,不足之处在所难免,欢迎读者批评指正!

王炳林

2024 年 5 月

责任编辑：刘　伟
版式设计：汪　莹
责任校对：吕　飞

图书在版编目（CIP）数据

抉择：共和国重大思想决策论争纪实／王炳林　等著 . —北京：
　人民出版社，2010.9（2024.7 重印）
ISBN 978－7－01－008880－8

I.①抉…　II.①王…　III.①中国－现代史－史料－1949~　IV.① K270.6

中国版本图书馆 CIP 数据核字（2010）第 073000 号

抉　择

JUE ZE

——共和国重大思想决策论争纪实（修订版）

王炳林　等　著

人 民 出 版 社 出版发行
（100706　北京市东城区隆福寺街 99 号）

北京汇林印务有限公司印刷　新华书店经销

2010 年 9 月第 1 版　2024 年 7 月北京第 5 次印刷
开本：710 毫米 × 1000 毫米 1/16　印张：23.5
字数：326 千字

ISBN 978－7－01－008880－8　定价：68.00 元

邮购地址 100706　北京市东城区隆福寺街 99 号
人民东方图书销售中心　电话（010）65250042　65289539